W0365694

BLEIBT IN MEINER LIEBE!

(Joh 15,9)

Weg der Liebe, der Freude und des Leids

Walburga

BLEIBT IN MEINER LIEBE!

(Joh 15,9)

Weg der Liebe, der Freude und des Leids

Botschaften von Jesus Christus
zur Vorbereitung auf seine Wiederkunft
(Band 3)

PARVIS-VERLAG
1648 Hauteville / Schweiz

Seine Heiligkeit Papst Paul VI. hat am 14. Oktober 1966 das Dekret der Heiligen Kongregation für die Verbreitung des Glaubens bestätigt (N° 58/59 A.A.S.), das die Erlaubnis zur Veröffentlichung von Schriften erteilt, die sich auf übernatürliche Erscheinungen beziehen, auch wenn das «Nihil obstat» der kirchlichen Autorität nicht vorhanden ist. Mit der vorliegenden Veröffentlichung soll dem endgültigen Urteil der Kirche nicht vorgegriffen werden.

Die Bibelstellen wurden der revidierten Einheitsübersetzung der Heiligen Schrift entnommen:
© 2016 Katholische Bibelanstalt GmbH, Stuttgart

© September 2022

Parvis-Verlag
Route de l'Eglise 71
1648 Hauteville
Schweiz

Tel. 0041 26 915 93 93
Fax 0041 26 915 93 99

buchhandlung@parvis.ch
www.parvis.ch

Alle Rechte, auch die des Teilabdruckes, vorbehalten.

Gedruckt in der EU

ISBN 978-2-88022-926-9

Bleibt in meiner Liebe!
Wenn ihr meine Gebote haltet, werdet ihr in meiner Liebe bleiben,
so wie ich die Gebote meines Vaters gehalten habe
und in seiner Liebe bleibe.
(Joh 15,9-10)

Vorwort des geistlichen Begleiters

Diese unter dem Decknamen Walburga veröffentlichte Schrift stammt von einer sehr gottverbundenen Frau, die im Gebet immer wieder Eingebungen von Jesus Christus erhält, die sie dann niederschreibt. Es ist ihr wichtig, immer wieder prüfen zu lassen, ob diese Eingebungen dem katholischen Glauben entsprechen, was sie im Gespräch mit mir getan hat. Und ich habe ihre Eingebungen alle als authentisch erlebt.

Ihre Eingebungen stammen aus der Zeit von November 2009 bis Dezember 2010. Sie werden unter dem Titel «Bleibt in meiner Liebe! – Weg der Liebe, der Freude und des Leids» publiziert. Sie werden als 3. Band der Botschaften von Jesus Christus zur Vorbereitung auf seine Wiederkunft herausgegeben.

Die Botschaften von Teil 1 sind eine Einladung, unser Leben ganz Jesus zu übergeben. Sie sind eine Verheißung, dass wir in seiner Liebe Großes vollbringen werden. Sie sind eine Zusage, dass Jesus der Arzt ist, der unser Leben heilen kann.

In einem 2. Teil hat der Herr ihr zu verschiedenen Bibelstellen jeweils ein Bild und dazu Worte der Deutung dieses Bildes gegeben. Gott spricht ihr darin die Verheißung zu, dass er durch uns eine neue Kirche aufbauen will, sodass ein Zeitalter des Heiligen Geistes sich entwickeln kann. Er lädt uns ein, ihm unser ganzes Herz zu öffnen, sodass wir ihm auch in der Zeit einer Christenverfolgung treu bleiben können.

Ein 3. Teil enthält Botschaften Jesu über das Leiden. Gott hat uns zu Freude und zu vollem Leben gerufen. Jesus selbst hat uns durch sein Leiden, sein Sterben und seine Auferstehung eine Wohnung beim Vater bereitet. Aber er lässt uns auch teilhaben an seinem Leiden. Diese Texte sind eine Einladung, sich der leidenden Menschen anzunehmen, keinem Menschen Leid zuzufügen, aber das Leid des Lebens anzunehmen.
Diese Texte enthalten auch die Verheißung, dass Gott in jedem Leid uns die nötige Kraft schenkt, dieses Leiden gut zu bewältigen. So will Jesus uns auf die kommende Zeit der Verfolgung des Glaubens vorbereiten, bis er wiederkommen wird in Herrlichkeit.

Durch alle Botschaften hindurch scheint die große Liebe Jesu zu uns Menschen auf. Wir brauchen keine Angst zu haben, weil er immer bei uns ist und bleibt und uns hilft, jede Situation zu bewältigen.

Ich kann diese Schrift vorbehaltlos Ihrer aufmerksamen Lektüre empfehlen und hoffe, dass sie zu einer tiefgreifenden Erneuerung des christlichen Lebens führt.

Geistlicher Begleiter von Walburga

Vorwort von Walburga

Jesus hat mir bereits in den Jahren 2009 und 2010 die Botschaften im vorliegenden Buch «Bleibt in meiner Liebe!» gegeben. Er liebt uns mit unendlicher Liebe und wartet voller Sehnsucht darauf, dass alle Menschen seine übergroße Liebe erwidern. Er lädt uns dazu ein, zusammen mit ihm den Weg der Liebe und der Freude zu gehen, aber auch den Weg des Leidens. Wir sollen viel Zeit im Gebet verbringen und ihm die oft armselige Liebe unseres Herzens schenken. So kann er uns mit seiner göttlichen Liebe erfüllen, damit wir zur wahren, selbstlosen Liebe fähig werden.

Dieses Buch ist in drei Teile gegliedert:
Im ersten Teil gibt uns Jesus Anweisungen, wie wir als Christen in der Liebe zum dreifaltigen Gott und zu unserem Nächsten leben sollen. Jesus möchte, dass wir ihn ganz in den Mittelpunkt unseres Lebens stellen und eine innige Freundschaft mit ihm pflegen.
Im zweiten Teil habe ich viele Bibelstellen erhalten und jeweils ein Bild und eine Botschaft Jesu dazu. Wir werden zur Umkehr und zu einem Leben der Liebe und des Gebets in seiner Nachfolge aufgerufen.
Und in Teil 3 belehrt uns Jesus über das Leiden, das zu jeder Liebe wesentlich dazugehört. Durch das Leiden reinigt er uns von unseren Sünden und wandelt unsere sündhafte Natur in der Tiefe um.

Wir sollen die Zeichen der Zeit erkennen: Wir befinden uns bereits mitten in der Zeit der Apokalypse und die Wiederkunft Jesu

Christi steht vor der Tür! Der Herr wird die Macht Satans brechen und die Kirche erneuern durch seinen Hl. Geist; wir sollen dazu seine Werkzeuge sein!
Die Botschaften in diesem Buch sollen uns helfen, in der Liebe und Heiligkeit zu wachsen, damit wir gut auf die Wiederkunft Jesu Christi vorbereitet sind. Er möchte jetzt sein Volk reinigen und heiligen, sodass wir ihn mit reinem Herzen erwarten und empfangen können!

Ich bete für alle Leser um Schutz und um die richtige Auslegung der Botschaften. Möge Jesus alle segnen und mit seiner Liebe erfüllen!

«Für jetzt bleiben Glaube, Hoffnung, Liebe, diese drei; doch am größten unter ihnen ist die Liebe.» (1 Kor 13,13)

Ostern 2022
Walburga

Einige Anmerkungen

Jesus Christus diktiert mir die Botschaften in Form von Gedanken, die ich sofort niederschreibe. Wenn ich in mir vernehme: «Ich möchte mit dir sprechen», bereite ich mich auf den Empfang einer Botschaft so lange durch Gebet vor, bis mein Geist frei ist von Zerstreuung und Ablenkung. Ich bitte den Hl. Geist um Weisheit, um Erkenntnis und um die Gabe der Unterscheidung der Geister und bete um Bewahrung vor Irrtum und Täuschung. Auch ordne ich mich Jesus unter: «Herr, ich stelle mein Denken unter deine Herrschaft, nimm mein Denken gefangen!» (vgl. 2 Kor 10,5). Außerdem stelle ich mich unter den Schutz des kostbaren Blutes Jesu und unter den Schutz der Muttergottes und meines Schutzengels

Außer den Botschaften schenkte mir Jesus für dieses Buch auch **Bibelstellen und dazu passende innere Bilder**, die ich in meiner inneren Vorstellung wie einen Film vor mir ablaufen sah. **Ich formulierte jedes Bild mit eigenen Worten** und anschließend **diktierte mir Jesus eine Botschaft dazu.**

Die **Botschaften** habe ich in Fußnoten **mit vielen Bibelstellen belegt**, die **Überschriften nachträglich hinzugefügt.**

Da wie bei allen Prophetien immer auch Menschliches mit einfließen kann, sollte man nicht jedes Wort auf die Goldwaage legen, sondern die Grundbotschaft im Blick haben.

Ich habe dieses Buch von meinem geistlichen Begleiter, einem Ordenspriester und Theologen, **begutachten lassen**. Er hat die Botschaften gutgeheißen und die Veröffentlichung befürwortet.

Ich verwende ein **Pseudonym,** damit ich ungehindert mein zurückgezogenes kontemplatives Leben des Gebets fortführen kann.

Kontakt ist möglich über folgende E-Mail-Adresse:
kehrtum.walburga@t-online.de

TEIL 1
Botschaften von Jesus Christus

1. Mein Auftrag: Einladung zur Nachfolge Jesu

30. November 2009

Mein geliebtes Kind, ich möchte dir jetzt ein Buch diktieren. Mach dich bereit, hör auf meine Stimme in dir und schreib alles auf, was ich dir sage! Noch vieles habe ich dir mitzuteilen, noch vieles habe ich der Welt durch dich zu sagen. Stell dich mir dazu ganz zur Verfügung! Großer Segen wird von diesem Buch ausgehen, große Gnaden werden herabströmen auf alle Leser. Bete jetzt schon für alle Menschen, die dieses Buch lesen, so kann ich sie näher an mich ziehen! Bete für sie um Schutz und um die richtige Auslegung der Botschaften, damit sie nicht in die Irre gehen!

Ich möchte in diesem Buch alle Menschen dazu einladen, den Weg mit mir zu gehen, den Weg der Liebe und der Freude, aber auch den Weg des Leidens. Sie sollen keine Angst haben, mir nachzufolgen, ich bin doch ihr Retter und Erlöser und ich bin stets bei ihnen. Ich spreche sie in den Botschaften direkt an, so kann ich ihr Herz besser erreichen. Alle sollen wissen, dass ich sie unendlich liebe[1] und voller Sehnsucht nach ihrer Liebe Ausschau halte. Sie sollen mich nicht mehr länger warten lassen, sondern mir ihr Herz ganz schenken. Ich werde sie reich dafür belohnen und sie mit Gnaden

1. Vgl. Joh 15,9: Wie mich der Vater geliebt hat, so habe auch ich euch geliebt.

überhäufen. Ich werbe um jeden Einzelnen, jeder Mensch ist mir unendlich kostbar. Wenn sie das doch nur begreifen würden!

Schrei meine Liebe hinaus in die Welt, verkünde mein Wort, ob man es hören will oder nicht![2] Ich sammle jetzt mein Volk, ich führe viele Menschen zur Heiligkeit. Ich werde bald wiederkommen in Herrlichkeit, ich bereite die Menschen jetzt darauf vor. Sei du mein Werkzeug dazu! Amen.

2. In meiner Liebe wirst du Großes vollbringen

1. Dezember 2009

Ich spreche ab jetzt die Leser direkt an, so kann ich sie in der Tiefe des Herzens berühren. Hier ist nun die erste Botschaft für sie:

Mein geliebtes Kind, komm zu mir und geh mit mir den Weg der Liebe! Sag nicht: «Ich kann nicht, ich bin dazu nicht fähig!» Es stimmt, aus eigener Kraft bist du dazu nicht fähig, aber mit meiner Kraft wirst du Mauern überspringen, Mauern der Angst, der Verzweiflung, der Mutlosigkeit.[3] Komm also zu mir und lass dich mit der Kraft meines Hl. Geistes erfüllen, lass dich von mir verwandeln und mit meiner übergroßen Liebe beschenken! In meiner Liebe wirst du Großes vollbringen, du wirst zu allem fähig sein. So zögere nicht länger, sondern lass dich in meine Arme fallen!

Pflege einen vertrauten Umgang mit mir, betrachte mich als deinen besten Freund![4] Vertrau mir deine Sorgen und Probleme

2. Vgl. 2 Tim 4,2: Verkünde das Wort, tritt auf, ob gelegen oder ungelegen, überführe, weise zurecht, ermahne, in aller Geduld und Belehrung!
3. Vgl. Ps 18,30: Ja, mit dir überrenne ich Scharen, mit meinem Gott überspringe ich Mauern.
4. Vgl. Joh 15,15: Vielmehr habe ich euch Freunde genannt; denn ich habe euch alles mitgeteilt, was ich von meinem Vater gehört habe.

an, ich werde mich darum kümmern! Ich habe großes Verständnis für deine Nöte, ich habe ja selbst als Mensch auf der Erde gelebt. Ich bin stets bei dir und helfe dir weiter in jeder Not. Aber wende dich an mich, ruf mich um Hilfe an, vergiss mich nicht! Setz dein Vertrauen nicht mehr auf Menschen, sondern nur noch auf mich! Ich werde dir wirksamer weiterhelfen als jeder Mensch. Dein Vertrauen ehrt mich, durch dein Vertrauen erkennst du mich als deinen Gott an.

Ich warte stets auf deine Zuwendung, auf ein Wort der Liebe von dir. Ich werde dich überhäufen mit Gnaden, wenn du nur willst. Aber ich brauche dein Einverständnis, ich tue nichts gegen deinen Willen. Ich achte deine Freiheit, weil ich dich liebe. Ich liebe dich mit göttlicher Liebe, ich erfülle alle deine Sehnsüchte.
So komm zu mir, denn ich bin Jesus, dein Freund, dein Retter und dein Erlöser! Amen.

3. Komm zu mir mit all deinen Sünden!

2. Dezember 2009

Mein geliebtes Kind, komm zu mir, so wie du bist, mit all deinen Sünden und Schwächen, mit all deinen Fehlern und Problemen! Hab keine Angst vor mir, ich liebe dich, so wie du bist! Aber ich möchte dich herausholen aus der Sklaverei der Sünde und dich hineinführen in die Freiheit der Kinder Gottes. Ich lasse dich deine Sünden erkennen und schenke dir eine tiefe Reue über sie. Bedenke, jede Sünde verletzt mich und meinen ganzen Leib, die Gemeinschaft aller Gläubigen! Ich möchte dich wieder ganz aufnehmen in die Gemeinschaft mit mir und allen Gläubigen. Ich verzeihe dir auch die schwersten Sünden; ich freue mich über deine Umkehr und Reue.[5]

5. Vgl. Jes 55,7: Er (der Frevler) kehre um zum Herrn, damit er Erbarmen hat mit ihm und zu unserem Gott; denn er ist groß im Verzeihen.

Bekenne deine Sünden vor einem Priester und empfange das Sakrament der Versöhnung![6] Mein Priester wird dich im Namen der Heiligsten Dreifaltigkeit lossprechen von deinen Sünden. Welche Freude herrscht darüber im Himmel und welche Freude zieht ein in dein Herz! Feiern wir ein Fest der Versöhnung, feiern wir ein Fest der Liebe, denn ein Sünder hat Gnade gefunden vor seinem Gott! Ich denke nicht mehr an deine Sünden,[7] sondern ich freue mich über deine Liebe zu mir.

Denk auch du nicht mehr an deine Sünden, verzeih dir selbst! Du sollst ganz frei sein von allen Lasten der Vergangenheit, ganz unbelastet sollst du stehen vor mir.
Und wenn du wieder in Sünde fällst, kehr wieder um, steh auf und verlass das Reich der Finsternis und komm in mein Reich des Lichts! Sei dir meiner Vergebung gewiss, ich werde dich nicht abweisen und wenn du hundertmal fällst am Tag!
Verzeihe auch du deinen Schwestern und Brüdern, die sich gegen dich verfehlen, verharre nicht im Groll gegen sie! So wird deine Freude vollkommen sein. Amen.

4. Übergib mir dein Leben ganz!

3. Dezember 2009

Mein geliebtes Kind, übergib mir dein Leben ganz, halte nichts mehr für dich selbst zurück! Lass mich über dein Leben bestimmen, ich allein sei dein Herr und Meister! Ich weiß am besten, was gut für dich ist. Ich brauche dich zum Aufbau meines Reiches, stell dich mir dazu ganz zur Verfügung! Ich habe große Pläne mit dir, ich habe eine besondere Berufung für dich. Sag Ja dazu, ohne

6. Vgl. Ps 32,5: Ich sagte: Meine Frevel will ich dem Herrn bekennen. Und du hast die Schuld meiner Sünde vergeben.
7. Vgl. Jer 31,34: Denn ich vergebe ihre Schuld, an ihre Sünde denke ich nicht mehr.

deine Einwilligung kann ich meine Pläne nicht verwirklichen in deinem Leben!

Ich hätte für jeden Menschen einen Lebensplan, aber die meisten wollen ihr eigenes Leben leben, auch viele sogenannte Christen. Sie passen sich der Welt an und führen ein egoistisches, weltliches Leben. Sie achten nicht auf den Willen meines Vaters, sondern wollen in jeder Lebenslage ihren eigenen Willen durchsetzen.[8]

Du aber gib deinen Eigenwillen auf und überlass dich ganz meinem Wirken! Hab keine Angst, du wirst nicht zu kurz kommen in deinem Leben! Ich werde dich reich beschenken und dir das Glück verschaffen, nach dem du dich in der Tiefe deines Herzens sehnst. Ich werde dich langsam umwandeln und dich mir immer ähnlicher machen.
Übergib mir deine Ängste und deine Bedenken, ich werde dich davon befreien![9] Ich werde alle Hindernisse beseitigen, die dich daran hindern, deine Berufung zu leben. Wenn du deine Berufung nicht klar erkennst, dann bete intensiv zu meinem Hl. Geist! Er wird dich Schritt für Schritt führen und dir immer mehr Klarheit schenken über den Weg, den du gehen sollst. Bete jeden Tag zum Hl. Geist, er wird dich auch in den Kleinigkeiten des Alltags stets gut beraten!

So geh den Weg mit mir, den Weg der Liebe und der Freude! Ich locke dich mit meiner Liebe, ich erfülle dein Herz mit meiner göttlichen Liebe, ich ziehe dich an mich und schenke dir mein Heil. Amen.

8. Vgl. Eph 5,17: Darum seid nicht unverständig, sondern begreift, was der Wille des Herrn ist!
9. Vgl. Ps 25,17: Ängste haben mein Herz gesprengt, führ mich heraus aus meiner Bedrängnis!

5. Erwarte alles von mir!

4. Dezember 2009

Mein geliebtes Kind, vertraue mir ganz, leg ab alles Misstrauen! Lass dich in meine Arme fallen und fühle dich geborgen in meiner Liebe! Niemand kennt dich besser als ich, niemand liebt dich mit einer größeren Liebe als ich, denn ich bin dein Gott, dein Herr und Meister.
Vertrau mir deine Sorgen an, schütte dein Herz vor mir aus! Ich werde dich trösten und dir wieder Hoffnung schenken; ich nehme mich deiner an und bringe alles wieder in Ordnung in deinem Leben. Ich heile dich in der Tiefe deiner Seele und stelle dich wieder her.[10] Glaube und vertraue darauf, dass es so ist! Setz dich meiner heilenden Liebe aus, verbring viel Zeit in meiner Gegenwart, besprich alles mit mir! Meine Liebe ist wie Balsam auf deinen Wunden, sie lindert jeden Schmerz. Ich schenke dir Ruhe und Frieden, Gelassenheit und Gottesfurcht.

So komm zu mir in die Gemächer meiner Liebe und lass dich von mir lieben! Hab keine Angst vor meiner Liebe, hab keine Angst davor, dich mir ganz hinzugeben! Ich werde dich nicht enttäuschen, ich will nur das Beste für dich.
Aber ich kann dir nicht versprechen, dir jedes Leid zu ersparen. Manches Leiden ist notwendig für deine Entwicklung, im Nachhinein wirst du es vielleicht verstehen. Doch ich bewahre dich vor dem Bösen und jeglichem Unheil und eile dir zu Hilfe in jeder Not.

So vertraue immer mehr auf mich, erwarte alles von mir, nicht mehr von den Menschen![11] Ich kümmere mich um dich, ich belehre dich, ich ermahne dich, ich führe dich durch meinen Hl. Geist. Wage den Weg mit mir, es ist ein Weg des Glücks und der

10. Vgl. Ps 147,3: Er heilt, die gebrochenen Herzens sind, er verbindet ihre Wunden.
11. Vgl. Ps 118,8: Besser, sich zu bergen beim Herrn, als zu vertrauen auf Menschen.

Freude! Verlass alle Wege der Dunkelheit und geh den Weg des Lichts! Bereits auf dieser Erde sollst du ganz in meinem Reiche wohnen und das Glück meiner göttlichen Liebe erfahren. Amen.

6. Lebe ganz bewusst in der Gegenwart!

5. Dezember 2009

Mein geliebtes Kind, lebe ganz in der Gegenwart, jeder Augenblick ist kostbar! Nur in der Gegenwart kannst du mich erfahren. Grüble nicht so viel, befass dich nicht ständig mit der Vergangenheit! Übergib mir alles Vergangene, alle Verletzungen, alle Enttäuschungen, alle Misserfolge, ich werde alles wiedergutmachen in meiner Liebe! Ich werde jede Situation wieder in Ordnung bringen und vollenden in meiner Allmacht und Weisheit. So lass die Vergangenheit los und versäume nicht den gegenwärtigen Augenblick!

Denk auch nicht zu viel an die Zukunft, du bist geborgen in meiner Hand! Ich habe dir eine gute Zukunft bereitet, so leg ab alle Angst und alles Misstrauen! Mach auch keine Zukunftspläne mehr, sondern versuche immer mehr, dich in die Pläne meines Vaters einzufügen! Er hat für dich nur Pläne des Heils und nicht des Unheils.[12]

Lebe ganz bewusst in der Gegenwart, versuche, mich wahrzunehmen in jeder Situation! Ich bin immer bei dir, ich verlasse dich nicht.[13] Du kannst mir begegnen in deinem Inneren, denn ich wohne in deinem Herzen. Versenke dich nach innen, sammle dich und du wirst mich wahrnehmen in dir!

12. Vgl. Jer 29,11: Denn ich, ich kenne die Gedanken, die ich für euch denke – Spruch des Herrn –, Gedanken des Heils und nicht des Unheils; denn ich will euch eine Zukunft und eine Hoffnung geben.
13. Vgl. Mt 28,20: Und siehe, ich bin mit euch alle Tage bis zum Ende der Welt.

Du kannst mir aber auch begegnen in deinen Mitmenschen, ich möchte dir viel Liebe schenken durch sie. Erkenne mich auch in den Menschen in Not, die deine Hilfe brauchen! Übersieh sie nicht in der Hektik der Zeit, sondern schaffe ihrer Not Abhilfe in meiner Liebe! Reichen Lohn wirst du dafür erhalten.

Sei ganz aufmerksam und wachsam deiner Umgebung gegenüber, geh nicht achtlos an allem vorüber! Bewundere die Schönheit der Schöpfung, erfreue dich am Reichtum der Natur und lobe und preise deinen Schöpfer für all das Wunderbare, das er geschaffen hat! Amen.

7. Mach mich ganz zum Mittelpunkt deines Lebens!

7. Dezember 2009

Mein geliebtes Kind, mach mich ganz zum Mittelpunkt deines Lebens, stell mich an die erste Stelle in deinem Tun, in deinem Denken und in deinem Fühlen! Heißt es nicht in der Hl. Schrift: «Du sollst den Herrn, deinen Gott, lieben mit ganzem Herzen, mit ganzer Seele und mit all deinen Gedanken»?[14] So handle danach und leg ab deine Götzen!

Wofür oder für wen lebst du? Lebst du für mich? Was ist dir nicht alles wichtig in deinem Leben! So hast du kaum Zeit für mich und meine Anliegen. Mein größter Wunsch ist die Bekehrung der Menschen, ich bin voller Sehnsucht nach ihrer Liebe. Wie weh tut es meinem Herzen, wenn sie meine Liebe abweisen und so ins Verderben stürzen! Ich möchte alle eine Ewigkeit lang bei mir haben und sie mit meiner übergroßen Liebe erfreuen. Aber wie wenige erwidern meine Liebe!

14. Vgl. Mt 22,37: Du sollst den Herrn, deinen Gott, lieben mit ganzem Herzen, mit ganzer Seele und mit deinem ganzen Denken.

Sei mir dabei behilflich, die Menschen näher an mich zu ziehen, ich brauche dich dringend für den Aufbau meines Reiches! Stell dich mir dazu ganz zur Verfügung, ich werde dir den Weg dazu zeigen! Kümmere dich in erster Linie um meine Anliegen, ich werde mich um deine Angelegenheiten kümmern! Ich sorge für dich und deine Bedürfnisse, ich lasse dich nicht im Stich.[15]

Verbringe viel Zeit im Gebet, besprich alles mit mir, schenk mir die Liebe deines Herzens, auch wenn sie armselig ist! Ich werde dich mit meiner göttlichen Liebe erfüllen und dich zur wahren, selbstlosen Liebe befähigen. In meiner Liebe wirst du auch deinem Nächsten mehr Liebe entgegenbringen können und Kraft finden für alle deine Aufgaben.

Entscheide dich für ein Leben mit mir, zögere nicht mehr länger, gib dich mir ganz hin! So wirst du bereits hier auf Erden das Glück finden, nach dem du suchst, und reiche Frucht bringen. Amen.

8. Übergib mir alle deine Beziehungen!

8. Dezember 2009

Mein geliebtes Kind, übergib mir alle deine Beziehungen, deine Beziehungen zu deinen nächsten Angehörigen, deinen Verwandten, Bekannten und Freunden! Ich werde sie in Ordnung bringen, ich werde sie heilen in meiner großen Liebe. Bedenke, alle Beziehungen müssen gereinigt werden, damit sie immer mehr meinen Vorstellungen entsprechen! Alle eure Beziehungen sind beeinträchtigt durch die Sünde, durch Egoismus, Neid, Eifersucht, Stolz, Rechthaberei, Machtstreben und Überheblichkeit. Ihr verletzt euch ständig gegenseitig; verzeiht deshalb auch einander

15. Vgl. 1 Petr 5,7: Werft alle eure Sorge auf ihn, denn er kümmert sich um euch!

immer wieder![16] Ohne ständige Vergebung ist keine Gemeinschaft in Liebe möglich.

Komm zu mir, ich schenke dir den Geist der Vergebung; bitte mich darum, ich werde ihn dir gerne gewähren! Bring mir v. a. diejenigen Menschen, mit denen du große Probleme hast! Leg sie hinein in mein heiligstes Herz, bete für sie und verzeihe ihnen in meinem Namen! Ich werde sie umwandeln nach meinem Willen und ihre verletzten Herzen heilen. Auch dich werde ich in der Tiefe deiner Seele heilen und dich immer mehr fähig machen zur wahren selbstlosen Liebe. So werden eure Herzen wieder langsam zusammenfinden in der Gemeinschaft mit mir.

Such nicht nur immer bei den anderen die Schuld, erkenne auch deine eigenen Sünden! Ich zeige sie dir in meinem Licht und rufe dich auf zur Umkehr. Erwarte nicht mehr so viel von den Menschen, lass sie los, gib ihnen die Freiheit! Dränge ihnen nichts auf, manipuliere sie nicht, setze sie nicht unter Druck, beherrsche sie nicht! Denn ich bin ein Gott der Freiheit, ich achte die Freiheit jedes einzelnen Menschen.[17]

Ich führe dich jetzt hinein in den Prozess der Loslösung von den Menschen; sag Ja dazu, auch wenn es ein schmerzlicher Weg ist! Er ist notwendig zur Reinigung deiner Beziehungen und zur Umwandlung deines Herzens.[18] Wundere dich nicht, wenn du plötzlich große Probleme bekommst mit deinen Mitmenschen, wenn sie dich angreifen, verachten, missverstehen und dir alles Mögliche vorwerfen! Ich lasse dies zu zu deinem Heil. Aber verzage nicht, komm zu mir in jeder Not! Ich werde dich trösten und wieder auferbauen. Du

---

16. Vgl. Eph 4,32: Seid gütig zueinander, seid barmherzig, vergebt einander, wie auch Gott euch in Christus vergeben hat.
17. Vgl. 2 Kor 3,17: Der Herr aber ist der Geist; wo aber der Geist des Herrn ist, da ist Freiheit.
18. Vgl. Mt 5,8: Selig, die rein sind im Herzen; denn sie werden Gott schauen.

sollst dein Glück nicht mehr von den Menschen erwarten, sondern nur noch von mir. Du wirst so lange von den Menschen enttäuscht werden, bis du ganz losgelöst bist von ihnen. In großer Freiheit wirst du dann unter den Menschen weilen, ganz erfüllt mit meiner Liebe. Ich mache dich stark, ich mache dich mutig, ich gebe dir meine Autorität. So wirst du Zeugnis ablegen können von mir und meiner Liebe. Amen.

9. Lass ab von deinen Götzen!

9. Dezember 2009

Mein geliebtes Kind, lass ab von deinen Götzen,[19] sie bringen dir nicht das Glück, nach dem du dich sehnst! Nur bei mir wirst du dauerhaftes Glück finden und Liebe und Freude in Überfülle. Alles Irdische ist vergänglich und befriedigt dein Herz nicht in der Tiefe. Ich habe dich für mich geschaffen, für die ewige Freude in Gemeinschaft mit mir. Bereits auf dieser Erde erhältst du Anteil an diesem göttlichen Glück, wenn du glaubst und dich mir immer wieder zuwendest.

Ich habe mein Blut vergossen für dich; ich habe dich erlöst durch meinen Kreuzestod. Ich werde dich auch mit hineinnehmen in meine Auferstehung am Ende deines Lebens. So such nicht mehr woanders dein Glück, du wirst es sonst nirgendwo finden!

Häng dein Herz nicht an etwas Irdisches, du sollst ganz frei sein für mich und meine Liebe! Trenne dich von allem, was dich daran hindert, den Weg mit mir zu gehen! Lass dich durch nichts fesseln, lass dich durch nichts versklaven! Zähme deine Leidenschaften in meiner Kraft, widersage in meinem Namen jeglicher Habgier, Geltungssucht und jeder anderen Sucht! Ich möchte dich

19. Vgl. 1 Joh 5,21: Meine Kinder, hütet euch vor den Götzen!

befreien aus der Sklaverei der Sünde, aber du musst dazu einwilligen.[20] Wirke mit meiner Gnade mit, sträube dich nicht dagegen! Überlass dich ganz meinem Wirken und wende dich ab von allem Bösen! Dein Herz ist noch an so vieles gebunden, ich möchte es befreien von allen Abhängigkeiten. Gib mir die Erlaubnis dazu, auch wenn die Loslösung sehr schmerzlich ist!
Hab keine Angst, ich werde dich stets trösten und dir wieder neuen Lebensmut schenken! Ich bin doch stets bei dir und kümmere mich um dich. Ich werde deine Wunden heilen und deine Schmerzen lindern.

Richte deinen Sinn immer mehr auf mich und immer weniger auf das Irdische! Ich werde dir dabei helfen und dich immer näher an mich ziehen. Ich selbst werde dich von deinen Götzen befreien, ich dulde keine anderen Götter neben mir.[21] In großer Freiheit sollst du mir dienen, dein Herz soll nur noch für mich schlagen! Amen.

10. Verlass alles und folge mir nach!

10. Dezember 2009

Mein geliebtes Kind, verlass alles und folge mir nach![22] Du hast noch viel zu verlassen, du vertraust immer noch zu sehr auf deinen Reichtum, auf die Menschen, auf deine eigene Klugheit und Weisheit, auf deinen Einfluss und deine Macht. Du sollst aber ganz auf mich vertrauen und mir nachfolgen in Treue und Gehorsam.

Werde ganz arm! Je ärmer du bist, desto mehr kann ich dich beschenken und desto mehr kann ich bewirken in deinem Leben. Verlass dich ganz auf mich und du wirst meine Wunder sehen!

20. Vgl. Gal 5,1: Zur Freiheit hat uns Christus befreit.
21. Vgl. Ex 20,3: Du sollst neben mir keine anderen Götter haben.
22. Vgl. Mk 10,28: Da sagte Petrus zu ihm: Siehe, wir haben alles verlassen und sind dir nachgefolgt.

Werde ganz demütig, erkenne deine eigene Schwachheit und Armseligkeit! Erkenne, dass du alles mir verdankst und meiner Liebe zu dir! Du hast keinen Grund, stolz zu sein; deine Haltung sei Dankbarkeit mir gegenüber! So lass ab von deinem Stolz und folge mir in Demut nach! Ich werde dich reich belohnen dafür; ich schenke dir Liebe, Freude und Frieden in Fülle.

Verzichte auf alle Absicherungen in deinem Leben, lerne immer mehr, nur noch auf mich zu vertrauen! Nichts soll dich ängstigen, nichts soll dich erschüttern, du sollst ganz geborgen sein in meiner Liebe. Ich allein sei deine Sicherheit in jeder Situation, ich allein sei dein Zufluchtsort, dein Fels und deine Burg![23] Hab keine Angst, ich werde dich nicht enttäuschen, meine Hilfe ist dir sicher!
Verzichte auch auf alle eigenen Pläne und Lebensentwürfe und füg dich ein in meine Pläne für dein Leben! Leg ab deinen Eigenwillen, er ist ein großes Hindernis auf dem Weg mit mir! Nimm dich selbst immer wieder zurück, versuche nicht, etwas durchzusetzen, ohne vorher mich um Rat gefragt zu haben! Hinterfrage deine eigenen Wünsche und Vorstellungen, bete stets um Erleuchtung durch den Hl. Geist!
Sei auch vorsichtig mit deinen Urteilen, denn mein Urteil fällt oft ganz anders aus als das Urteil der Menschen!

Bleib in ständiger Verbindung mit mir, wende dich an mich im Gebet, so wirst du keinen falschen Weg einschlagen! Ich lasse dich aber manchmal Umwege gehen, um dich zu belehren und um dich zu reinigen. Manche Wahrheiten erkennst du nur durch eigene schmerzliche Erfahrungen. Ich führe dich aber immer wieder zurück auf den rechten Weg.
So überlass dich ganz meinem Wirken, sträube dich nicht dagegen! Ich habe für dich nur Pläne des Heils und nicht des Unheils.

23. Vgl. Ps 94,22: Da wurde mir der Herr zur Schutzburg, mein Gott zum Fels meiner Zuflucht.

Ich führe dich hinaus ins Weite, ich führe dich in die Freiheit der Kinder Gottes. Amen.

11. Verehre noch mehr meinen Hl. Geist!

11. Dezember 2009

Mein geliebtes Kind, verehre noch mehr meinen Hl. Geist, pflege eine innige Freundschaft mit ihm!
Ruf ihn an, wenn du Rat brauchst, wenn du nicht mehr weiterweißt, wenn du etwas nicht verstehst! Er wird deinen Geist erleuchten und dich gut beraten und belehren.
Auch in den Kleinigkeiten des Alltags wird er dir ein guter Berater sein, wenn du ihn darum bittest. Er schenkt dir Weisheit und Klugheit für jede Lebenssituation, v. a. aber für dein geistliches Leben.[24]
Er führt dich den Weg, den du gehen sollst, und warnt dich vor Irrwegen.
Wenn du in Not bist, wenn dein Herz verzagt ist und wenn Traurigkeit dich übermannt, dann kommt mein Geist und tröstet dich. Er schenkt dir wieder Hoffnung und Mut für deinen weiteren Lebensweg.

Wenn du den Hl. Geist vor jeder Gebetszeit anrufst, wird er dich auch im Gebet führen. Er zeigt dir, was und wie du beten sollst und wer im Moment dein Gebet am dringendsten braucht. Er selbst wird in dir beten und dein armseliges Gebet in ein kraftvolles, geisterfülltes Gebet verwandeln. Lass dich auf seine Führung ein, halte nicht starr fest an deinen gewohnten Gebeten! Sei stets offen für etwas Neues, mein Hl. Geist möchte dich immer wieder erneuern!

---

24. Vgl. Jes 11,2: Der Geist des Herrn ruht auf ihm: der Geist der Weisheit und der Einsicht, der Geist des Rates und der Stärke, der Geist der Erkenntnis und der Furcht des Herrn.

Bete auch oft um die Gabe der Unterscheidung der Geister, damit du die Eingebungen des Geistes klar unterscheiden kannst von den Einflüsterungen des Bösen und von deinen eigenen Gedanken

Hüte dich vor jeder Sünde, denn durch die Sünde wird mein Hl. Geist vertrieben![25] Wenn du bereust, wird er jedoch bald wieder zurückkommen und dich neu erfüllen.
Ich sende meinen Geist aus in der ganzen Welt, um alles zu erneuern.[26] Widersetz dich ihm nicht, sondern füge dich gehorsam seinem Wirken! Amen.

12. Schließ dich einer geistlichen Gemeinschaft an!

12. Dezember 2009

Mein geliebtes Kind, schließ dich einer geistlichen Gemeinschaft an, denn allein ist der Weg zu schwer für dich! Ich werde dich erkennen lassen, welche Gemeinschaft für dich geeignet ist.
In der Gemeinschaft seid ihr stark, ihr könnt eure Erfahrungen austauschen und euch gegenseitig ermutigen. Bedenkt, bei jeder Zusammenkunft bin ich mitten unter euch und ihr könnt mich ganz konkret erfahren! Ihr seid ein Teil meines Leibes, der Kirche, und ich gieße meine Gnaden über euch aus.

Haltet in jeder Situation zusammen, bleibt in der Einheit und haltet jeden Geist der Zwietracht und der Eifersucht von euch fern![27] Ihr sollt meine Liebe unter den Menschen sichtbar machen, so

25. Vgl. Weish 1,5: Denn der heilige Geist, der Lehrmeister, flieht vor der Falschheit, er entfernt sich von unverständigen Gedanken und wird verscheucht, wenn Unrecht naht.
26. Vgl. Ps 104,30: Du sendest deinen Geist aus: Sie werden erschaffen und du erneuerst das Angesicht der Erde.
27. Vgl. Phil 2,2-3: Dann macht meine Freude vollkommen, dass ihr eines Sinnes seid, einander in Liebe verbunden, einmütig, einträchtig, dass ihr nichts aus Streitsucht und nichts aus Prahlerei tut.

vermeidet jede Lieblosigkeit in eurer Gemeinschaft![28] Bittet mich um den Geist der Liebe und der Vergebung und betet viel füreinander um Schutz! Satan versucht ständig, euch anzugreifen; widersagt ihm in meinem Namen und er muss von euch weichen! Ich werde euch und eure Gemeinschaft beschützen und sie bewahren vor allem Bösen.

Betet viel füreinander! Durch das Gebet kann ich eure Herzen vereinen und euch immer mehr umwandeln. Helft euch gegenseitig, wenn einer von euch in Not ist, steht ihm mit Rat und Tat zur Seite! Ihr sollt euch gegenseitig eine Stütze sein, ihr sollt euch aufeinander verlassen können.

Ich selbst soll der Mittelpunkt eurer Gemeinschaft sein; so richtet eure Herzen immer wieder auf mich aus! Lobt und preist mich und betet mich an, gebt mir die Ehre in jeder Beziehung! Ich bin euer Herr und Meister und ich bin euer König! Ich liebe jeden Einzelnen von euch mit unendlicher Liebe. Seid geborgen in meinem Herzen, legt ab jede Angst und jedes Misstrauen! Ich ziehe euch immer näher an mich, bis ihr ganz vereint seid mit mir. Amen.

13. Widersetz dich allen Angriffen des Bösen!

14. Dezember 2009

Mein geliebtes Kind, wenn du den Weg mit mir gehen willst, mach dich auf Widerstände gefasst![29] Je radikaler dein Weg ist, umso heftiger werden die Anfechtungen sein. Ängste und Zweifel werden dich überfallen, Menschen werden dir davon abraten, deine nächsten Angehörigen werden versuchen, dich aufzuhalten.

28. Vgl. Joh 15,12: Das ist mein Gebot, dass ihr einander liebt, so wie ich euch geliebt habe.
29. Vgl. Sir 2,1: Kind, wenn du herantrittst, um dem Herrn zu dienen, mach dich bereit für die Erprobung!

Du aber widersetz dich allen Angriffen des Bösen, widersage ihm in meinem Namen![30] Durchschaue sein böses Spiel, so kannst du dich besser dagegen wehren! Such möglichst schnell Zuflucht bei mir, stell dich unter den Schutz meines kostbaren Blutes und sei geborgen in meinem Herzen!
Hab keine Angst, Satan hat keine Macht über dich, er kann dir nicht ernsthaft schaden, denn du bist mein Eigentum! Du bist ein Kind Gottes und niemand kann dich mir entreißen. Satan wütet gegen dich, er hat einen großen Hass auf dich, denn er kann deinen Glauben und deine Liebe nicht ertragen. Ich lasse seine Angriffe zu, um deinen Glauben zu prüfen und um dich von deinen Sünden zu reinigen.

Bete viel um die Gabe der Unterscheidung der Geister, damit du die Werke des Bösen sofort entlarven kannst! Nimm auch Zuflucht bei meiner Mutter, sie hat große Macht über alles Böse! Auch dein Schutzengel und der hl. Erzengel Michael werden dir sofort zu Hilfe eilen, wenn du sie darum bittest.
Versuche nie, aus eigener Kraft Satan und seine Dämonen zu besiegen, denn du wirst jämmerlich unterliegen! Aber in meiner Kraft bist du stark, vor mir muss alles Böse weichen.

Geh den Weg mit mir, lass dich durch nichts und niemanden davon abhalten! Nimm den geistlichen Kampf auf dich, ich selbst werde für dich kämpfen mit großer Macht! Ich werde den Sieg davontragen über alle Hindernisse; ich werde dich hindurchführen durch alle Dunkelheiten und dich in mein Licht holen. Amen.

30. Vgl. Jak 4,7: Ordnet euch also Gott unter, leistet dem Teufel Widerstand und er wird vor euch fliehen.

14. Hab Mut, leg ab alle Angst und Furcht!

15. Dezember 2009

Mein geliebtes Kind, hab Mut, leg ab alle Angst und Furcht,[31] denn ich bin dein Herr und Gott und beschütze dich auf all deinen Wegen! Mögen auch viele Gefahren auf dich lauern, es wird dich kein Unheil treffen. Vertrau dich mir ganz an und ich werde dich von allen Ängsten befreien![32] Satan versucht immer wieder, dir Angst einzujagen und dich zu entmutigen. Glaub ihm nicht, sondern vertrau auf meine Verheißungen! Ich schenke dir großen Mut und große Zuversicht; mit mir wirst du Mauern überspringen.

Hab Mut, mich vor den Menschen zu bekennen, schäme dich meiner nicht! Je gottloser die Menschen in deiner Umgebung sind, umso mehr Mut wirst du benötigen, mein Evangelium zu verkünden. Leg ab alle Menschenfurcht und bekenne dich als Christ! Mein Hl. Geist wird dir die Kraft dazu geben und dir die richtigen Worte eingeben. Ich brauche dich dringend für den Aufbau meines Reiches, stell dich mir dazu ganz zur Verfügung!

Hab Mut, ein entschiedenes christliches Leben zu führen gegen alle Hindernisse und Widerstände in deiner Umgebung! Pass dich der Welt nicht an, sondern orientiere dich immer wieder an mir und an meinem Wort! Lass dich nicht hineinziehen in die Sünden der Menschen um dich herum, sondern widerstehe allen Versuchungen in meiner Macht! Du sollst dich reinhalten von der Sünde, ich werde dich immer mehr dazu befähigen.

Hab Mut zur Nächstenliebe, die Menschen werden dir dankbar dafür sein! Biete deine Hilfe an, wo jemand in Not ist! Übersieh die hilfsbedürftigen Menschen nicht in der Hektik des Alltags!

31. Vgl. Jes 41,10: Fürchte dich nicht, denn ich bin mit dir; hab keine Angst, denn ich bin dein Gott!
32. Vgl. Ps 34,5: Ich suchte den Herrn und er gab mir Antwort; er hat mich all meinen Ängsten entrissen.

Sie sind oft verzweifelt und warten auf deine Hilfe. Steh ihnen bei nach deinen Möglichkeiten, ich werde dir dabei helfen!

So komm zu mir, ich werde dir den nötigen Mut für jede Situation geben! Amen.

15. Lass ab von deinem Stolz!

16. Dezember 2009

Mein geliebtes Kind, lass ab von deinem Stolz, er ist ein großes Hindernis auf dem Weg mit mir!
Glaub nicht, dass du selbst alles am besten kannst und weißt und niemanden um Rat zu fragen brauchst! Erheb dich nicht über die anderen, komm dir nicht besser, klüger, schöner und stärker vor als die anderen Menschen![33] Ich werde dir das Gegenteil beweisen, ich werde dich tief erniedrigen unter den Menschen, damit du Demut lernst. Ich mache dich ganz schwach und arm und unfähig zu vielem; so wirst du erkennen, dass alle guten Gaben von mir kommen und nicht von dir selbst.

Demütige dich tief vor mir,[34] beuge deine Knie vor mir und gib mir die Ehre in Lobpreis und Dank! Bring mir Anbetung entgegen, erkenne mich als deinen Gott an! Werde ganz abhängig von mir, übergib mir die Herrschaft in deinem Leben! Glaub nicht in deinem Stolz, dass du im Alltag auch ohne mich zurechtkommst! Ich werde zulassen, dass du immer wieder kläglich scheiterst, wenn du etwas ohne meine Kraft und ohne meine Weisheit in Angriff nimmst. Beklage dann nicht deine eigene Unfähigkeit, sondern beklage deine Sünde des Stolzes! Bereue sie und ich werde dir verzeihen in meiner großen Barmherzigkeit!

---

33. Vgl. Phil 2,3: Sondern in Demut schätze einer den andern höher ein als sich selbst
34. Vgl. Sir 2,17: Die den Herrn fürchten, machen ihre Herzen bereit und demütigen sich vor ihm.

Du hast auch keinen Grund stolz zu sein auf deinen materiellen Besitz, auf Haus, Wohnung, Geld, Kleidung und die vielen anderen Dinge, die du besitzt. Bedenke, letztlich ist alles mein Geschenk zu deiner Freude und zu deinem Nutzen und um es mit den anderen Menschen zu teilen! Aber häng dein Herz nicht daran und prahle damit nicht vor den anderen Menschen! Es wäre besser, du würdest dich von allem Unnötigen trennen und dein Herz ganz freihalten für mich. Vielleicht muss ich dir auch manches nehmen, was dich zu sehr versklavt. Beklage dich dann aber nicht, sondern sei mir dankbar!

Wenn du den Weg mit mir gehst, werde ich dich die Tugend der Demut lehren. Ich breche deinen Stolz, deine Überheblichkeit und deinen Eigensinn und mache dich ganz gefügig meinem Wirken gegenüber. Demütig wirst du mir nachfolgen; du wirst nichts mehr von dir selbst erwarten, sondern alles von mir.
So lass dich immer mehr ein auf diesen Prozess, auch wenn er schmerzlich ist! Du wirst großen Gewinn davontragen und immer mehr umgestaltet werden in mein Bild.[35] Amen.

16. Missbrauche deine Macht nicht!

17. Dezember 2009

Mein geliebtes Kind, leg ab dein Streben nach Macht und Einfluss und bejahe deine Ohnmacht! Versuche nicht, die Menschen zu beherrschen, zu unterdrücken, zu manipulieren oder ihnen etwas aufzuzwingen! Achte auf ihre Freiheit und Menschenwürde, alles andere ist gegen mein Gebot der Liebe!

35. Vgl. 2 Kor 3,18: Wir alle aber schauen mit enthülltem Angesicht die Herrlichkeit des Herrn wie in einem Spiegel und werden so in sein eigenes Bild verwandelt, ...

Erstrebe keinen Machtposten, um deine eigenen Ideen und Pläne durchzusetzen! Weißt du denn, ob diese mit meinen Plänen übereinstimmen? Wenn dir aber ein Amt angeboten wird, bete zu meinem Hl. Geist um Erkenntnis, ob du es annehmen sollst! Nimm es in Demut und Bescheidenheit an, wenn du den Eindruck hast, dass dieses Amt im Willen meines Vaters liegt! Übe dieses Amt dann in meiner Vollmacht und in meiner Autorität aus! Nimm keine falsche Rücksicht auf die Menschen, sondern versuche, in allem den Willen meines Vaters zu tun!
Bete viel, pflege eine innige Freundschaft mit mir, denn je mehr du mit mir verbunden bist, desto besser wirst du deine Aufgaben in meinem Sinne erfüllen!

Verstehe dein Amt stets als Dienst an den Menschen, denn ich habe euch gesagt: «Der Größte unter euch soll der Diener aller sein.»[36] Diene den Menschen in meinem Namen, so wirst du zu großem Segen werden für sie! Lass mich ungehindert wirken durch dich, werde ganz durchlässig für meinen Hl. Geist! Nur so kannst du in deinem Amt mitwirken am Aufbau meines Reiches.

Missbrauche deine Macht nicht für deine eigenen Zwecke und für deine eigene Ehre, verzichte auf Rache und Vergeltung, bevorzuge niemanden, widerstehe jeder Versuchung zur Bestechlichkeit und Korruption!
Bedenke, jede Macht stammt von mir![37] Missbrauche sie nicht, sondern übe sie aus in meiner Vollmacht! Amen.

36. Vgl. Mt 23,11: Der Größte von euch soll euer Diener sein.
37. Vgl. Joh 19,11: Jesus antwortete ihm (Pilatus): Du hättest keine Macht über mich, wenn es dir nicht von oben gegeben wäre.

17. Benütze die Menschen nicht für deine Zwecke!

18. Dezember 2009

Mein geliebtes Kind, sei aufrichtig und ehrlich zu den Menschen, auch in geschäftlichen Angelegenheiten! Betrüge niemanden, übervorteile niemanden, nütze die Menschen nicht aus[38] und enthalte ihnen nicht wichtige Informationen vor, um Gewinn zu machen! Benütze deine Mitmenschen nicht für deine Zwecke, schlag nicht Gewinn aus ihrer Unwissenheit und Unerfahrenheit! Versetze dich stets in die Lage des anderen und achte auf sein Recht!

Bleibe stets in der Haltung der Nächstenliebe und behalte nicht nur dein eigenes Wohl, sondern auch das Wohl deines Nächsten im Blick! Bedenke, du wirst einmal vor mir darüber Rechenschaft ablegen müssen, wie du dich deinen Mitmenschen gegenüber verhalten hast! Ich kenne deine heimlichen Motive und decke sie dir auf, weil ich dich liebe. Ich möchte dein Herz verwandeln und ganz an mich ziehen. Sag nicht: «Das sind doch alles nur Kleinigkeiten!», denn jede Lieblosigkeit verletzt mein Gebot der Liebe!

Setze dich vielmehr ein für die Betrogenen, für die Entrechteten, für die Ausgebeuteten und Ausgenützten, für alle, die nicht zu ihrem Recht kommen! Decke jedes Unrecht auf, bete für die Betroffenen und verhilf ihnen zu ihrem Recht, soweit es in deiner Macht steht! Nimm Anteil an ihrem Schicksal, sie sollen dir nicht gleichgültig sein! So ein Verhalten würde mir gefallen! Denke stets daran: «Was ihr dem Geringsten meiner Brüder getan habt, das habt ihr mir getan.»[39] So überwinde deinen Egoismus und deine Bequemlichkeit und handle danach!

---

38. Vgl. Lev 19,11: Ihr sollt nicht stehlen, nicht täuschen und einander nicht betrügen.
39. Vgl. Mt 25,40: Amen, ich sage euch: Was ihr für einen meiner geringsten Brüder getan habt, das habt ihr mir getan.

Erkenne deine Schuld und bereue sie; ich werde sie dir vergeben in meiner großen Liebe! Kehr um, reinige dein Herz und geh mit mir den Weg der Liebe! Großen Lohn wirst du dafür erhalten. Amen.

18. Bleib stets bei der Wahrheit!

19. Dezember 2009

Mein geliebtes Kind, bleib stets bei der Wahrheit,[40] denn jede Lüge kommt vom Bösen! Wenn du in der Wahrheit bleibst, bleibst du in mir, denn ich bin die Wahrheit.[41] Meide jede Halbwahrheit, jede Verdrehung der Wahrheit, jede Ausrede und Verstellung, auch jede Übertreibung oder Untertreibung! Heuchle nicht vor den Menschen, sag nicht Ja, wenn du Nein denkst! Schmeichle den Menschen nicht, um Vorteile daraus zu ziehen, sei geradlinig und wahrhaftig!

Du musst aber nicht immer den anderen die Wahrheit ins Gesicht sagen, manchmal fordert es das Gebot der Liebe zu schweigen! Lass dich von meinem Hl. Geist führen! So wirst du erkennen, wann du reden und wann du schweigen sollst. Es ist auch meist besser, über die Fehler und Sünden deiner Mitmenschen zu schweigen, besonders wenn du nur vom Hörensagen davon Kenntnis besitzt! Du weißt nicht, ob alles der Wahrheit entspricht. So meide jedes Gerede und jeden Klatsch, diese verstoßen meist gegen mein Gebot der Nächstenliebe!

Satan ist der Vater der Lüge; er versucht stets, die Menschen zum Lügen zu verführen.[42] Wie viele Menschen fallen auf ihn herein,

40. Vgl. Eph 4,25: Legt deshalb die Lüge ab und redet die Wahrheit, jeder mit seinem Nächsten; denn wir sind als Glieder miteinander verbunden.
41. Vgl. Joh 14,6: Jesus sagte zu ihm: Ich bin der Weg und die Wahrheit und das Leben.
42. Vgl. Joh 8,44: Wenn er (der Teufel) lügt, sagt er das, was aus ihm selbst kommt; denn er ist ein Lügner und ist der Vater der Lüge.

wie viele Lügen werden auf der Welt verbreitet! Alle Medien sind von der Lüge durchsetzt; so glaub nicht alles, was dir von den Medien vorgesetzt wird! Prüfe alles anhand meines Wortes! Was meiner Lehre widerspricht, das verwirf!
Je mehr du in meiner Liebe und in meinem Wort lebst, umso mehr kannst du die Lüge von der Wahrheit unterscheiden! Bete stets um die Gabe der Unterscheidung der Geister, damit du jede Unwahrheit sofort erkennst! Der Böse führt auch dich immer wieder in Versuchung und möchte dich durch seine Lügen von mir und meiner Liebe entfernen. Glaub ihm nicht, sondern widerstehe ihm in meiner Macht!

Wie viele Ideologien und wie viele Lehren gibt es auf der Welt, die die Menschen ins Verderben stürzen! Sie versprechen ihnen Glück und Heil, bringen ihnen aber nur Unglück und Unheil. Wahres Heil gibt es nur bei mir, alles andere ist Lüge. Nur wer an mich und an mein Wort glaubt, befindet sich in der Wahrheit.

So richte deinen Sinn immer mehr auf mich und meine Wahrheit, wende dich ab von allen verkehrten Lehren und dein Leben wird immer mehr geprägt sein von meiner Wahrheit! Amen.

19. Bezähme deine Neugier!

21. Dezember 2009

Mein geliebtes Kind, bezähme deine Neugier, aber nimm Anteil an Freud und Leid deiner Mitmenschen!

Sei nicht zu neugierig, du musst nicht über alles Bescheid wissen in deiner Umgebung! Frage die Leute nicht neugierig aus über ihre persönlichsten Angelegenheiten, achte ihren Privatbereich, halte dich bescheiden zurück! Wenn sie dich für vertrauenswürdig halten, werden sie sich dir von sich aus öffnen und dir ihr Vertrauen

schenken. Erkundige dich auch nicht über andere Menschen, nur um deine Neugierde zu befriedigen! Sei nicht aufdringlich, die Menschen werden dich sonst meiden!
Du musst auch nicht alle neugierigen Fragen der Menschen beantworten. Setze ihnen Grenzen und schütze deinen Privatbereich, aber auch den der anderen Menschen! Erzähle keine persönlichen Geheimnisse weiter, sei verschwiegen, behalte das Gehörte für dich! Beteilige dich an keinem Klatsch, auch wenn die Menschen dich mit hineinziehen wollen![43]

Lass dich von den Medien nicht verführen, die ja von der Neugierde und der Wissbegierde der Menschen leben! Widerstehe der Flut von Informationen, Unterhaltungen und Neuigkeiten, die sie dir anbieten! Konzentriere dich auf das Wesentliche, lass dir deine kostbare Zeit nicht von ihnen stehlen! Wähle nur gute christliche Medien aus, die mich verherrlichen und dich näher zu mir bringen! Alles andere kommt vom Bösen!

Sei nicht neugierig, aber nimm Anteil am Schicksal deiner Mitmenschen! Höre geduldig zu, wenn sie dir von ihrer Not erzählen, und bete für sie! Hilf ihnen, soweit es in deiner Macht steht! Erkundige dich nach ihrem Befinden! Sie werden spüren, ob du aus echter Anteilnahme fragst oder aus Neugier. Nimm auch Anteil an ihrer Freude und freue dich mit ihnen!
Auf diese Weise wirst du mein Gebot der Nächstenliebe erfüllen und meine große Anteilnahme und Barmherzigkeit unter den Menschen bekannt machen. Amen.

43. Vgl. Spr 12,18: Mancher Leute Gerede verletzt wie Schwertstiche, die Zunge der Weisen bringt Heilung.

20. Tu alles zu meiner Ehre!

22. Dezember 2009

Mein geliebtes Kind, tu nichts mehr zu deiner eigenen Ehre und zu deinem eigenen Ruhm, sondern tu alles zu meiner Ehre! Du sollst mich verherrlichen in deinem Leben und mir allein die Ehre geben.[44]

Strebe keine weltliche Karriere an, auch nicht in meiner Kirche, sondern sei bereit, mir in den niedrigsten Arbeiten zu dienen! Ich selbst werde dich erhöhen, wenn ich dich für würdig befinde. Leg ab jede Ehrsucht, jede Gefallsucht und jeden Geltungsdrang, sie werden ein großes Hindernis sein auf dem Weg mit mir! Wenn du den Menschen zu gefallen suchst, kannst du deine Berufung nicht leben,[45] denn die Menschen haben Irdisches im Sinn und verstehen deine Berufung nicht. Sie werden immer wieder versuchen, dich von deiner Berufung abzuhalten und dich in ihre Interessen hineinzuziehen. Du sollst ganz unabhängig vom Urteil der Menschen sein und nur noch auf mein Urteil achten.

Wenn du mir nachfolgst, lasse ich es manchmal zu, dass deine Ehre von den Menschen befleckt wird, dass du verleumdet, kritisiert oder sogar verfolgt wirst. Dadurch soll deine Liebe zu mir gereinigt werden; du sollst erkennen, dass die Ehre von den Menschen unbeständig und vergänglich ist, von mir wirst du jedoch unvergänglichen Ruhm erhalten. Die Menschen sind wankelmütig, heute jubeln sie dir zu und morgen verachten sie dich.

So tu alles nur noch zu meiner Ehre, suche nur noch mir zu gefallen! Versuche stets, den Willen meines Vaters zu erkennen und ihn umzusetzen in deinem Leben! Nimm dabei keine Rücksicht auf deine Ehre, auf das Gerede und Urteil der Menschen!

44. Vgl. Offb 14,7: Er (ein Engel) rief mit lauter Stimme: Fürchtet Gott und erweist ihm die Ehre!
45. Vgl. Gal 1,10: Wollte ich noch den Menschen gefallen, dann wäre ich kein Knecht Christi.

Gehe geradlinig deinen Weg, ehre mich als deinen Herrn und Meister, als deinen König und Herrn! Ich selbst werde dich ehren in meinem Reich. Amen.

21. Nütze deine Zeit!

23. Dezember 2009

Mein geliebtes Kind, nütze deine Zeit, denn sie ist kostbar in meinen Augen![46] Ich habe sie dir zum Geschenk gemacht, geh deshalb verantwortlich damit um! Deine Zeit ist begrenzt, sie vergeht schnell, lass sie nicht sinnlos verstreichen! Du wirst einmal Rechenschaft vor mir darüber ablegen müssen, wie du mit deiner Zeit umgegangen bist.

Konzentriere dich auf das Wesentliche, befass dich nicht mehr mit so vielen Nebensächlichkeiten, schränke Unterhaltung, Vergnügen, Hobbys, leeres Gerede usw. mehr ein! Lass dich nicht überfluten mit Informationen, die du gar nicht benötigst und die deinen Geist zerstreuen! Lerne, Wichtiges von Unwichtigem zu unterscheiden!

Stelle mich in den Mittelpunkt deines Lebens, gib mir die Ehre, diene mir im Gebet und durch Werke der Nächstenliebe! Übergib mir die Herrschaft über dein Leben! Ich werde alles ordnen und dich von allem unnötigen Ballast befreien. Ich allein sei dein Herr und Meister!

Nimm dir viel Zeit für das Gebet, für die Freundschaft mit mir! Ich werde dich stets stärken und dir weiterhelfen in jeder Not. Leg auch Fürbitte ein für deinen Nächsten, für die Kirche und für die ganze Welt! Bete besonders für die Menschen, die mir noch fernstehen, damit sie den Weg finden zu mir!

---

46. Vgl. Eph 5,16: Nutzt die Zeit, denn die Tage sind böse.

Nimm dir auch viel Zeit für Werke der Liebe! Steh deinen Mitmenschen bei, wenn sie in Not sind! Kümmere dich v. a. um die Armen und Verlassenen, um die Ausgestoßenen und Verzweifelten![47] Erkenne mich in ihnen und komm ihnen zu Hilfe! Die Zeit, die du dafür verwendest, ist sinnvoll genützt. So ein Leben würde mir gefallen!

Übergib mir deine Zeit, ich werde dich stets lehren, wie du sie nützen sollst! Verzichte darauf, selbst über deine Zeit zu verfügen! So werde ich Wunderbares aus deinem Leben machen. Deine Zeit wird angefüllt sein mit meiner Gnade und Heiligkeit. Die Menschen werden auf dich schauen und mich in dir erkennen. Amen.

22. Werde wieder wie ein kleines Kind!

24. Dezember 2009

Mein geliebtes Kind, werde wieder wie ein kleines Kind, denn nur so kannst du in mein Reich kommen![48]
Du sollst ganz angewiesen sein auf mich wie ein kleines Kind auf die Eltern. Ich kümmere mich um dich mit großer Zärtlichkeit und Güte, denn ich liebe dich mehr als je ein Mensch dich lieben kann. So hab keine Angst davor, ganz von mir abhängig zu sein! Ich will nur das Beste für dich.

Ein kleines Kind ist offen und hat Vertrauen zu den Eltern, es teilt mit ihnen Freud und Leid. Wenn es in Not ist, sucht es Zuflucht und Trost bei der Mutter, es fühlt sich geborgen unter ihrem Schutz. Wenn es etwas nicht weiß oder nicht kann, wendet es

47. Vgl. Gal 2,10: Nur sollten wir an die Armen denken; und das zu tun, habe ich mich eifrig bemüht.
48. Vgl. Mt 18,3: Wenn ihr nicht umkehrt und werdet wie die Kinder, werdet ihr nicht in das Himmelreich hineinkommen.

sich an Vater oder Mutter und vertraut darauf, dass diese ihm weiterhelfen können. Wenn das Kind etwas kaputt gemacht hat, hofft es, dass der Vater es wieder in Ordnung bringen kann. Wenn es etwas braucht oder sich sehnlichst wünscht, bittet es die Eltern, es ihm zu besorgen.
Genauso sollst du dich mir gegenüber verhalten in den verschiedenen Situationen deines Lebens! Wenn du in Not bist, komm zu mir, ich werde dir weiterhelfen und Trost schenken! Wenn du etwas verkehrt gemacht hast, komm zu mir, ich werde es wieder in Ordnung bringen! Wenn du etwas brauchst oder einen Wunsch hast, wende dich an mich, ich werde dich reich beschenken!

Erwarte alles von mir, nicht mehr von den Menschen, denn ich bin ein Gott der Liebe, der Weisheit und der Allmacht und ich weiß, was am besten für dich ist!
Ich bin selbst als Kind auf die Welt gekommen, schwach, arm und hilflos. Verehre mich auch als Kind in der Krippe,[49] nicht nur als Erlöser am Kreuz! Schau auf meine Kleinheit und Schwachheit als Mensch und verehre mich darin in meiner Größe als Gott! Als kleines Kind bin ich dir ganz nahe, ich kann dadurch dein Herz berühren und an mich ziehen. Nimm mich als Vorbild, werde wieder wie ein kleines Kind und du wirst mein Reich erben! Amen.

23. Verurteile die Menschen nicht!

26. Dezember 2009

Mein geliebtes Kind, verurteile die Menschen nicht,[50] denn du kennst ihr Herz nicht! Sie sind oft in den Fängen Satans und sind

49. Vgl. Mt 2,11: Sie (die Sterndeuter) gingen in das Haus und sahen das Kind und Maria, seine Mutter; da fielen sie nieder und huldigten ihm.
50. Vgl. Lk 6,37: Verurteilt nicht, dann werdet auch ihr nicht verurteilt werden!

versklavt von der Sünde. Meist sind sie unglücklich und suchen verzweifelt nach dem Glück. Sie finden es aber nicht in der Welt, denn ich habe sie geschaffen für mich. Nur bei mir werden sie letztlich ihr wirkliches Glück finden.

So verurteile deine Mitmenschen nicht, überlass mir das Urteil! Denk daran, wie oft du selbst in die Sünde fällst und auf meine Barmherzigkeit angewiesen bist! Bete vielmehr für sie, damit sie sich bekehren und ich ihr Herz umwandeln kann!
Wenn du jemanden sündigen siehst, bete sofort für ihn und meine Gnade wird auf ihn herabströmen! Wenn es dir angemessen erscheint, weise ihn auch in Liebe zurecht! Erzähl ihm von mir und meiner Liebe und von den negativen Auswirkungen jeder Sünde! Bete so lange für ihn, bis sich sein Herz für mich öffnet! Gib ihn nie auf, auch wenn du ungeduldig wirst und dir die Zeit zu lange erscheint! Es dauert oft lange, bis sich ein Mensch von meiner Liebe ergreifen lässt.

Sei du ein Wegbereiter für mich, ebne den Menschen den Weg zu mir! Verzeih ihnen immer wieder, wenn sie sich gegen dich versündigen! Aber verurteile sie nicht, richte sie nicht, denn ich allein bin der Richter über alles Böse![51] Ich habe euch gesagt: «Richtet nicht, damit ihr nicht gerichtet werdet! Denn wie ihr richtet, so werdet ihr gerichtet werden.»[52]

So sei großherzig und hab Mitleid mit deinen Mitmenschen, hab ein weites Herz voller Liebe zu ihnen! Lass dir die nötige Liebe für sie von mir schenken, denn deine armselige Liebe ist zu schwach! Lass dich von mir umwandeln! Schau zuerst auf deine eigenen

51. Vgl. Joh 5,27: Und er (der Vater) hat ihm Vollmacht gegeben, Gericht zu halten, weil er der Menschensohn ist.
52. Vgl. Mt 7,1-2: Richtet nicht, damit ihr nicht gerichtet werdet! Denn wie ihr richtet, so werdet ihr gerichtet werden und nach dem Maß, mit dem ihr messt, werdet ihr gemessen werden.

Sünden, dann erst auf die Sünden der anderen Menschen! Dann wirst du kein Bedürfnis mehr haben, die anderen Menschen zu verurteilen, denn du wirst deine eigene Schwäche und Unfähigkeit erkennen und deine eigenen Sünden tief bereuen. Ich werde dir vergeben in meiner großen Liebe und dir großes Mitleid schenken für die Sünder. Amen.

24. Such dir einen guten geistlichen Begleiter!

28. Dezember 2009

Mein geliebtes Kind, such dir einen guten geistlichen Begleiter, er wird dir eine große Hilfe sein auf dem Weg mit mir! Wenn du keinen findest, bitte mich darum, dass ich dir einen geeigneten Begleiter zuführe! Ich werde dein Gebet zur rechten Zeit erhören und dir einen Mann oder eine Frau nach meinem Herzen zur Seite stellen. Wer eine geistliche Begleitung übernimmt, sollte fest verwurzelt sein in meiner Kirche und eine große Liebe zu mir im Herzen tragen. Auch sollte er selbst möglichst viel Erfahrung haben im geistlichen Leben und schon weiter fortgeschritten sein als derjenige, den er begleitet.

Bete viel um den Hl. Geist für deinen geistlichen Begleiter, damit er deinen Weg erkennt und dich richtig führt! Wenn du während des Gesprächs einen inneren Frieden verspürst,[53] soll dies ein Zeichen für dich sein, dass ich selbst durch deinen Begleiter gesprochen habe. Du kannst ihm dann ganz vertrauen und seine Anweisungen befolgen.
Bete auch viel um Schutz vor euren Gesprächen, damit Satan euch nicht angreifen kann und keine Missverständnisse und Streitigkeiten entstehen! Stellt euch unter den Schutz meines kostbaren Blutes und unter den Schutz meiner Mutter! Auch eure Schutzen-

53. Vgl. Joh 14,27: Frieden hinterlasse ich euch, meinen Frieden gebe ich euch.

gel und der hl. Erzengel Michael werden kämpfen für euch, wenn ihr sie um Hilfe bittet.

Manchmal kann es sein, dass du den geistlichen Begleiter wechseln sollst, v. a. wenn ich dich einen Weg führe, den er nicht mehr versteht. Sei dann gehorsam und halte deinen Begleiter nicht fest! Auch kann es sein, dass du einmal für eine Zeit ganz ohne Begleiter auskommen sollst, damit du selbst erstarkst und damit du lernst, die Antworten auf deine Fragen direkt bei mir zu suchen. Suche dann nicht verzweifelt nach einem Seelsorger, sondern nimm deine Situation an!
Bedenke, alles hat einen Sinn und alles kann dich näher zu mir bringen! Lass dich stets führen von meinem Hl. Geist! Versuche nicht, etwas zu erzwingen, was nicht in meinem Willen liegt! Es wird kein Erfolg und kein Segen darauf liegen.

Wenn du schon weiter fortgeschritten bist auf dem Weg mit mir, stell dich selbst als Seelsorger zur Verfügung! Ich selbst werde dich lehren und ausbilden und dich führen durch meinen Hl. Geist.
So helft euch gegenseitig auf dem Weg zu mir und dient einander in Liebe! Amen.

25. Lies viel in der Hl. Schrift!

29. Dezember 2009

Mein geliebtes Kind, lies viel in der Hl. Schrift, sie soll deine tägliche Nahrung sein![54] Zieh sie jeder anderen Lektüre vor, denn ich selbst begegne dir darin! Wenn du offen bist für meine Botschaft, kann ich dein Herz berühren und verändern.

---

54. Vgl. Ps 1,1-2: Selig der Mann, der ... sein Gefallen hat an der Weisung des Herrn, bei Tag und bei Nacht über seine Weisung nachsinnt.

Bete vor jeder Bibellesung zu meinem Hl. Geist, damit du alles richtig auslegst und verstehst! Wenn du Rat brauchst, lies in der Hl. Schrift; wenn du verzagt bist, betrachte die Bibel wenn du Belehrung suchst, setz dich meinem Wort aus! Durch mein Wort kann ich dir stets geben, was du gerade benötigst: Rat, Trost, Lehre, Wegweisung.[55]

Große Schätze sind in der Hl. Schrift verborgen, eine Fülle von Gnaden kann ich durch sie austeilen. Mein Wort besitzt eine große Kraft, es überführt die Menschen der Sünde und richtet über die Herzen der Menschen. An meinem Wort scheiden sich die Geister: Wer meinem Wort glaubt, wird gesegnet sein und ewig leben.[56] Wer ihm nicht glaubt, bleibt in der Finsternis.

Bete viel für die Menschen, dass sie offen werden für mein Wort und mehr in der Bibel lesen! Ich kann sie dadurch näher an mich ziehen und ihnen besser Wegweisung geben. Wenn sie den Reichtum der Hl. Schrift doch nur alle erfassen könnten! Aber ihr Herz ist verblendet und meist nur auf das Irdische ausgerichtet.

Bei dir soll es nicht so sein! Du sollst ein Vorbild sein für alle und Zeugnis ablegen von der Bedeutung der Hl. Schrift. Vertiefe dich in mein Wort, lebe in meinem Wort und handle danach! Dein ganzes Leben soll auf mein Wort ausgerichtet sein. Zitiere oft Bibelstellen, lerne viele Passagen auswendig, erinnere dich immer wieder an mein Wort! So wirst du in meiner Liebe bleiben und mir immer näherkommen. Amen.

55. Vgl. 2 Tim 3,16: Jede Schrift ist, als von Gott eingegeben, auch nützlich zur Belehrung, zur Widerlegung, zur Besserung, zur Erziehung in der Gerechtigkeit.
56. Vgl. Joh 8,51: Amen, amen, ich sage euch: Wenn jemand an meinem Wort festhält, wird er auf ewig den Tod nicht schauen.

26. Verehre innig meine hl. Eucharistie!

30. Dezember 2009

Mein geliebtes Kind, verehre noch mehr meine hl. Eucharistie, sie ist ein unfassbares Geschenk an euch!
Besuche möglichst oft die hl. Messe und empfange mich in der hl. Kommunion! Große Gnaden kann ich dir dadurch schenken. Bereite dich gründlich darauf vor, bereue deine Sünden und empfange mich in großer Ehrfurcht![57] Wie schmerzlich sind für mich die Gedankenlosigkeit, Gleichgültigkeit und Ehrfurchtslosigkeit vieler Menschen! Bedenke, wie sehr ich mich erniedrigt habe in meiner übergroßen Liebe zu euch![58] Ich biete mich selbst an als Speis und Trank zur Stärkung eurer Seelen und damit ihr in inniger Verbindung bleibt mit mir. Ich habe mich für euch hingegeben im Kreuzestod und ich gebe mich täglich wieder hin in der hl. Eucharistie.[59] Wie wenig verstehen und schätzen dies viele Menschen!

Wenn du mich in der Hostie empfängst, sprich Worte der Liebe zu mir! Ich warte sehnsüchtig auf ein Zeichen der Liebe von dir. Du kannst mir auch deine Sorgen und Probleme anvertrauen, ich werde mich darum kümmern. Sprich mit mir wie mit deinem besten Freund, nichts soll zwischen uns stehen! Ich kenne dein Herz besser als jeder Mensch und ich habe Mitleid mit deiner Schwäche. Ich werde dir alle Sünden verzeihen und nicht mehr daran denken in meiner großen Barmherzigkeit.

Wenn es dir möglich ist, besuche mich auch oft in der Kirche! Ich warte auf dich im Tabernakel.

---

57. Vgl. Sir 43,29: Ehrfurcht gebietend und überaus groß ist der Herr, wunderbar ist seine Herrschaft.
58. Vgl. Phil 2,7-8: Sein Leben war das eines Menschen; er erniedrigte sich und war gehorsam bis zum Tod, bis zum Tod am Kreuz.
59. Vgl. Tit 2,14: Er hat sich für uns hingegeben, damit er uns von aller Ungerechtigkeit erlöse ...

Bete mich auch an im Allerheiligsten! Durch die eucharistische Anbetung fließen große Gnaden herab auf die Menschheit. Wo ich, euer Gott und Herr, angebetet werde, muss alles Böse weichen. Die Macht Satans wird gebrochen und meine Gnade breitet sich aus in der ganzen Umgebung.
So verehre innig meine hl. Eucharistie und du wirst reich beschenkt werden! Amen.

27. Halte dich treu an die Lehre der katholischen Kirche!

31. Dezember 2009

Mein geliebtes Kind, halte dich treu an die Lehre der katholischen Kirche und an die Anweisungen des Papstes![60] Lass dich nicht verwirren in der Vielfalt der Meinungen, lass dir von den modernen Theologen den traditionellen Glauben nicht nehmen! Bilde dich weiter, lies den katholischen Katechismus, informiere dich über das Glaubensgut der Kirche! Du sollst jedem Rede und Antwort stehen können, der dich nach deinem Glauben fragt.[61] Aber lass dich nicht auf Streitigkeiten ein, bleib stets ruhig und gelassen mit meiner Hilfe![62]

Meide die Priester, die Irrlehren verbreiten, setz dich ihrem Einfluss nicht aus! Sie leugnen oft grundlegende Glaubenswahrheiten und verkünden stattdessen ihre eigene Lehre. Lass dich von ihnen nicht verunsichern, halte treu zum Papst und bekenne dich mutig

60. Vgl. Mt 16,18: Du bist Petrus und auf diesen Felsen werde ich meine Kirche bauen und die Pforten der Unterwelt werden sie nicht überwältigen.
61. Vgl. 1 Petr 3,15: Seid stets bereit, jedem Rede und Antwort zu stehen, der von euch Rechenschaft fordert über die Hoffnung, die euch erfüllt.
62. Vgl. 2 Tim 2,23: Lass dich nicht auf törichte und unsinnige Auseinandersetzungen ein; du weißt, dass sie nur Streitereien hervorbringen.

zu ihm vor den Menschen! Ich schenke ihm Weisheit in Fülle, er ist mein Stellvertreter auf Erden.

Bete viel für den Papst, damit er seine schwierige Mission erfüllen kann! Er braucht dringend das Gebet der Gläubigen, denn er wird ständig angegriffen.
Bete auch viel für die Priester und Bischöfe und für alle Verantwortlichen in der Kirche, damit sie ihr Hirtenamt nach meinem Willen ausüben! Viele von ihnen gehen den Weg der Sünde und des Ungehorsams, ich möchte sie wieder ganz zurückholen zu mir.

Meide alle Ideologien und nichtchristlichen Strömungen, die heutzutage die Menschen verwirren, wie die New-Age-Bewegung, die Esoterik und alle fernöstlichen Religionen! Sie versprechen den Menschen Heil, das sie jedoch nur bei mir finden werden. Setz dich keinen fremden Einflüssen mehr aus, setz dich nur noch mir und meiner Liebe aus! Bei mir findest du die Wahrheit in Fülle, bei mir findest du wahre Geborgenheit. Amen.

28. Sei offen für die Ökumene!

1. Januar 2010

Mein geliebtes Kind, sei offen für die Ökumene, nimm alle christlichen Brüder und Schwestern in Liebe an! Ich schaffe mir jetzt ein neues Volk, es wird nur noch einen Hirten und eine Herde geben.[63] Aber der Weg dahin ist noch weit.

Bete viel um die Einheit der Christen! Die Einheit aller Gläubigen, die sich Christen nennen, soll dir ein Herzensanliegen sein! Verurteile die Christen anderer Konfessionen nicht, leg ab deinen Stolz und deine Rechthaberei, beuge dein Haupt in

63. Vgl. Joh 10,16: Dann wird es nur eine Herde geben und einen Hirten.

Ehrfurcht vor jedem Christen! Du weißt nicht, ob ich an seinem Leben nicht mehr Wohlgefallen habe als an deinem eigenen Leben. Bedenke, ich beurteile euch nach der Liebe und nicht nach der Erkenntnis!

Mein Leib ist zerrissen, wie schmerzlich ist das! Trage dazu bei, dass alle Teile wieder zusammenwachsen und dass keine neuen Teile mehr abgerissen werden! Bete viel zu meinem Hl. Geist in diesem Anliegen, denn nur er kann dieses schwierige Werk vollbringen! Eure menschliche Kraft reicht dazu nicht aus, eure Liebe ist zu schwach und eure Erkenntnis zu gering.

Stellt euch alle unter die Führung meines Hl. Geistes, denn nur so könnt ihr den Weg zueinander finden! Hört auf mit allen Verurteilungen, Lieblosigkeiten, Streitigkeiten und begegnet einander in Liebe und in der Freude des Hl. Geistes! Demütigt euch und bekennt voreinander eure Schuld, versöhnt euch alle und eure Wunden werden schnell vernarben!
Nur in der Einheit und in der Liebe könnt ihr Zeugnis ablegen für mich, nur so werden die Ungläubigen den Weg zu mir finden.[64]

Mein Leib ist entstellt, aber ich werde ihn wiederherstellen, sei du mein Werkzeug dazu! Stell dich mir dazu ganz zur Verfügung, sträube dich nicht dagegen! Willige ein in meine Pläne und du wirst meine Wunder sehen! Amen.

64. Vgl. Joh 17,23: So sollen sie vollendet sein in der Einheit, damit die Welt erkennt, dass du mich gesandt hast und sie ebenso geliebt hast, wie du mich geliebt hast.

29. Lebe zusammen mit meinem himmlischen Hofstaat!

2. Januar 2010

Mein geliebtes Kind, lebe zusammen mit meinem ganzen himmlischen Hofstaat!

Verehre besonders meine Mutter, das reinste Geschöpf, das je auf Erden gelebt hat! Sie hat große Macht über mein Herz, ich kann ihr keine Bitte abschlagen. So komm zu ihr mit deinen Anliegen, sie wird Fürbitte für dich einlegen! Sie liebt dich mehr als deine eigene Mutter und kümmert sich um dich auf mütterliche Art und Weise.[65]

Verehre auch noch mehr meine heiligen Engel; ich habe ihnen besondere Aufgaben anvertraut!
Dein Schutzengel begleitet dich dein Leben lang; er wacht über dich und beschützt dich vor allen Gefahren des Leibes und der Seele.[66] Ruf ihn an, sprich mit ihm, so kann er dich noch wirksamer schützen! Er wartet auf ein Zeichen der Liebe von dir.
Der hl. Erzengel Michael ist mächtig im Kampf gegen Satan und alle Dämonen.[67] Ruf ihn an, wenn du im geistlichen Kampf stehst! Er wird dir sofort zu Hilfe eilen und alles Böse vertreiben.

Zu meinem Hofstaat gehören auch die unzähligen Heiligen, die in der Anschauung der Heiligsten Dreifaltigkeit leben. Sie haben auf Erden gekämpft und den Sieg errungen. Sie können dir ein Vorbild sein; sie waren Sünder wie du, haben sich aber von mir ganz verwandeln lassen. Ihre Fürbittkraft ist groß; wende dich also an sie mit deinen verschiedensten Problemen!

---

65. Vgl. Joh 19,26-27: Als Jesus die Mutter sah und bei ihr den Jünger, den er liebte, sagte er zur Mutter: Frau, siehe, dein Sohn! Dann sagte er zu dem Jünger: Siehe, deine Mutter!
66. Vgl. Ps 91,11: Denn er befiehlt seinen Engeln, dich zu behüten auf all deinen Wegen.
67. Vgl. Offb 12,7-8: Michael und seine Engel erhoben sich, um mit dem Drachen (dem Teufel) zu kämpfen. Der Drache und seine Engel kämpften, aber sie hielten nicht stand und verloren ihren Platz im Himmel.

Verehre besonders deinen Namenspatron (deine Namenspatronin), er (sie) kann dir viele Gnaden erbitten!
Besonders an ihrem Gedenktag können die Heiligen große Gnaden verteilen an die Menschen.

So wende dich oft an deine himmlischen Freunde; sie sind treuer und zuverlässiger als alle deine irdischen Freunde! Lebe jetzt schon auf Erden zusammen mit ihnen und deine Freude wird groß sein! Amen.

30. Verehre in besonderer Weise meinen Vater!

4. Januar 2010

Mein geliebtes Kind, verehre in besonderer Weise meinen Vater! Er liebt dich unendlich und ersetzt dir jede fehlende Vaterliebe. Er kümmert sich mehr um dich als jeder irdische Vater es tun könnte. Er hat seine Pläne mit dir, Pläne des Heils und nicht des Unheils. Versuche stets, den Willen meines Vaters zu tun![68] Er weiß am besten, was gut für dich ist. Verzichte immer mehr auf deinen eigenen Willen, lass ab von deinem Egoismus; sei auch bereit, einmal etwas Schweres auf dich zu nehmen! Es wird dir zum Heil gereichen, wenn du es in Liebe erträgst.

Mein Vater ist der Allwissende und Allmächtige, nichts ist für ihn unmöglich in seiner Weisheit. Die ganze Schöpfung erweist ihm Ehre, alle Geschöpfe bringen ihm ihr Lob dar. Nur der Mensch glaubt in seinem Stolz und in seiner Verblendung, meinem Vater die nötige Ehrerbietung vorenthalten zu können.
Viele Menschen machen sich selbst zum Gott oder vergötzen einen anderen Menschen. Aber meinem Vater, dem sie ihre ganze

68. Vgl. Mt 6,9-10: Unser Vater im Himmel, ... dein Wille geschehe wie im Himmel, so auf der Erde.

Existenz verdanken, geben sie nicht die Ehre![69] Er wartet auf ihre Liebe, aber er findet keine Gegenliebe.

Was soll er mit dieser widerspenstigen Menschheit tun?
Er wird jetzt eingreifen und die ganze Welt umwandeln nach seinem Willen. Gewaltige Ereignisse stehen euch jetzt bevor, große Umwälzungen werden die Welt erschüttern. Er wird die Welt zur Vollendung führen und die Geschichte an ihr endgültiges Ziel bringen. Gereinigt und geläutert werden die Menschen ihrem Gott wieder die Ehre erweisen, die ihm gebührt. Sie werden ihn loben und preisen und ihn Tag und Nacht anbeten.[70] Sie werden ihre Knie beugen vor ihm und ihm huldigen. Nichts Böses wird mehr herrschen auf der Erde, denn die Liebe hat den Sieg errungen. Amen.

31. Betrachte oft meine Passion!

5. Januar 2010

Mein geliebtes Kind, betrachte oft meine Passion, bedenke, wie viel ich für euch gelitten habe! Ich habe mich erniedrigt als Mensch und bin den Weg des Leidens gegangen. Wenn du mir nachfolgen willst, musst auch du dich auf Leiden gefasst machen.
Man hab mich gedemütigt, verspottet, verfolgt, angegriffen, verleumdet, falsch angeklagt und mich der Gotteslästerung beschuldigt. Man hat mich geschlagen, gegeißelt, mir eine Dornenkrone aufgesetzt und mich ans Kreuz geschlagen. Wer kann die vielen seelischen und körperlichen Qualen erfassen, die ich erdulden musste?[71]

69. Vgl. Mal 1,6: Der Sohn ehrt seinen Vater und der Knecht seinen Herrn. Wenn ich der Vater bin – wo bleibt dann die Ehrerbietung?
70. Vgl. Offb 15,4: Denn du allein bist heilig: Alle Völker kommen und beten dich an; denn offenbar geworden sind deine gerechten Taten.
71. Vgl. Mk 8,31: Der Menschensohn muss vieles erleiden ...

Ich nahm alle Leiden freiwillig auf mich, um euch zu retten. Dazu bin ich auf die Welt gekommen nach dem Willen meines Vaters.

Alle meine Freunde und meine Anhänger haben mich verlassen in der Stunde der Not. Ich hätte als Mensch auch ihren Trost gebraucht; wie verlassen und einsam fühlte ich mich! Einer meiner Freunde hat mich verraten; wie schmerzlich ist verratene Liebe! Petrus hat mich vor den Menschen verleugnet; wie weh hat mir das getan! Ganz allein musste ich meinen Kreuzweg gehen, verurteilt, verachtet und verstoßen von den Menschen! Wie schrecklich waren auch die körperlichen Schmerzen, die Stiche der Dornenkrone, die Wunden der Geißelung, die Einstiche der Nägel!
Aber meine Liebe hat nicht aufgehört, ich war nicht verbittert, ich habe alles ertragen in meiner übergroßen Liebe zu euch.

Wenn du selbst ein Leid zu tragen hast, schau auf meine Leiden am Kreuz und deine Leiden werden dir gering vorkommen! Vereinige dein Leid mit dem meinen, ich werde es verwandeln und es zum Segen werden lassen für dich und für die ganze Welt![72] Du wirst teilhaben an meinem Erlösungswerk, du wirst mitwirken an der Erlösung der Welt.
So nimm dein Kreuz auf dich und folge mir nach![73] Amen.

---

72. Vgl. Kol 1,24: Jetzt freue ich (Paulus) mich in den Leiden, die ich für euch ertrage. Ich ergänze in meinem irdischen Leben, was an den Bedrängnissen Christi noch fehlt an seinem Leib, der die Kirche ist.
73. Vgl. Mt 16,24: Wenn einer hinter mir hergehen will, verleugne er sich selbst, nehme sein Kreuz auf sich und folge mir nach.

32. Verehre mich als deinen König!

6. Januar 2010

Mein geliebtes Kind, verehre mich als deinen König, denn ich bin der König der Könige! Mir ist alle Macht gegeben im Himmel und auf Erden.[74] Aber mein Königtum ist nicht von dieser Welt.[75]

Ich möchte der König deines Herzens sein, ich sehne mich nach deiner Liebe und Zuwendung, ich warte stets auf ein Zeichen der Zuneigung von dir. Aber wie schwer fällt es dir oft, mir deine Liebe entgegenzubringen! Wie zerstreut ist oft dein Geist und wie schwach deine Liebe! Aber komm trotzdem zu mir, verweile in meiner Gegenwart und ich werde dich mit allen Gnaden erfüllen, die du brauchst! Ich schenke dir Liebe in Fülle, schenk du mir deine Armseligkeit! Ich werde sie verwandeln in Kraft und Stärke. Ich bin nicht wie die Könige dieser Welt, ich missbrauche meine Macht nicht; meine Herrschaft ist die Liebe. Ich möchte jetzt mein Reich errichten auf der Erde, mein Reich der Liebe und der Freude, mein Reich des Friedens und der Gottesfurcht.

Hilf mir beim Aufbau meines Reiches, ich brauche dich dringend hier auf der Erde! Alles andere soll zweitrangig sein.
Bete viel für die Bekehrung der Menschen, damit sie mir ihr Herz zuwenden und mich als ihren König anerkennen! Wie sehne ich mich danach! Wie groß ist meine Freude über die Umkehr eines Sünders!
Arbeite viel für mein Reich! Ich werde dich stets erkennen lassen, was du tun sollst.

Ich sammle jetzt viele treue Untertanen um mich, die mich allein als ihren König verehren und die eifrig meine Aufträge ausführen.

74. Vgl. Mt 28,18: Mir ist alle Vollmacht gegeben im Himmel und auf der Erde.
75. Vgl. Joh 18,36: Jesus antwortete: Mein Königtum ist nicht von dieser Welt.

Ich schaffe mir ein neues Volk, ein Volk von Heiligen, das mir wieder die Ehre gibt und in Heiligkeit lebt. Die Könige dieser Erde werden bald vom Thron gestürzt, denn ich werde meine Königsherrschaft antreten.[76] Die Menschen werden mich loben und preisen und wieder in Ehrfurcht und Liebe anbeten.
So freue dich, mein Kind, denn auch dich habe ich dazu auserwählt! Amen.

33. Ich werde alles Tote in dir zum Leben erwecken

7. Januar 2010

Mein geliebtes Kind, ich bin der Lebendige, ich bin von den Toten auferstanden. Übergib mir alles, was tot ist in dir, ich werde es zum Leben erwecken![77] Der Tod hat keine Macht mehr, ich habe ihn endgültig besiegt.[78] Wer in der Sünde lebt, lebt noch im Einflussbereich des Todes. Satan ist der Vater des Todes, er verführt die Menschen zur Sünde und stürzt sie in den ewigen Tod. Ich aber bin der Lebendige, ich schenke euch Leben in Fülle und führe euch den Weg zum ewigen Leben bei mir.[79]

So komm zu mir, wenn du noch an bestimmte Sünden gebunden bist, ich zeige dir den Weg der Befreiung! Bitte mich demütig um Hilfe, gestehe deine Ohnmacht ein! Erkenne mich als deinen Retter und Erlöser an, ich bin auch für dich gestorben und auferstanden! Glaub nicht, dass du aus eigener Kraft heilig werden kannst! Dies würde dich nur zu Stolz und Überheblichkeit führen.

76. Vgl. Offb 19,6: Halleluja! Denn König geworden ist der Herr, unser Gott, der Herrscher über die ganze Schöpfung.
77. Vgl. Eph 2,4/5: Gott aber, der reich ist an Erbarmen, hat uns, die wir infolge unserer Sünden tot waren, in seiner großen Liebe ... zusammen mit Christus lebendig gemacht.
78. Vgl. 2 Tim 1,10: Er (Jesus Christus) hat den Tod vernichtet und uns das Licht des unvergänglichen Lebens gebracht ...
79. Vgl. Joh 10,10: Ich bin gekommen, damit sie das Leben haben und es in Fülle haben.

Ich hole dich immer mehr heraus aus dem Reich der Sünde und schenke dir eine neue Lebendigkeit. Mein Hl. Geist haucht dir neues Leben ein, er schenkt dir seine Gaben und hilft dir, dieses neue Leben immer mehr zur Entfaltung zu bringen.

Je inniger deine Beziehung zu mir ist, desto lebendiger im Geist wirst du sein und desto mehr göttliches Leben wird ausströmen von dir in deine Umgebung. Die Menschen um dich herum werden ebenfalls von meinem Geist erfasst, ich werde an ihrem Herzen arbeiten und sie langsam immer näher an mich ziehen.
So wirst du große Frucht bringen und mein göttliches Leben weitergeben an die Menschen. Alles um dich herum wird heil werden, alles wird gesegnet sein, wenn auch oft unter großen Kämpfen.
So komm zu mir, denn ich schenke dir das wahre Leben! Amen.

34. Ich bin der Herr, dein Arzt

8. Januar 2010

Mein geliebtes Kind, komm zu mir, wenn du an einer Krankheit leidest, ich werde dir helfen! Ich werde dich trösten; ich schenke dir neuen Mut und neue Kraft und lindere deine Schmerzen. Ich verbinde deine Wunden und setze den Heilungsprozess in Gang. Wenn du mich inständig um Heilung anflehst und wenn du an meine Wunderkraft glaubst, heile ich dich auch manchmal sofort. Ich wirke heute noch genauso Wunder wie damals, als ich noch auf der Erde weilte, zum Zeichen des Anbruchs der Gottesherrschaft. Aber den meisten Menschen fehlt der Glaube daran, sodass ich nur wenige Wunder wirken kann.

Du aber setz dein ganzes Vertrauen in mich! Komm zu mir, wenn du krank bist, denn ich bin der Herr, dein Arzt![80] Glaube fest daran,

80. Vgl. Ex 15,26: Denn ich bin der Herr, dein Arzt.

dass ich dich heilen kann! Hör nicht auf zu bitten und zu flehen, auch wenn dein Gebet nicht sofort erhört wird![81] Ich prüfe so deinen Glauben und deine Ausdauer.
Auch wenn lange Zeit keine Heilung eintritt, hadere nicht mit mir! Bedenke, alles im Leben hat einen Sinn und gereicht dir zum Heil, wenn du den Weg mit mir gehst! Ich prüfe und reinige dich durch deine Krankheit, ich wandle dich um und verändere dein Denken und deine Einstellungen, ich löse dich los von der Welt und ziehe dich näher an mich.

Denk daran, ich lasse nichts zu, was dir wirklich schadet! Ich habe meine Pläne mit deiner Krankheit. Wer kann sie *(die Pläne)* erforschen?[82] Wer kennt meine Gedanken und wer versteht meine Absichten?
Aber eines sollst du wissen: Ich liebe dich mit unendlicher Liebe und will nur das Beste für dich! Zweifle nicht an meiner Liebe und Güte, sondern vertraue mir weiterhin mit ganzem Herzen, denn ich habe für dich nur Gedanken des Heils! Nimm alles an aus meiner Hand und lobe und preise mich! Vereinige deine Leiden mit den meinen und großer Segen wird daraus erwachsen! Amen.

35. Meine Schafe hören auf meine Stimme

9. Januar 2010

Mein geliebtes Kind, ich bin der gute Hirt,[83] ich kümmere mich um meine Schafe. Ich sammle jetzt meine Schäflein um mich, alle, die

81. Vgl. Jak 1,6: Wer bittet, soll aber im Glauben bitten und nicht zweifeln.
82. Vgl. Weish 9,13: Denn welcher Mensch kann Gottes Plan erkennen oder wer begreift, was der Herr will?
83. Vgl. Joh 10,11: Ich bin der gute Hirt. Der gute Hirt gibt sein Leben hin für die Schafe.

auf meine Stimme hören. Ich nehme sie unter meine Obhut, ich führe sie auf gute Weide und beschütze sie vor allen Gefahren.[84] Alle Schafe, die nicht auf meine Stimme hören, werden sich verirren, sie werden auf Abwege geraten und den Gefahren des Lebens schutzlos aufgeliefert sein.

So sei stets darauf bedacht, auf meine Stimme zu hören und zu tun, was ich dir sage![85] Ich spreche zu dir auf vielerlei Arten und Weisen. Lerne immer mehr, meine Stimme von allen anderen Stimmen, die auf dich eindringen, zu unterscheiden! Bete viel um die Gabe der Unterscheidung der Geister, sodass du nicht in die Irre geführt wirst![86] Meine Stimme ist leise, unaufdringlich und einladend, überhör sie nicht im Lärm der Welt! Meine Stimme erzeugt in dir Frieden und Freude, sie vertreibt alle Dunkelheit in dir.

Ich spreche zu dir v. a. durch die Hl. Schrift. So lies häufig darin und achte darauf, welche Stellen dich ansprechen!
Pflege einen vertrauten Umgang mit mir, verweile oft in meiner Gegenwart, nimm dir viel Zeit für das Gebet! So wird dir meine Stimme immer vertrauter und du wirst sie überall sofort erkennen, wo du auch hinkommst!
Meide alle Stimmen, die dich beunruhigen, die dir Angst einflößen, die dir etwas aufzwingen wollen und die dir den Frieden rauben! Diese Stimmen kommen nicht von mir, widersage ihnen in meinem Namen!

Meine Schafe kennen meine Stimme und sie folgen mir. Ich sammle mir jetzt ein neues Volk, eine neue Herde, die treu zu mir steht,

84. Vgl. Ez 34,12: Wie ein Hirt sich um seine Herde kümmert ..., so werde ich (Gott, der Herr) mich um meine Schafe kümmern ...
85. Vgl. Joh 10,27: Meine Schafe hören auf meine Stimme; ich kenne sie und sie folgen mir.
86. Vgl. 1 Kor 12,8.10: Dem einen wird vom Geist die Gabe geschenkt, Weisheit mitzuteilen, ... einem anderen die Fähigkeit, die Geister zu unterscheiden, ...

wohin ich sie auch führe. Meine Schafe werden mich als ihren Hirten anerkennen und mich lieben und achten.
Auch dich habe ich dazu ausersehen, so hör auf meine Stimme!
Amen.

36. Pflege eine innige Freundschaft mit mir!

11. Januar 2010

Mein geliebtes Kind, pflege eine innige Freundschaft mit mir, denn ich bin dein bester Freund![87] Wenn deine menschlichen Freunde dich enttäuschen oder verlassen, dann komm zu mir, ich verlasse dich nicht![88]
Ich habe stets Zeit für dich, ich habe Verständnis für deine Probleme, ich höre dir geduldig zu und ich verurteile dich nicht. Ich schenke dir wieder Hoffnung und Mut und gebe dir guten Rat durch meinen Hl. Geist. Ich liebe dich mit meiner göttlichen Liebe und warte stets auf ein Zeichen der Zuwendung von dir. Bedenke, ich bin bei dir alle Tage deines Lebens, ich bin dir näher als du dir selbst bist!

Menschliche Freundschaft ist begrenzt und unvollkommen, so erwarte dir nicht allzu viel von deinen Freunden! Sie sind genauso schwach und armselig wie du selbst, sie können dir nicht das vollkommene Glück verschaffen. Verzeih ihnen immer wieder, wenn sie sich gegen dich verfehlen, ich verzeihe ihnen auch!

Je radikaler du den Weg mit mir gehst, umso weniger Verständnis werden die Menschen um dich herum dafür haben. Rechne damit, dass dich alle verlassen! Vereinige dann dieses Leiden mit

87. Vgl. Joh 15,13: Es gibt keine größere Liebe, als wenn einer sein Leben für seine Freunde hingibt.
88. Vgl. Hebr 13,5: Denn Gott selbst hat gesagt: Ich werde dich keineswegs aufgeben und niemals verlasse ich dich.

meinem Leiden! Auch mich haben alle meine Freunde verlassen in der Stunde der Not.[89] Ich werde deine Einsamkeit heilen und ausfüllen mit meiner Liebe.

Ich, Jesus, bin dein bester Freund; denk stets daran und handle danach! Komm auch zu mir, wenn es dir gut geht; lass mich auch Anteil nehmen an deinen Freuden! Erzähl mir von deinem Glück und danke mir dafür, denn alles Gute kommt von mir! Ich überhäufe dich mit Gnaden, wenn du offen dafür bist. Ich beschenke dich reichlich, ich erweise mich als guter Freund.
So hab immer mehr Vertrauen zu mir, du wirst es nicht bereuen! Ich verlasse dich nicht, unsere Freundschaft wird eine Ewigkeit lang dauern. Amen.

37. Betrachte mich als den Bräutigam deiner Seele!

12. Januar 2010

Mein geliebtes Kind, betrachte mich als den Bräutigam deiner Seele, liebe mich mit der Glut deines Herzens![90] Lass dich dabei von meinem Hl. Geist erfüllen, denn allein bist du dazu nicht imstande! Lies mir jeden Wunsch von den Augen ab, sei mir ganz gehorsam und arbeite für mein Reich! So kannst du mir deine Liebe bekunden; lebe nur noch für mich!
Die Menschen können dir dabei kein Hindernis sein. Wenn sie dich aufhalten wollen, wenn sie dich nicht verstehen, wenn sie dich beschimpfen und bekämpfen, dann opfere alle diese Leiden auf für den Aufbau meines Reiches! So wirst du große Frucht bringen und ganz geborgen sein in meinem Herzen. Tu alles aus Liebe zu mir, deine Arbeit und alle anderen Verrichtungen des Tages! So wird alles gesegnet sein.

89. Vgl. Mt 26,56: Da verließen ihn alle Jünger und flohen.
90. Vgl. Hld 5,8: Wenn ihr meinen Geliebten findet, was sollt ihr ihm sagen? Dass ich krank bin vor Liebe!

Wenn ich dich in meine besondere Nachfolge rufe, so werde ich alle Wege dafür ebnen. Du musst aber mit ganzem Herzen Ja dazu sagen, sonst kann ich nicht wirken in deinem Leben. Übergib mir dein Leben ganz, behalte nichts mehr für dich zurück! Viele meiner Kinder halten alles Mögliche fest, sie wollen sich nicht trennen von allem irdischen Tand. Ihr Herz ist nicht frei für mich, es ist gespalten: Einerseits hängen sie an der Welt, andererseits wollen sie mir nachfolgen. In diesem Zwiespalt werden sie nicht ihren Frieden finden.

Du aber hör auf den Ruf deines Bräutigams, hör auf meine Stimme in dir, die Stimme der Liebe! Ich habe dich ausersehen als Braut, ich möchte dich mit meiner besonderen Liebe umgeben.[91] Gib dich mir ganz hin, zögere nicht länger, ich habe für dich nur Pläne des Heils! Ich locke dich mit meiner Liebe, ich werbe um dich, denn du bist mir kostbar.

Ich möchte jetzt alle meine Kinder an mich ziehen, ich möchte meine Braut, meine geliebte Kirche,[92] ganz heimholen in mein Reich. Amen.

38. Ich bin das Wasser des Lebens

13. Januar 2010

Mein geliebtes Kind, ich bin das Wasser des Lebens, ich bin die Quelle des Heils.[93] Wer von diesem Wasser trinkt, wird nie mehr Durst haben.[94]

91. Vgl. Jes 62,5: Wie der Bräutigam sich freut über die Braut, so freut sich dein Gott über dich.
92. Vgl. Offb 21,2: Ich sah die heilige Stadt, das neue Jerusalem, von Gott her aus dem Himmel herabkommen; sie war bereit wie eine Braut, die sich für ihren Mann geschmückt hat.
93. Vgl. Offb 21,6: Wer durstig ist, den werde ich unentgeltlich aus der Quelle trinken lassen, aus der das Wasser des Lebens strömt.
94. Vgl. Joh 4,14: Wer aber von dem Wasser trinkt, das ich ihm geben werde, wird niemals mehr Durst haben.

Die Menschen haben einen unstillbaren Durst nach Liebe, Freude, Glück und Frieden. Nichts Irdisches wird diesen Durst jedoch restlos stillen. So sind sie ständig auf der Suche nach dem vollkommenen Glück, finden es aber nirgendwo. Nur ich kann ihren Durst löschen, nur bei mir wird ihre Sehnsucht ganz gestillt.

So komm zu mir, wenn du Durst hast nach Anerkennung, Liebe und Glück! Ich werde dir in Überfülle schenken, wonach du dich sehnst. Ich werde dein ausgetrocknetes Herz bewässern mit meinem Wasser des Lebens. Es wird aufquellen in mir und reiche Frucht bringen. Überall, wo mein Wasser hinkommt, wird neues Leben hervorsprießen und fruchtbares Land entstehen.

Wenn du dich in einer Wüste befindest, werde ich dir zur Oase werden. Ich werde dich laben mit frischem Wasser und dich neu stärken auf deinem Weg. Ich lasse dich nicht verdursten in der Wüste des Lebens. Das Wasser, das ich dir anbiete, ist klares, reines Quellwasser; so begnüge dich nicht mit dem verschmutzten Wasser der Welt! Geh zur Quelle, wenn du Durst hast und nicht zu den Menschen! Dort findest du nur abgestandenes, verschmutztes oder sogar vergiftetes Wasser. Nur bei mir ist die Quelle des Heils, nur bei mir ist die Quelle des ewigen Lebens.[95]

Wenn die Menschen das doch nur glauben würden! Sie kommen fast um vor Durst, aber den Weg zu mir, zur lebendigen Quelle, finden sie nicht.
Hilf du ihnen in ihrer Not, zeig du ihnen den Weg zum Heil! Erzähl ihnen von der erfrischenden Wirkung des Wassers, das von mir kommt! Hab Mitleid mit deinen Mitmenschen, lass sie nicht verdursten in der Wüste der Welt! Ich habe Sehnsucht nach allen Menschen, ich sehne mich nach der Liebe von allen. Ich möchte alle beleben an der Quelle des Heils. Amen.

95. Vgl. Ps 36,10: Denn bei dir ist die Quelle des Lebens, in deinem Licht schauen wir das Licht.

39. Dich habe ich zum Weg der Liebe berufen!

14. Januar 2010

Mein geliebtes Kind, ich bin der Weg und das Ziel eines jeden Christen. Wer mir nachfolgt, wird den Weg nicht verlieren, der zu mir in die Ewigkeit führt. Ich führe aber jeden Menschen einen etwas anderen Weg, kein Lebensweg gleicht dem anderen. Meine Jünger dienen mir in den verschiedensten Berufungen; jeder Weg, der sich an mir orientiert, führt zum Ziel.

Dich aber habe ich zum Weg der Liebe berufen! Es ist der edelste und schönste Weg, aber auch der schwierigste. Sag Ja zu diesem Weg, sag nicht: «Er ist zu schwer für mich», denn ich selbst werde dir die Liebe schenken, die du dafür benötigst![96] Aber ich brauche dein Einverständnis dafür, ohne dein «volles» Ja kann ich nichts tun.

Übergib dich mir ganz, lass dich umwandeln von mir! Nimm alles an, was im Leben auf dich zukommt, es gereicht dir alles zum Heil! Ich führe dich durch Höhen und Tiefen, ich führe dich durch Freud und Leid.
Ich heile dein Herz von allen Verletzungen und reinige es von allen Sünden. Der Prozess der Reinigung ist schmerzlich, denn die Sünde sitzt zu tief in dir. Dein Herz muss so lange gereinigt werden von allem Ballast der Welt, bis es nur noch für mich schlägt.[97] Erst wenn es ganz leer ist, kann ich es ganz mit meiner Liebe anfüllen. Du wirst dann ganz vereint sein mit mir und du wirst die Welt und die Menschen mit meiner Liebe lieben.[98] Du wirst fähig sein zur

96. Vgl. Röm 5,5: Denn die Liebe Gottes ist ausgegossen in unsere Herzen durch den Heiligen Geist, der uns gegeben ist.
97. Vgl. Joh 15,2: Jede Rebe an mir, die keine Frucht bringt, schneidet er ab und jede Rebe, die Frucht bringt, reinigt er, damit sie mehr Frucht bringt.
98. Vgl. Joh 15,9: Bleibt in meiner Liebe!

Feindesliebe, zum unbegrenzten Verzeihen, zur Barmherzigkeit allen Menschen gegenüber und zur ganz selbstlosen Liebe. Der Weg dahin ist weit, aber es lohnt sich, ihn zu gehen.

Werde nicht mutlos, wenn du dich zu unfähig und zu sündhaft fühlst, wenn du keine Fortschritte bemerkst in deinem geistlichen Leben! Dies muss alles sein zu deiner Reinigung. Du sollst ganz tief erkennen, dass du aus eigener Kraft zu nichts Gutem fähig bist. So fasse stets Mut, denn ich werde dich wieder aufrichten und dich in mein Reich der Liebe holen! Amen.

40. Ich bin euer Retter und Erlöser

15. Januar 2010

Mein geliebtes Kind, ich bin euer Retter und Erlöser.[99] Durch meinen Kreuzestod und meine Auferstehung habe ich euch erlöst von euren Sünden und euch den Weg frei gemacht zu den himmlischen Wohnungen meines Vaters. Ich habe euch errettet vor dem ewigen Tod und euch das ewige Leben erkauft mit meinem Blut.[100] Lobt und preist mich dafür und ehrt mich als euren Erlöser!

Auch dich habe ich grundsätzlich erlöst von all deinen Sünden. Nimm meine Erlösung in Anspruch, wenn du immer wieder in Sünde fällst! Komm zu mir und bitte mich um Verzeihung! Glaub daran, dass ich dir alle Sünden verzeihen werde, mögen sie noch so groß sein![101] Glaub an meine Liebe und an meine Barmherzigkeit!

---

99. Vgl. 1 Tim 1,15: Christus Jesus ist in die Welt gekommen, um die Sünder zu retten.
100. Vgl. Eph 1,7: In ihm haben wir die Erlösung durch sein Blut, die Vergebung der Sünden nach dem Reichtum seiner Gnade.
101. Vgl. Hebr 8,12: Denn ich werde ihr Unrecht vergeben und an ihre Sünden nicht mehr denken.

Wenn du den Weg mit mir gehst, werde ich dich langsam umwandeln und dich mir immer ähnlicher machen. Ich werde dich vor den schlimmsten Sünden bewahren und dich fähig machen zur wahren Liebe.

Sei mir dankbar für die Erlösung und sei danach bestrebt, auch die anderen Menschen zu mir zu führen! Sie sehnen sich nach Erlösung, finden sie aber nirgends auf der Welt. Viele versuchen, sich selbst zu erlösen oder fallen auf die verschiedensten Erlösungsversprechen von selbst ernannten Erlösern herein.
Zeig ihnen den Weg zu mir! Bei mir werden sie Rettung und Erlösung finden in Fülle, nur bei mir werden sie ihr Heil finden.

Bete für die Menschen um Bekehrung, denn viele irren ziellos in der Finsternis umher. Ich möchte sie alle bei mir haben und sie mit meiner göttlichen Liebe beschenken. Ich möchte ihnen das Glück verschaffen, nach dem sie so verzweifelt suchen. Sei du mein Werkzeug dazu, leg Zeugnis ab von meiner Liebe und Güte! Es wird dir reichlich vergolten werden am Ende deiner Tage.
So freue dich über die Erlösung, denn sie ist mein größtes Geschenk an euch! Amen.

41. Erkenne die Zeichen der Zeit!

16. Januar 2010

Mein geliebtes Kind, ich werde bald wiederkommen in Herrlichkeit; ich werde kommen als König, als Erlöser, aber auch als Richter. Stell dich innerlich darauf ein, mach dich bereit, warte ständig auf meine Wiederkunft! Sei wachsam, denn die Stunde meines Kommens ist näher, als du denkst!

Erkenne die Zeichen der Zeit, ihr befindet euch bereits mitten in der Zeit der Apokalypse!

Naturkatastrophen apokalyptischen Ausmaßes werden immer mehr zunehmen, Kriege werden sich auf der ganzen Welt ausbreiten, es werden überall Chaos und Gewalttätigkeit herrschen.[102]
Meiner Kirche steht eine schlimme Zeit bevor. Die Christen werden überall auf der Welt verfolgt werden,[103] es findet jetzt der Endkampf zwischen Himmel und Hölle statt. Aber hab keine Angst, ich werde als großer Sieger hervorgehen aus dem Kampf! Die Macht Satans wird gebrochen werden und großer Friede wird herrschen auf der Welt.[104] Ich werde mein Reich errichten auf der Erde, ich werde meine Kirche erneuern. Sie wird erstrahlen in neuem Glanz, sie wird aufblühen in nie gekannter Schönheit. Ich werde ganz ihr Mittelpunkt sein und sie wird große Liebe und großen Frieden ausstrahlen.

Freue dich auf diese Zeit, mein Kind! Hab keine Angst, denn ich werde jetzt das Angesicht der Erde erneuern! Ich werde alles Böse ausmerzen und mein Reich des Friedens errichten. Freue dich, denn eure Erlösung ist nahe! Sag den anderen Menschen, dass ich bald wiederkommen werde; weck sie auf von ihrem Schlaf! Die meisten erwarten mich nicht, sie sind zu beschäftigt mit allem Irdischen. Du aber halte Ausschau nach mir, du aber sei wachsam![105]

Bete, bete, bete, damit ich mein Werk vollenden kann und damit sich möglichst viele Menschen bekehren! Bete Tag und Nacht, denn große Ereignisse stehen euch bevor! Amen.

---

102. Vgl. Lk 21,10-11: Dann sagte er (Jesus) zu ihnen: Volk wird sich gegen Volk und Reich gegen Reich erheben. Es wird gewaltige Erdbeben und an vielen Orten Seuchen und Hungersnöte geben.
103. Vgl. Mt 24,9: Dann wird man euch der Not ausliefern und euch töten und ihr werdet von allen Völkern um meines Namens willen gehasst.
104. Vgl. Offb 20,1-6: Das Tausendjährige Reich.
Vgl. auch Offb 21,9-22,5: Das neue Jerusalem.
105. Vgl. Mt 24,42: Seid also wachsam! Denn ihr wisst nicht, an welchem Tag euer Herr kommt.

42. Werde ganz arm!

18. Januar 2010

Mein geliebtes Kind, werde ganz arm, ich allein sei dein ganzer Reichtum! Strebe nicht danach, irdische Reichtümer anzuhäufen, verzichte auf alles Überflüssige! Der Reichtum ist nur ein großes Hindernis auf dem Weg mit mir.[106] Er versklavt dein Herz, er verführt dich zu Eitelkeit und Stolz.
Verwende deinen Reichtum, um Gutes zu tun; die Armen und Bedürftigen warten auf deine Hilfe![107] Hab ein Herz für die Armen, verachte sie nicht, denn sie sind meine Lieblingskinder! Ich höre ihr Schreien und Flehen und möchte ihnen durch dich helfen. Verschließ dein Herz nicht vor ihrer Not! Du weißt nicht, ob du nicht morgen selbst Hilfe brauchst.
Ich werde dir deine Barmherzigkeit bereits auf dieser Erde reichlich vergelten. Wenn du selbst etwas benötigst, werde ich es dir unverzüglich verschaffen. Hab keine Angst, dass du zu kurz kommst in deinem Leben! Ich werde dich reich beschenken und mit Gnaden überhäufen. Leg Zeugnis ab von meiner Güte und Freigebigkeit, leg Zeugnis ab von meiner Liebe und Barmherzigkeit!

Führe einen ganz einfachen Lebensstil, vermeide jeden Luxus und jeden Überfluss! So kannst du mir am besten nachfolgen, ich habe ja auf Erden auch ganz ohne materielle Reichtümer gelebt. So wirst du ganz frei sein für mich und meinen Auftrag.
Setz dein Vertrauen ganz auf mich, nicht mehr auf deinen Besitz, ich werde dich nicht enttäuschen![108] Er wird dir nichts helfen am Tag der Not, aber ich kann in meiner Allmacht jeder Not sofort Abhilfe verschaffen.

---

106. Vgl. Mt 19,23: Da sagte Jesus zu seinen Jüngern: Amen, ich sage euch: Ein Reicher wird schwer in das Himmelreich kommen.
107. Vgl. Lk 11,41: Gebt lieber als Almosen, was ihr habt; und siehe, alles ist für euch rein.
108. Vgl. Sir 5,1: Verlass dich nicht auf deinen Reichtum und sag nicht: Mir genügt er!

Ich werde jetzt das Angesicht der Erde erneuern, ich werde jetzt die reichen Länder wieder in die Armut führen. Ich werde alle Götzen zerstören, an die die Menschen jetzt ihr Herz hängen, damit ihr Herz wieder frei wird für mich.
Geh du ihnen voran, lebe jetzt schon in Armut und Einfachheit, sei ein Vorbild für alle! Amen.

43. Bleib gelassen in allen Widrigkeiten des Lebens!

19. Januar 2010

Mein geliebtes Kind, bleib gelassen in allen Widrigkeiten des Lebens! Reg dich nicht allzu sehr auf, wenn deine Pläne durchkreuzt werden, wenn die Menschen anders handeln, als du erwartest, oder wenn du deine selbst gesteckten Ziele nicht erreichst! Komm dann zu mir, ich werde dir wieder Ruhe verschaffen![109]

Erkenne in allen Situationen deines Lebens mein Wirken, beziehe alles auf mich, frag dich bei allem, was ich dir damit sagen möchte! Ich lasse viele negative Dinge zu, damit du deinen Sinn änderst. Ich schleife deine Ecken und Kanten ab, ich löse dich los von allem irdischen Ballast, ich schenke dir die Freiheit der Kinder Gottes. Ich verschließe dir viele Türen, damit du deinen Weg nicht verfehlst; ich öffne aber die Tür, die direkt zu mir führt. Hab dann den Mut, einzutreten und meine Liebe zu verkosten! Such nicht mehr woanders dein Glück, rüttle nicht mehr an verschlossenen Türen!

Je weiter du fortschreitest in der Heiligkeit, umso gelassener wirst du werden. Dich wird nichts mehr erschüttern können, denn du bist fest verankert in meiner Liebe. Ich fülle dein Herz ganz aus mit meiner Liebe, ich mache es fest und stark. So setz dich ständig meiner Liebe aus, sodass ich dein Herz umformen kann! Lass alles

109. Vgl. Ps 116,7: Komm wieder zur Ruhe, meine Seele, denn der Herr hat dir Gutes erwiesen.

los, übe dich im Loslassen, halte nichts mehr fest! Ohne Loslassen ist keine Entwicklung möglich, ohne Loslassen ist keine Freiheit möglich.

Lass auch deinen eigenen Willen los, mach dich ganz gleichförmig mit meinem Willen![110] Nur so wirst du die wahre Gelassenheit erlangen. Nimm alles an aus meiner Hand, erkenne in allem meine Weisheit, auch wenn du den Sinn im Moment noch nicht verstehst! So wirst du über den Dingen stehen und vor Verzweiflung, Unruhe und Resignation bewahrt bleiben und in großer Gelassenheit deinen Weg mit mir gehen. Amen.

44. Strebe stets nach der Weisheit!

20. Januar 2010

Mein geliebtes Kind, komm zu mir, ich schenke dir Weisheit in Fülle! Mein Hl. Geist wird dir die Gabe der Weisheit schenken,[111] so dass du übernatürliche Einsichten erhältst und immer mehr fähig wirst, ein gottgefälliges Leben zu führen. Die göttliche Weisheit ist nicht identisch mit der menschlichen Klugheit, sie ist viel umfassender und größer, sie hat mehr Weitblick und ist gepaart mit Liebe. Manchmal erfordert die Weisheit sogar ein Handeln, das der menschlichen Klugheit widerspricht.

Strebe stets nach der Weisheit, so wirst du gut beraten sein in jeder Situation! Du wirst die Sünde meiden und alles Schlechte verurteilen. Du wirst die Tugenden anstreben und stets auf eine Besserung deines Lebens bedacht sein. Du wirst stets nach dem

110. Vgl. Ps 40,9: Deinen Willen zu tun, mein Gott, war mein Gefallen und deine Weisung ist in meinem Innern.

111. Vgl. 1 Kor 12,8: Dem einen wird vom Geist die Gabe geschenkt, Weisheit mitzuteilen, dem anderen durch denselben Geist die Gabe, Erkenntnis zu vermitteln, ...

Willen Gottes fragen und versuchen, ihn umzusetzen in deinem Leben.

Wenn du Weisheit von mir erlangt hast, dann gib diese Weisheit weiter an die Menschen! Wenn sie dich um Rat fragen, berate sie nicht mit menschlicher Klugheit, sondern mit der Weisheit meines Hl. Geistes![112] Bitte mich um Einsicht und Erkenntnis und ich werde sie dir gewähren! Glaub nicht, selbst alles zu wissen, auch wenn du schon viel Erfahrung hast! Ich werde dir für jede Situation neu meine Weisheit schenken.
Deine Aufgabe ist es, stets in meiner Liebe und in meiner Gegenwart zu bleiben und auf meine Stimme zu hören. Halte dich nicht selbst für klug und weise, sonst bist du nicht geeignet, meine göttliche Weisheit weiterzugeben![113] Nur demütige, einfache Menschen kann ich für diesen Dienst gebrauchen; nur Menschen, die ihre eigene Schwachheit und Unwissenheit klar erkennen und alles von mir erwarten.
So lass ab von deinem Stolz und sei offen für meine Weisheit! Amen.

45. Lass dich ganz mit meinem Frieden erfüllen!

21. Januar 2010

Mein geliebtes Kind, nur bei mir findest du den wahren Frieden des Herzens.[114] Such deinen Herzensfrieden nicht mehr in dieser friedlosen Welt, du wirst ihn dort nicht finden! Jeder menschliche Frieden ist gefährdet, er schlägt schnell in Unfrieden um.

112. Vgl. Spr 8,14: Bei mir (der Weisheit) ist Rat und Hilfe; ich bin die Einsicht, bei mir ist Macht.
113. Vgl. Jes 5,21: Wehe denen, die in ihren eigenen Augen weise sind und sich selbst für klug halten.
114. Vgl. Joh 14,27: Frieden hinterlasse ich euch, meinen Frieden gebe ich euch; nicht, wie die Welt ihn gibt, gebe ich ihn euch.

Satan raubt den Menschen den Frieden und sät Feindschaft, Hass und Unfrieden zwischen ihnen. Er verführt ganze Völker zu Krieg und Unruhen. Sei auf der Hut, er greift auch dich immer wieder an und versucht, dir die Ruhe und den Frieden zu nehmen! Widerstehe ihm in meiner Macht, widersage ihm in meinem Namen![115] Flüchte sofort in mein Herz, dort wirst du deinen Frieden wiederfinden!

Der Friede, der von mir kommt, ist unabhängig von den äußeren Umständen. Ich kann dein Herz mit tiefem Frieden erfüllen inmitten von Streit, Chaos, Lärm und Gewalttätigkeit. Du musst nur dein Herz zu mir erheben und dich bewusst in meine Gegenwart begeben. Ich werde dein Herz beruhigen und dir meinen Frieden schenken, den dir niemand nehmen kann.

Wenn du ganz in meiner Liebe lebst und ganz mit mir vereint bist, wirst du überall, wo du hinkommst, meinen Frieden ausstrahlen. Die Menschen werden mich in dir spüren und sofort mit meinem Frieden erfüllt werden. So kann ich ganz verborgen durch dich wirken und mein Reich des Friedens aufbauen. Lass dich auf diese Weise von mir gebrauchen! Lass dich ganz mit meinem Frieden erfüllen und trage ihn weiter zu den Mitmenschen!

Ich werde jetzt mein Reich errichten auf der Erde; es werden überall große Liebe und tiefer Friede herrschen auf der Welt.[116] Mach dir keine Vorstellung davon, denn mein Friedensreich wird für die heutigen Menschen unvorstellbar sein! Ich habe dich auserwählt, mitzuwirken am Aufbau dieses Reichs. So freue dich darüber, mein Kind! Amen.

115. Vgl. Jak 4,7: Ordnet euch also Gott unter, leistet dem Teufel Widerstand und er wird vor euch fliehen.
116. Vgl. Sach 9,9-10: Siehe, dein König kommt zu dir. ... Er wird den Nationen Frieden verkünden; und seine Herrschaft reicht von Meer zu Meer und vom Strom bis an die Enden der Erde.

46. Du sollst ganz in der Freude leben!

22. Januar 2010

Mein geliebtes Kind, du sollst ganz in der Freude leben, dazu habe ich dich bestimmt![117] Lass dir von niemand die Freude rauben, widersage in meinem Namen jeder Traurigkeit, Unlust und Resignation! Bete oft um den Geist der Freude und er wird nie von dir weichen! Die Freude, die ich dir schenke, kommt aus der Tiefe deines Herzens. Sie verklärt deinen Blick und lässt dich alles mit meinen Augen sehen. Tiefes Glück geht aus dieser Freude hervor, ich schenke sie allen meinen Kindern. Diese Freude hat auch Bestand im Leiden, nichts kann sie trüben, nichts kann sie zerstören.[118]

Jede weltliche Freude ist oberflächlich und schnell vergänglich, sie hinterlässt oft eine große Leere des Herzens. Strebe nicht nach diesen leeren irdischen Freuden, sie garantieren dir kein dauerhaftes Glück! Dein Herz sehnt sich nach mehr, es hat große Sehnsucht nach der ewigen Freude und nach dem ewigen Glück, es gibt sich mit nichts Geringerem zufrieden. Nur bei mir findet es seine volle Erfüllung, alles andere ist nur ein schlechter Ersatz.
Die Sehnsucht deines Herzens wird aber erst nach deinem Tod ganz erfüllt werden, wenn du in der ewigen Freude ganz vereint mit mir lebst.

Manchmal kann es sein, dass ich dir meine spürbare Freude entziehe, um deinen Glauben und deine Treue zu prüfen und um dein Herz zu reinigen.
Werde dann nicht mutlos, sondern diene mir weiterhin in Treue! Wende dich dann nicht wieder sinnlosen irdischen Freuden zu, du wirst keinen Geschmack mehr daran finden! Glaube fest daran, dass ich dich nicht verlassen habe, sondern immer bei dir bin, auch

117. Vgl. Phil 4,4: Freut euch im Herrn zu jeder Zeit! Noch einmal sage ich: Freut euch!
118. Vgl. 2 Kor 7,4: Trotz all unserer Not bin ich von Trost erfüllt und ströme über von Freude.

wenn du mich nicht spürst. Diese Zeiten der Trockenheit sind notwendig für deine geistliche Entwicklung. Harre aus in Geduld, bis ich dich wieder mit meiner Freude erfülle! Lobe und preise mich dafür und geh weiterhin den Weg mit mir! Amen.

47. Sei geduldig!

23. Januar 2010

Mein geliebtes Kind, wenn du den Weg mit mir gehen willst, dann hab Geduld![119]
Hab v. a. Geduld mit dir selbst, du kannst nicht von einem Tag auf den anderen heilig werden! Nimm dich an, so wie du bist, mit all deinen Schwächen und Fehlern! Sei nicht verzagt, wenn du immer wieder in die alten Sünden zurückfällst, wenn du vieles verkehrt machst oder wenn du noch nicht zur wahren Liebe fähig bist! Ich liebe dich, so wie du bist; aber wenn du dich meiner Liebe aussetzt, werde ich dich langsam verändern. Doch die Umwandlung braucht Zeit, so hab Geduld! Du würdest dich schnell über die anderen Menschen erheben und stolz werden, wenn ich dich gleich von allen Fehlern befreien würde. Du sollst deine eigene Schwachheit erkennen und annehmen und alles von mir erwarten.

Hab auch Geduld mit deinen Mitmenschen, sie sind genauso schwach wie du![120] Versuche nicht, sie nach deinem Willen zu verändern, du wirst nur kläglich scheitern! Bete vielmehr für sie und leg sie hinein in mein heiligstes Herz! Hab dann etwas Geduld und du wirst eine positive Veränderung feststellen! Alles braucht seine Zeit; versuche, nichts zu erzwingen!

---

119. Vgl. Kol 1,11: Er gebe euch in der Macht seiner Herrlichkeit viel Kraft, damit ihr in allem Geduld und Ausdauer habt.
120. Vgl. Eph 4,2: Seid demütig, friedfertig und geduldig, ertragt einander in Liebe ...

Sei auch geduldig mit mir, wenn ich deine Gebete nicht alle sofort erhöre! Glaub an meine Verheißungen und harre aus in Geduld! Hör nicht auf zu beten und zu hoffen, zu bitten und zu flehen! Viel vermag das inständige Gebet eines Gerechten![121] Was du brauchst, ist Ausdauer, um das Erbetene zu erlangen.
Auch wenn du leiden musst, brauchst du viel Geduld und Ausdauer. Ertrage alles in Liebe und verlier nicht die Geduld! So wirst du den Kranz des Lebens davontragen! Amen.

48. Ich führe dich in die Freiheit der Kinder Gottes

25. Januar 2010

Mein geliebtes Kind, ich führe dich hinaus ins Weite, ich führe dich in die Freiheit der Kinder Gottes. Ich befreie dich aus aller Enge und Angst, ich mache dein Herz offen und weit. Ich hole dich heraus aus der Sklaverei der Sünde und ziehe dich ganz an mich.[122] Du sollst ganz frei sein für mich, nichts Irdisches soll dich mehr binden. In Freiheit sollst du mir dienen, in Freiheit sollst du mir nachfolgen. Ich schenke dir die Gnade, in Freiheit das Gute zu tun, das ich für dich vorgesehen habe.

Hab keine Angst, dass ich dir die Freiheit nehme, ich achte deine Freiheit mehr als alle Menschen![123] Ich lade dich ein, ich bitte dich, ich schlage dir vor, ich flehe dich an, aber ich dränge dir nichts auf, ich zwinge dich zu nichts, ich unterdrücke dich nicht. Ich nehme Rücksicht auf deine Wünsche und auf deine Situation und ich gehe auf dich ein. Ich lasse dir sogar die Freiheit, dich von mir

121. Vgl. Jak 5,16: Viel vermag das inständige Gebet eines Gerechten.
122. Vgl. Röm 8,2: Denn das Gesetz des Geistes und des Lebens in Christus Jesus hat dich frei gemacht vom Gesetz der Sünde und des Todes.
123. Vgl. 2 Kor 3,17: Wo aber der Geist des Herrn ist, da ist Freiheit.

abzuwenden und in Sünde zu fallen. Missbrauche diese Freiheit nicht; komm immer wieder zu mir zurück, wenn du gefallen bist! Du wirst dich auch nicht unfrei fühlen, wenn du deinen eigenen Willen aufgibst und ganz den Willen meines Vaters tust! Du kannst dich immer wieder neu in Freiheit dafür entscheiden.

Unfrei wirst du nur durch die Sünde, durch deine Leidenschaften und übertriebenen Wünsche, durch deine Zwänge und Ängste, durch deine Süchte und Abhängigkeiten. Ich möchte dich nach und nach davon befreien. So übergib mir dein Leben, aus eigener Kraft wirst du davon nicht loskommen! Übergib mir die Herrschaft über dein Leben, denn ohne deine Einwilligung kann ich nichts tun! Vertraue darauf, dass ich nur das Beste für dich will und dich ganz in die Freiheit der Kinder Gottes führe! Amen.

49. Lass dir von niemandem deine Hoffnung rauben!

26. Januar 2010

Mein geliebtes Kind, lass dir die Hoffnung nicht nehmen in dieser hoffnungslosen Zeit! Resigniere in keiner Situation, mag sie auch noch so schlimm aussehen! Komm zu mir, ich zeige dir für jede Lage einen Ausweg! Ich beschenke meine Kinder mit einer unzerstörbaren Hoffnung,[124] ich richte sie wieder auf in jeder Not. Lass dich nicht anstecken vom Pessimismus deiner Zeit, blicke optimistisch in die Zukunft, denn die Zukunft liegt in meiner Hand!

Wenn alles zusammenbricht, wenn überall Chaos herrscht, wenn die Not am größten ist, dann schöpfe neue Hoffnung in mir![125] Hoffe auf einen Neubeginn und Wiederaufbau in meinem Sinn,

---

124. Vgl. Röm 15,13: Der Gott der Hoffnung aber erfülle euch mit aller Freude und mit allem Frieden im Glauben, damit ihr reich werdet an Hoffnung in der Kraft des Heiligen Geistes.
125. Vgl. Ps 27,14: Hoffe auf den Herrn, sei stark und fest sei dein Herz! Und hoffe auf den Herrn!

hoffe auf mein machtvolles Eingreifen, hoffe auf meine Wunder der Liebe und Barmherzigkeit![126] Lass dir von niemandem deine Hoffnung rauben, nur so wirst du siegreich sein in Zukunft! Hoffe gegen den Augenschein, verbreite das Licht der Hoffnung in deiner Umgebung! Meine Kinder sollen Menschen der Hoffnung sein und jeder Hoffnungslosigkeit widersagen. Wenn du in Resignation verfällst, komm sofort zu mir und klage mir deine Not! Ich werde dich wieder erfüllen mit meinem Geist der Hoffnung und dir wieder neue Zuversicht schenken.

Deine Hoffnung auf ein besseres Leben wird aber auf dieser Erde nie ganz erfüllt werden, erst bei mir in der Ewigkeit wirst du das vollkommene Glück genießen. So verbreite bei den Menschen v. a. die Hoffnung auf das ewige Leben, auf das unbeschreibliche Glück in meiner Gegenwart! Die Menschen sehnen sich danach, alles Irdische stellt sie in der Tiefe ihres Herzens nicht zufrieden. Erzähl ihnen von meiner unendlichen Liebe zu ihnen, leg Zeugnis ab von meiner Güte in Wort und Tat! So kann ich jede Hoffnungslosigkeit in ihren Herzen verscheuchen und sie näher an mich ziehen. Amen.

50. Werde stark im Glauben!

27. Januar 2010

Mein geliebtes Kind, halte treu fest am traditionellen Glauben der katholischen Kirche, lass dir den Glauben nicht verfälschen von den verschiedensten Richtungen! Wenn du Zweifel hast, komm zu mir! Ich werde deinen Glauben stärken und dir große Glaubenskraft schenken; ich gebe dir Einsicht und Weisheit für alle deine Fragen. Ich schenke dir sogar einen Glauben, der Berge versetzt,

126. Vgl. Röm 4,18: Gegen alle Hoffnung hat er (Abraham) voll Hoffnung geglaubt, dass er der Vater vieler Völker werde, ...

wenn du mich inständig darum bittest![127] Nichts wird dir mehr unmöglich sein in meiner Kraft!

Bekenne dich mutig zu deinem Glauben vor den Menschen! Fürchte nicht ihre Kritik, ihren Spott und ihr Unverständnis, leg ab jegliche Menschenfurcht! Ich werde dich von jeder Furcht befreien und dich ausstatten mit großem Bekennermut. Verkünde deinen Glauben an mich und meinen Kreuzestod und meine Auferstehung! Nur bei mir werden die Menschen ihr wahres Heil finden.

Leg auch jeden Kleinglauben ab und jedes Misstrauen mir gegenüber! Glaub an die Macht meiner Liebe, glaub an meine Wunder, die ich auch heute noch wirke! Setz dein ganzes Vertrauen auf mich, ich werde dich nicht enttäuschen! Betrübe mich nicht durch deinen Kleinglauben,[128] erwarte alles von mir! Bitte mich um mehr Glaubenskraft und ich werde sie dir gewähren!

Sichere dich nicht mehr so viel ab durch irdische Dinge! Vertraue darauf, dass ich dich nicht im Stich lassen werde und dich stets mit allem versorgen werde, was du brauchst! Je größer dein Glaube ist, umso mehr Wunder kann ich wirken in deinem Leben. Werde stark im Glauben, halte unerschütterlich an ihm fest in der Kraft meines Hl. Geistes! So wirst du ein Felsen sein in meiner Kirche und reiche Frucht bringen. Amen.

127. Vgl. Mt 17,20: Wenn ihr Glauben habt wie ein Senfkorn, dann werdet ihr zu diesem Berg sagen: Rück von hier nach dort! und er wird wegrücken. Nichts wird euch unmöglich sein.
128. Vgl. Mt 14,31: Jesus streckte sofort die Hand aus, ergriff ihn (Petrus) und sagte zu ihm: Du Kleingläubiger, warum hast du gezweifelt?

51. Ich habe dich zur Heiligkeit berufen

28. Januar 2010

Mein geliebtes Kind, ich habe dich zur Heiligkeit berufen, du gehörst mir.[129] Lebe in inniger Verbindung mit mir und du wirst immer mehr fortschreiten in der Heiligkeit! Versuche nicht, aus eigener Kraft und mit großer Anstrengung heilig zu werden, es wird dir nicht gelingen! Ich selbst werde dich umwandeln und an mich ziehen,[130] aber ich brauche deine Bereitschaft und deine Einwilligung dazu.

Halte ständig Kontakt zu mir, bete viel, erhebe auch oft während deiner Beschäftigungen deinen Sinn zu mir! Erinnere dich oft an mich, vergiss mich nicht im Trubel der Welt! In meiner liebenden Gegenwart wirst du ganz heil werden, ich befreie dich von deinen Lasten und mache dich immer mehr fähig zur wahren Liebe. Du wirst zunehmen an Tugend und einen hohen Grad an Heiligkeit erreichen.
Ich selbst senke dir eine große Liebe zu mir ins Herz; ich sende meinen Hl. Geist und erfülle dich ganz. Dann wirst du die Menschen mit **meiner** Liebe lieben, du kannst ihnen in **meiner** Kraft verzeihen und du kannst deinen Auftrag in **meiner** Kraft und Weisheit erfüllen. Ich werde ungehindert durch dich wirken können, wenn ich alle Hindernisse in dir beseitigt habe. Du wirst Zeugnis ablegen von meiner Heiligkeit, die Menschen werden mich in dir sehen.[131]

Was ich von dir brauche, ist deine vollkommene Hingabe. Gib dich mir ganz hin, halte nichts mehr für dich zurück, sei zu allem bereit! Lebe nur noch für mich und den Aufbau meines Reiches!

---

129. Vgl. 1 Petr 1,15-16: Wie er, der euch berufen hat, heilig ist, so soll auch eure ganze Lebensführung heilig sein. Denn es steht geschrieben: Seid heilig, weil ich heilig bin!
130. Vgl. 1 Thess 5,23: Er selbst, der Gott des Friedens, heilige euch ganz und gar ...
131. Vgl. Gal 2,20: Nicht mehr ich lebe, sondern Christus lebt in mir.

Halte dir meine Mutter als Vorbild vor Augen! Sie war zu allem bereit, auch zu Leid und Not; sie lebte in größter Heiligkeit. Wende dich oft an sie, wenn du Probleme hast! Sie wird Fürbitte für dich einlegen und dir eine große Hilfe sein auf deinem Weg zur Heiligkeit. Amen.

52. Sei mir ganz gehorsam!

29. Januar 2010

Mein geliebtes Kind, sei mir ganz gehorsam; gib deinen Eigenwillen auf und folge mir nach! Ich spreche zu dir durch die Bibel und die Kirche, aber auch durch die verschiedenen Ereignisse in deinem Leben. Wenn du aufmerksam bist, kannst du meine Stimme auch in deinem Inneren vernehmen; überhör sie nicht im Lärm der Welt. Geh oft in die Stille und lausche auf meine Stimme! Ich werde dich belehren und dir neue Wegweisung geben. Zögere nicht, alles in die Tat umzusetzen, was ich dich erkennen ließ, sei mir ganz gehorsam![132]

Lass dich von niemandem davon abhalten, den Weg zu gehen, den ich dich führe! Die meisten Menschen werden dich nicht verstehen, weil sie mich nicht verstehen. Satan wird sie gegen dich aufhetzen und dir alle möglichen Hindernisse in den Weg stellen. Durchschaue seine Taktik und widersage ihm in meinem Namen! Hab keine Angst, er kann dir nichts antun! Du stehst unter meinem besonderen Schutz. Geh deinen Weg unbeirrt weiter und gehorche mir! Ich bin stets bei dir und verlasse dich nicht; ich stärke dich und verleihe dir stets neue Kraft.

Nimm dir ein Beispiel an mir, ich war auf Erden meinem Vater gehorsam bis zum Tod! Ich war immer bestrebt, den Willen meines

132. Vgl. 1 Sam 15,22: Wahrhaftig, Gehorsam ist besser als Opfer, Hinhören besser als das Fett von Widdern.

Vaters im Himmel zu tun; dazu bin ich auf die Erde gekommen. Als Mensch war dies auch nicht immer leicht für mich, aber ich habe durch Leiden den Gehorsam gelernt.[133]

So vereinige dich mit meinem Leiden, wenn der Gehorsam schwer wird für dich, wenn dein Weg steinig wird, wenn du geneigt bist aufzugeben! Du wirst daraus neuen Mut schöpfen und bereit werden, deine Leiden anzunehmen. Großer Segen wird dann von dir ausgehen; du wirst Anteil haben an meinem Erlösungswerk und große Frucht bringen. Amen.

53. Lass dich von mir lieben!

30. Januar 2010

Mein geliebtes Kind, komm in die Gemächer meiner Liebe und lass dich von mir lieben! Setz dich den Strahlen meiner Liebe aus und du wirst ganz heil werden! Ich werde deine Wunden ausbrennen durch meine Liebe, sie wird wie Balsam sein für dein verwundetes Herz. Ich lindere deine Schmerzen und lasse dich genesen.

Glaube an die Unendlichkeit meiner Liebe, sie ist gewaltig und herrlich, sie ist mitreißend und schön! Wer kann sie begreifen? Nichts ist ihr gleich, alles Irdische verblasst neben ihr. Sie durchwaltet das All und erhält alles am Leben, sie führt die Herzen zueinander und vereint sie.
Meine Liebe ist wie Feuer,[134] sie greift schnell um sich und verbrennt alles Böse in ihrer Nähe. Sie entflammt die Herzen der Menschen und macht sie glühend vor Liebe zu mir. Sie duldet keine Mittelmäßigkeit und Lauheit, sie fordert heraus zur Entscheidung. Wer sich für sie entscheidet, wird geläutert wie Gold im Schmelzofen,

133. Vgl. Hebr 5,8: Obwohl er der Sohn war, hat er durch das, was er gelitten hat, den Gehorsam gelernt.
134. Vgl. Mt 3,11: Er (Jesus) wird euch mit dem Heiligen Geist und mit Feuer taufen.

denn nichts Unreines hat in ihr Bestand. Meine Liebe reinigt und prüft die Menschen und verwandelt sie ganz in Liebe.[135]

Mein geliebtes Kind, ich fordere dich auf: Lass dich erfassen von meiner Liebe! Weich meinem Blick der Liebe nicht aus, auch wenn er schmerzt! Ja, meine Liebe deckt deine Sünden auf, sie lässt dich deine Armseligkeit und Schwachheit erkennen! Meine Liebe zerbricht deinen Stolz und deine Selbstgerechtigkeit und durchkreuzt deine Pläne. Setz dich ihr trotzdem aus, hab keine Angst vor meiner Liebe!
Nur in meiner Liebe wirst du dein Glück finden, nur bei mir wird deine Sehnsucht gestillt. Lass dich von mir lieben, sträube dich nicht dagegen, halte der Kraft meiner Liebe stand! So wirst du immer mehr umgewandelt, bis du erstrahlst in meiner Liebe. Amen.

54. Ich habe dich zur Reinheit berufen

1. Februar 2010

Mein geliebtes Kind, ich habe dich zur Reinheit berufen, so vermeide jede Unreinheit!
Halte dein Herz rein von jeder Sünde, von jeder zu starken Anhänglichkeit an die Menschen und an die Dinge der Welt! Ein reines Herz ist ganz verankert in meiner Liebe, es betrachtet alles mit meiner Liebe, es ist völlig selbstlos und schlägt nur noch für mich.

Halte deine Sinne rein, halte dich fern von jeder Schamlosigkeit, Begierlichkeit und sündhaften Sinnlichkeit![136] Sie führen nur zu

135. Vgl. 1 Petr 4,12: Geliebte, lasst euch durch die Feuersglut, die zu eurer Prüfung über euch gekommen ist, nicht verwirren, als ob euch etwas Ungewöhnliches zustoße!
136. Vgl. Kol 3,5: Darum tötet, was irdisch an euch ist: Unzucht, Unreinheit, Leidenschaft, böse Begierde und die Habsucht, die Götzendienst ist!

unwürdigen Leidenschaften, die dich beherrschen. Wehre allen Anfängen, meide alle Gelegenheiten zur Sünde, begib dich nicht in gefährliche Situationen! Ruf meine Mutter um Hilfe an, sie ist die ganz Reine, nie hat eine Sünde ihr Herz befleckt. Sie wird dir beistehen in jeder Not, sie wird dir helfen in allen Versuchungen.

Die Welt versinkt heute im Sumpf der Unkeuschheit, Satan verführt fast alle Menschen zu dieser Sünde. Sei auf der Hut, auch du wirst angegriffen werden! Stell dich dann unter meinen Schutz, widersage ihm in meinem Namen![137] Er muss dann von dir weichen, denn du gehörst mir.

Ich werde jetzt mein Volk reinigen, auch von der Sünde gegen die Reinheit.[138] Welch ein Ärgernis geben manche meiner Diener in der Kirche, mit welch schlechtem Beispiel gehen sie voran! Bete für diese Menschen, denn sie sind Sklaven ihrer Leidenschaften! Verurteile sie nicht, denn sie befinden sich in den Fängen Satans! Ich möchte sie daraus befreien und sie wieder ganz in meinen Dienst stellen. Sei du mein Werkzeug dazu! Ich werde jetzt diese Sünden nicht mehr dulden in meinem Volk. Wer nicht umkehrt, wird ausgestoßen aus der Gemeinschaft. Ich schaffe mir jetzt ein reines Volk, eine heilige Kirche, die ein Abbild ist von meiner Reinheit. Amen.

55. Begegne mir mit großer Ehrfurcht!

2. Februar 2010

Mein geliebtes Kind, begegne mir mit großer Ehrfurcht, denn ich bin der Herr, dein Gott, dem alle Ehre gebührt! Ich bin der ganz

137. Vgl. 1 Petr 5,9: Leistet ihm (dem Teufel) Widerstand in der Kraft des Glaubens!
138. Vgl. 2 Kor 7,1: Reinigen wir uns also von aller Unreinheit des Leibes und des Geistes und streben wir in Gottesfurcht nach vollkommener Heiligung.

Heilige, vor dem die ganze Kreatur sich beugt. Ich bin unendlich erhaben über alles Geschaffene, die Geschöpfe bringen mir ihr Lob. Groß ist meine Herrlichkeit, gewaltig meine Macht![139] Wer kann mir widerstehen, wer wagt es, gegen mich zu kämpfen?

Viele Menschen haben heute keine Ehrfurcht mehr vor meiner Heiligkeit, vor meiner Göttlichkeit. Sie behandeln mich wie einen Menschen, mit dem sie machen können, was sie wollen. Sie haben keine Achtung vor meiner Würde und benehmen sich mir gegenüber wie ungezogene Kinder.

Bei dir aber soll es anders sein. Wenn du von mir sprichst, geschehe dies in großer Ehrfurcht und Liebe!
Wenn du eine Kirche betrittst, mach andächtig mit Weihwasser ein Kreuzzeichen auf die Stirn und beuge deine Knie vor mir! Bedenke, du betrittst heiligen Raum, der erfüllt ist von meiner Herrlichkeit![140] Versuche, dich zu sammeln und erheb deinen Sinn im Gebet zu mir! Bewahre die Stille, führe keine Unterhaltungen im Kirchenraum!
Betrachte die Kirche nicht als Museum! Wie oft werden die Gotteshäuser heute entweiht durch Ungläubige und Gleichgültige, die nur an den Kunstschätzen interessiert sind, aber nicht an mir! Wie betrübt das mein Herz! Sie missbrauchen meinen heiligen Raum für ihre weltlichen Zwecke.

Empfange meinen hl. Leib in großer Ehrfurcht, beuge deine Knie vor mir[141] und vermeide jede Gedankenlosigkeit und Zerstreutheit! Sag mir ein Wort der Liebe, setze einen Akt der Demut! So wirst

139. Vgl. Ps 66,3: Sagt zu Gott: Wie Ehrfurcht gebietend sind deine Taten; vor deiner gewaltigen Macht müssen die Feinde sich beugen.
140. Vgl. Ps 5,8: Ich aber darf dein Haus betreten dank deiner großen Güte, ich werfe mich nieder in Ehrfurcht vor deinem heiligen Tempel.
141. Vgl. Jes 45,23: Vor mir wird jedes Knie sich beugen und jede Zunge wird schwören: ...

du deinen Gott ehren. Ja, ich bin dein Freund, aber dein göttlicher, unendlich heiliger Freund!
So bring mir große Ehrfurcht entgegen, ehre mich als deinen Herrn und Meister! Du sollst ein Vorbild sein für alle! Amen.

56. Halte dich an die Zehn Gebote!

3. Februar 2010

Mein geliebtes Kind, halte dich an die Zehn Gebote,[142] sie sind aktueller denn je! Sie sind nicht veraltet, sie haben heute genauso ihre Gültigkeit. In ihnen steckt eine tiefe Weisheit, die von mir kommt.

Viele Menschen wollen sich an kein Gebot oder Gesetz mehr halten; sie leben nach ihrem Gutdünken und wollen sich nichts vorschreiben lassen. Sie berufen sich auf ihre Freiheit, in Wirklichkeit sind sie versklavt von ihren Sünden. Ich möchte sie herausholen aus dem Sumpf der Sünde; ich möchte ihnen meine Freude und meinen Frieden schenken, weil ich sie liebe. Sie aber wollen lieber festhalten an ihren Sünden und stürzen dadurch ins Verderben.
Bete für diese Menschen, denn ich möchte sie heimholen in mein Reich! Mir ist jeder Mensch unendlich kostbar und es bricht mir das Herz, wenn jemand in der Finsternis lebt.

Verbreite meine Zehn Gebote, mach sie wieder unter den Menschen bekannt! Viele kennen sie gar nicht mehr, auch in den Schulen werden sie oft nicht mehr gelehrt. Sprich über meine Gebote, nenne die Sünden beim Namen! Verharmlose sie nicht wie viele deiner Zeitgenossen! Jede Sünde ist eine Beleidigung Gottes und muss gesühnt werden.

142. Vgl. Ex 20,1-17: Die Zehn Gebote.

Vor allem aber lebe selbst nach den Zehn Geboten, geh mit gutem Beispiel voran![143] Erforsche regelmäßig dein Gewissen anhand von ihnen und bereue deine Sünden! Ich werde sie dir vergeben in meiner großen Liebe und dich immer näher an mich ziehen.

Die Zehn Gebote sind es auch, die euch Christen mit den Juden verbinden. Bete viel für mein auserwähltes Volk, denn sie sind eure älteren Brüder und Schwestern! Ich möchte sie zur vollen Wahrheit führen und ihnen meine ganze Liebe schenken. Sei auch du ihnen in Liebe verbunden, liebe sie mit meiner Liebe! So wirst du sehr gesegnet sein. Amen.

57. Bleib mir treu in der Zeit des Glaubensabfalls!

4. Februar 2010

Mein geliebtes Kind, bleib mir ganz treu, auch wenn die Zeit für Christen immer schwieriger wird! Ihr lebt jetzt in einer Zeit des großen Glaubensabfalls. Satan verführt die Menschen zu Unglauben, Atheismus und Sittenlosigkeit. Die Christen kommen immer mehr in die Minderheit und werden benachteiligt. Sie erregen Anstoß in der Gesellschaft, weil sie sich der Welt nicht anpassen.
Ihr steht jetzt am Anfang einer großen, weltweiten Christenverfolgung.[144] Satan hetzt die Menschen gegen die Christen auf und will sie vernichten. Jetzt wird sich zeigen, wer mich wahrhaft liebt und mir die Treue hält auch in schwierigen Zeiten. Viele laue Christen werden schnell vom Glauben abfallen, wenn sie durch den Glauben irgendwelche Nachteile erleiden;[145] sie drehen sich wie ein Fähnchen im Wind.

143. Vgl. Koh 12,13: Fürchte Gott und achte auf seine Gebote! Das allein hat jeder Mensch nötig.
144. Vgl. Joh 15,20: Wenn sie mich verfolgt haben, werden sie auch euch verfolgen; wenn sie an meinem Wort festgehalten haben, werden sie auch an eurem Wort festhalten.
145. Vgl. Lk 8,13: Eine Zeit lang glauben sie, doch in der Zeit der Prüfung werden sie abtrünnig.

Du aber steh fest im Glauben und bleib mir treu! Sei mutig und bekenne dich zu mir, du sollst so fest stehen wie ein Fels in meiner Kirche! Lass dich durch nichts von deinem Glauben abbringen, folge mir in Treue nach![146] Sei ein Vorbild für die Menschen um dich herum; ermutige sie, wenn sie zur Resignation neigen! Sprich zu ihnen Worte der Hoffnung, wenn sie in Traurigkeit und Hoffnungslosigkeit versinken!

Hol dir immer wieder neue Kraft und neuen Mut bei mir! Ich werde meinen Hl. Geist senden und dich wieder stärken. Bleib tief mit mir verbunden im Gebet, sonst wirst du diese Zeit nicht siegreich überstehen! Bleib wenigstens du mir treu, wenn mich schon so viele Christen verlassen! Hab keine Angst, ich lasse dich nicht im Stich! Ich werde dich überreich belohnen und überhäufen mit meinen Gnaden. Ich schenke dir meine Liebe und meinen Frieden in Überfülle.
Verleugne und verrate mich nicht in der Stunde der Prüfung, denn ich warte auf deine Liebe! Amen.

58. Du sollst Frucht bringen für mein Reich!

5. Februar 2010

Mein geliebtes Kind, übergib dich mir ganz und du wirst reiche Frucht bringen![147] Je mehr du dich mir hingibst, umso mehr Früchte wird dein Leben hervorbringen. Überlass dich mir ganz, ich werde dich heilen, ich werde dich reinigen, ich werde dich heiligen!

146. Vgl. Offb 14,12: Hier muss sich die Standhaftigkeit der Heiligen bewähren, die an den Geboten Gottes und an der Treue zu Jesus festhalten.
147. Vgl. Joh 15,5: Wer in mir bleibt und in wem ich bleibe, der bringt reiche Frucht; denn getrennt von mir könnt ihr nichts vollbringen.

Wenn du in meiner Liebe lebst, wirst du ausstrahlen in die ganze Umgebung, auch wenn es dir nicht bewusst ist. Die ganze Gegend wird gereinigt vom Bösen und eingenommen für mein Reich. Überall, wo du hinkommst, wirst du meine Liebe verbreiten und mein Reich aufbauen.
An dir werden sich die Geister scheiden; Satan und die Dämonen werden dich auf vielerlei Arten angreifen und versuchen, dir das Leben schwer zu machen. Aber hab keine Angst, ich bin der Stärkere! Letztendlich müssen sie vor mir weichen. Widersage allem Bösen in meinem Namen und stell dich unter meinen besonderen Schutz! So wirst du siegreich aus jedem Kampf hervorgehen.

Wenn du den Weg mit mir gehst und dich von mir umformen lässt, werde ich dich mir immer ähnlicher machen. Die Früchte des Hl. Geistes werden in deinem Leben mehr und mehr zunehmen, wie Liebe, Freude, Friede, Gelassenheit, Zuversicht, Besonnenheit, Mäßigkeit.[148] Wenn du dich positiv veränderst, wird dies auch eine Auswirkung haben auf die Menschen in deiner nächsten Umgebung. Sie werden offener für mich werden und mein Wirken an dir erkennen.

So gib dich mir ganz hin, denn ohne mich wirst du wenig Früchte hervorbringen in deinem Leben! Du sollst Frucht bringen für mein Reich, du sollst mitwirken an der Bekehrung der Menschen. So wird dein Leben einen tiefen Sinn haben. Das ist deine Berufung als Christ! Amen.

148. Vgl. Gal 5,22-23: Die Frucht des Geistes aber ist Liebe, Freude, Friede, Langmut, Freundlichkeit, Güte, Treue, Sanftmut und Enthaltsamkeit; ...

59. Verkündige meine Frohe Botschaft!

6. Februar 2010

Mein geliebtes Kind, verkündige meine Frohe Botschaft, mach meine Liebe bekannt unter den Menschen! Ich habe euch gesagt: «Geht hinaus in die ganze Welt und verkündet das Evangelium allen Geschöpfen!»[149] Dieser Auftrag gilt heute noch genauso wie damals. Viele Menschen wissen noch nichts von mir oder sie haben verkehrte Vorstellungen von mir und meiner Liebe.

Verkündige mich durch dein Leben, verkündige mich durch deine Nächstenliebe!
Aber erzähl den Menschen auch von mir und von meiner großen Liebe zu ihnen, von meinem Kreuzestod und von meiner Auferstehung! Gib ihnen eine neue Hoffnung und eine neue Perspektive für ihr Leben! Viele Menschen sind auf der Suche nach der Wahrheit, aber sie finden sie nirgends außer bei mir.
Leg Zeugnis ab von meinem konkreten Wirken in deinem Leben, erzähl ihnen, was ich schon alles für dich getan habe! Lass dich dabei von meinem Hl. Geist leiten, denn nicht alle sind offen für mich!
Dräng den Leuten nichts auf, sie sollen sich in Freiheit für mich entscheiden! Ich habe große Sehnsucht nach der Liebe eines jeden von ihnen und ich freue mich sehr über jede Umkehr und Bekehrung. Lass dich von mir als Werkzeug gebrauchen, ich möchte jetzt die Menschen heimholen in mein Reich!

Manche von euch haben eine Berufung zur Evangelisation, ihr sollt euer ganzes Leben in besonderer Weise in den Dienst der Evangelisation stellen.[150] Betet viel zu meinem Hl. Geist und er

149. Vgl. Mk 16,15: Dann sagte er (Jesus) zu ihnen: Geht hinaus in die ganze Welt und verkündet das Evangelium der ganzen Schöpfung!
150. Vgl. Lk 9,60: Jesus sagte zu ihm: Lass die Toten ihre Toten begraben; du aber geh und verkünde das Reich Gottes!

wird euch konkret zeigen, wie ihr vorgehen sollt! Betet v. a. um die Bekehrung der Menschen, damit ich ihr Herz vorbereiten kann und damit sie offen werden für mein Wort! Evangelisiert nie ohne intensives Gebet, betet auch viel um Schutz vor Angriffen des Bösen! Bedenkt immer, nur **ich** kann die Herzen der Menschen verändern, ihr seid nur meine Werkzeuge! Amen.

60. Sei hilfsbereit gegenüber deinen Mitmenschen!

8. Februar 2010

Mein geliebtes Kind, sei hilfsbereit gegenüber deinen Mitmenschen, sie warten auf deine Hilfe! Tu den Menschen Gutes,[151] soweit es in deiner Macht steht, aber dräng dich niemandem auf! Achte die Freiheit des anderen und achte auf seine Wünsche! Biete selbstlos deine Hilfe an und versuche nicht, selbst möglichst großen Nutzen daraus zu ziehen! Erwarte keine Gegenleistung von den Menschen, mach sie nicht zu deinen Schuldnern! Erwarte auch keinen Dank von ihnen, du wirst nur enttäuscht werden!

Tu alles aus Liebe zu mir und aus Mitleid mit den Menschen![152] Je inniger du mit mir verbunden bist, umso mehr wirst du zu dieser selbstlosen Hilfe fähig sein. Ich schenke dir immer wieder die nötige Kraft und die nötige Liebe dazu.
Ich zeige dir auch die tiefere Not der Menschen, die oft hinter der vordergründigen Not steckt. Übersieh diese nicht, sondern bring sie im Gebet vor mein Angesicht und bitte mich um Abhilfe! Ich werde dein Gebet erhören und die Not der Menschen lindern. Ich werde sie neu stärken und ihnen wieder Hoffnung und Freude schenken.

151. Vgl. Tit 2,7: Gib selbst ein Beispiel durch gute Taten!
152. Vgl. 1 Petr 3,8: Seid alle eines Sinnes, voll Mitgefühl und Liebe zueinander, seid barmherzig und demütig!

Sei bereit, jedem zu helfen, der dich um Hilfe bittet,[153] aber lass dich nicht ausnützen, lass dich nicht betrügen, beteilige dich nicht an unlauteren Machenschaften! Lass dich nicht zur Sünde verleiten, um anderen Menschen behilflich zu sein, achte stets auf die Zehn Gebote! Zieh eine klare Grenze, sprich ein deutliches Nein, wenn jemand von dir verlangt zu lügen, zu betrügen oder auf andere Art zu sündigen!
Lass dich nicht hineinziehen in die Sünden der Menschen, auch wenn sie es dir übel nehmen! Geh geradlinig deinen Weg, leg Zeugnis ab von meiner Redlichkeit und Lauterkeit! Sei stets hilfsbereit, aber auf meine Art und in meiner Liebe! Amen.

61. Nimm an niemandem Rache!

9. Februar 2010

Mein geliebtes Kind, nimm an niemandem Rache, sondern verzeih allen Menschen! Euch Menschen steht es nicht zu, Rache zu üben; ich selbst werde Rechenschaft von jedem Menschen verlangen und jedem vergelten nach seinen Taten.[154]
Wenn du jemandem nicht verzeihen kannst, dann komm zu mir, ich werde dir die Gnade dazu geben! Ich werde dein Herz verändern und deine seelischen Verletzungen heilen. Entscheide dich dafür, dem Menschen zu verzeihen, der dir Böses angetan hat, auch wenn dein Herz noch dagegenspricht! Sprich die Verzeihung immer wieder im Gebet vor mir aus, dann kann ich wirken in deiner Seele!

Überlass alles mir, ich werde alles ordnen und deine Beziehungen zu den Menschen heilen! Bete für die Leute, mit denen du

153. Vgl. Mt 5,42: Wer dich bittet, dem gib, und wer von dir borgen will, den weise nicht ab!
154. Vgl. Röm 12,19: Übt nicht selbst Vergeltung, Geliebte, sondern lasst Raum für das Zorngericht Gottes; denn es steht geschrieben: Mein ist die Vergeltung, ich werde vergelten, spricht der Herr.

Probleme hast, die dir unsympathisch sind, die dich nerven und die dir lästig sind, denn diese brauchen dein Gebet besonders notwendig! Durch dein Gebet kann ich ihre Herzen verändern und heilen.
Hab Geduld mit deinen Mitmenschen, ihre Veränderung wird nur langsam vor sich gehen! So verzeih ihnen immer wieder ihre Verfehlungen, so wie auch ich dir immer wieder verzeihe![155]

Ich habe euch gesagt: »Liebt eure Feinde; tut Gutes denen, die euch hassen! Segnet die, die euch verfluchen!«[156] So handle danach und lass ab von deinem Zorn! Aus menschlicher Kraft wird dir diese Liebe nicht möglich sein, aber in meiner Kraft wirst du auch zur Feindesliebe fähig sein.
Segne deine Feinde in meinem Namen, leg sie hinein in mein heiligstes Herz! Hege keinen Groll mehr gegen sie, verfluche sie nicht, rede nicht mehr schlecht über sie! Lass dich nicht zur Sünde verführen, sondern bleib standhaft im Guten! Bedenke, deine Feinde sind ein Opfer Satans; er stachelt sie gegen dich auf und verführt sie zum Bösen! Widersage ihm in meinem Namen und bleib in meiner Liebe! Amen.

62. Sei mir dankbar für alles!

10. Februar 2010

Mein geliebtes Kind, sei mir dankbar für alles,[157] denn alles ist mein Geschenk! Lebe in einer Haltung der Dankbarkeit, nichts ist selbstverständlich in deinem Leben! Nimm all das Schöne und Gute wahr, alles, was dein Leben bereichert und dir Freude macht! Danke mir dafür, erkenne darin meine Liebe und Güte und meine Fürsorge für

155. Vgl. Kol 3,13: Wie der Herr euch vergeben hat, so vergebt auch ihr!
156. Vgl. Lk 6,27-28: Liebt eure Feinde; tut denen Gutes, die euch hassen! Segnet die, die euch verfluchen; betet für die, die euch beschimpfen!
157. Vgl. 1 Thess 5,18: Dankt für alles; denn das ist der Wille Gottes für euch in Christus Jesus.

dich! Danke mir für die Schönheit der Natur, für die Ordnung der Schöpfung, v. a. aber danke mir für die Menschen![158] Ich habe sie dir zur Seite gestellt zu deiner Freude und zu deinem Heil.

Lass keinen Tag vergehen, an dem du mir nicht deinen Dank entgegenbringst! Es gibt so viele Anlässe dazu, du musst sie nur wahrnehmen. Wie viele Wünsche habe ich dir schon erfüllt, wie viele deiner Gebete habe ich schon erhört! Wie oft habe ich dir schon weitergeholfen, wenn du in Not warst! Achte auch auf die Kleinigkeiten des Alltags, auf die vielen Aufmerksamkeiten, die ich dir erweise! Schreibe nichts dem Zufall zu, denn alles ist meine Fügung und mein Geschenk!

Aber sei mir nicht nur dankbar für alles Erfreuliche, sondern auch für alles Unerfreuliche, Negative, Belastende und alles, was dir Leiden verursacht! Diese Dinge haben auch einen tiefen Sinn in deinem Leben, auch wenn du ihn im Moment noch nicht erkennst. Denen, die mich lieben, gereicht alles zum Heil! So danke mir auch immer wieder für deine Leiden und ich werde dich mit tiefem Frieden erfüllen!

Schließlich sei mir dankbar für das größte Geschenk, das ich euch gemacht habe, für eure Erlösung durch meinen Kreuzestod und meine Auferstehung![159] Ich habe euch eine große Zukunft bereitet, ein ewiges Leben in größter Freude und in höchstem Glück. Bereits auf dieser Erde erhaltet ihr Anteil daran durch die Gemeinschaft der Kirche, durch die Sakramente und alle anderen Gnaden, die ich euch schenke. Amen.

---

158. Vgl. 1 Thess 3,9: Wie können wir Gott euretwegen genug danken für all die Freude, die uns um euretwillen vor unserem Gott erfüllt?

159. Vgl. Lk 1,68: Gepriesen sei der Herr, der Gott Israels! Denn er hat sein Volk besucht und ihm Erlösung geschaffen.

63. Öffne dich mir ganz!

11. Februar 2010

Mein geliebtes Kind, öffne dich mir ganz, damit ich dich noch reicher beschenken kann![160] Nur ein offenes Herz kann ich ganz durchdringen mit meinem Hl. Geist und ganz hineinziehen in meine Liebe. Hab keine Angst vor mir, hab keine Angst vor allem Unbekannten und Neuen, verschließ dein Herz nicht aus Misstrauen und Angst![161] Ich habe für dich nur Pläne des Heils und der Liebe. Lass dich ganz ein auf meine Liebe, gib dich mir ganz hin! Jede Liebe ist auch mit Leid verbunden, ich kann dir nicht jedes Leid ersparen. Aber deine Leiden werden geheiligt in mir, sie werden erträglich in meiner Liebe.

Sei offen für alle Gnaden und Geistesgaben, die ich für dich vorgesehen habe! Lehne keine ab, weil du dich unwürdig fühlst oder weil du Probleme damit befürchtest! Wähle nicht diejenigen aus, die dir am angenehmsten erscheinen! Ich weiß am besten, welche Gaben am besten für dich sind und welche du brauchst für deinen Auftrag.
Lass dich ganz einfügen in meinen Leib, die Kirche; erfülle die Aufgaben, die dir zugedacht sind! Sei offen für deinen ganz speziellen Auftrag, zu dem du berufen bist![162] Verschließ dich deiner Berufung nicht; glaube nicht, dass du nicht dazu fähig bist! Ohne mich kann niemand seine Berufung leben, aber mit mir wirst du Mauern überspringen. Ich selbst werde wirken durch dich, ich brauche nur deine Bereitschaft und dein Vertrauen.

160. Vgl. Offb 3,20: Wenn einer meine Stimme hört und die Tür öffnet, bei dem werde ich eintreten und Mahl mit ihm halten und er mit mir.

161. Vgl. 1 Joh 4,18: Furcht gibt es in der Liebe nicht, sondern die vollkommene Liebe vertreibt die Furcht.

162. Vgl. Joh 15,14: Ihr seid meine Freunde, wenn ihr tut, was ich euch auftrage.

Öffne dich auch deinen Mitmenschen gegenüber, hab ein offenes Ohr für ihre Nöte und Probleme! Hilf ihnen weiter in meiner Weisheit, erzähl ihnen von meiner übergroßen Liebe! Bete für sie, damit sie auch offen werden für mich und sich lieben lassen von mir! Amen.

64. Ich möchte dich in die Tiefe führen

12. Februar 2010

Mein geliebtes Kind, ich möchte dich in die Tiefe führen, so leg jede Oberflächlichkeit ab! Wenn du dich mir ganz anvertraust, schenke ich dir eine tiefere Sicht der Dinge, du wirst alles mehr aus meinem Blickwinkel betrachten.

Beurteile die Menschen nicht oberflächlich, denn du kennst ihr Herz nicht![163] Du weißt nichts von ihrer Not, die hinter ihrem Verhalten steht. Schau nicht zu sehr auf ihr Äußeres, auf das, was vor den Menschen zählt, sondern erkenne ihre Würde, die sie von mir haben!

Leg selbst nicht zu viel Wert auf Äußerlichkeiten, auf Aussehen, Mode, Besitz, Ansehen, sondern leg v. a. darauf Wert, mir zu gefallen und in meinem Sinn zu leben![164] Übergib mir die Herrschaft in deinem Leben und ich werde dich langsam von allen oberflächlichen Dingen, Einstellungen und Beurteilungen befreien. Ich lasse dich erkennen, was wesentlich ist für das Leben, und führe dich immer mehr hinein in die Tiefe meiner Liebe. In dieser meiner Liebe wirst du fähig sein, deine Masken abzulegen und in meiner Wahrheit zu leben.

---

163. Vgl. 1 Sam 16,7: Der Mensch sieht, was vor den Augen ist, der Herr aber sieht das Herz.
164. Vgl. Kol 3,2: Richtet euren Sinn auf das, was oben ist, nicht auf das Irdische!

Du sollst auch frei werden von allen Oberflächlichkeiten in deinem Glaubensleben. Geh den Weg mit, den ich dich führe, halte nichts mehr fest! Was am Anfang deines Glaubenslebens gut und notwendig war, ist jetzt vielleicht unnötig oder sogar ein Hindernis. Halte keine Gebete oder Gebetsformen fest, denn ich möchte dich hineinführen in tiefere Gebetsweisen! Lass dich dabei ganz führen von meinem Hl. Geist! Erkenne deine Berufung und lebe sie immer tiefer! Je inniger du mit mir verbunden bist, desto mehr Tiefgang wird dein Leben haben.

So suche stets die Verbindung mit mir, erhebe dein Herz zu mir im Gebet und wachse in der Liebe! Dein Leben wird sich dann nicht mehr in Oberflächlichkeiten erschöpfen, sondern einen tiefen Sinn haben. Amen.

65. Begib dich oft in die Stille!

13. Februar 2010

Mein geliebtes Kind, meide den Lärm der Welt, begib dich, sooft es geht, in die Stille! Die Welt ist laut, setz dich nicht ständig ihrem Lärm und ihrem Trubel aus! Deine Seele wird dadurch Schaden nehmen, sie braucht immer wieder Zeiten der Stille.

Geh hinaus in die Natur, ihre Schönheit erzählt dir von meiner Größe![165] Nimm meine Wunder in der Schöpfung wahr und erfreue dich an ihnen! Lausche auf die Stimmen der Tiere und bewundere die Pracht der Blumen! So wirst du bald tiefen Frieden finden und erholsame Ruhe.

165. Vgl. Weish 13,5: Denn aus der Größe und Schönheit der Geschöpfe wird in Entsprechung ihr Schöpfer erschaut.

Zieh dich auch oft zurück zum Gebet; such dir einen Ort, wo du ungestört bist! Erzähl mir von deinen Sorgen und übergib mir deine Probleme, ich werde mich darum kümmern! Im Gebet wirst du wieder zur Ruhe kommen und neue Hoffnung schöpfen. Hör stets auf meine Stimme in dir! Sie ist leise und du kannst sie nur in der Stille vernehmen. Ich möchte zu dir sprechen und dir meine Liebe bekennen. Lobe und preise mich für all die Gnaden, die ich dir schenke!

Besuche mich auch oft in einer stillen Kirche und bete vor dem Tabernakel![166] Das Gotteshaus ist ein geheiligter Raum, dort wirst du meine Anwesenheit noch stärker spüren. Große Gnaden strömen aus von mir im Allerheiligsten. Ich versetze dich in eine andere Welt, in mein Reich, und ziehe dich an mich. Überirdische Ruhe wird dich erfassen und dich gelassener machen für deine Aufgaben im Alltag.

Je mehr du in der Stille bei mir verweilst, umso weniger wirst du Geschmack finden am Lärm der Welt. Setz dich nicht mehr unnötigem Lärm aus, reduziere den Gebrauch der lauten Massenmedien, höre nicht allzu laute Musik! Achte mehr auf die leisen Töne, auf das Unscheinbare, auf das Unaufdringliche! So wirst du Frieden finden für deine Seele und Gelassenheit auf dem Weg mit mir. Amen.

66. Segne und sei ein Segen!

15. Februar 2010

Mein geliebtes Kind, geh den Weg der Liebe und du wirst ein Segen sein für die Menschen! Halte dich an meine Weisungen, lebe nach der Hl. Schrift! So wird dein Leben gesegnet sein und großer Segen wird ausgehen von dir. Meide die Sünde, bleib stets mit mir verbunden im Gebet und verrichte Werke der Nächstenliebe!

166. Vgl. Ps 37,7: Sei still vor dem Herrn und harre auf ihn!

So werden viele Menschen Heil empfangen durch dich, viele werden dir auch ihr ewiges Heil verdanken. Es ist meine große Sehnsucht, alle Menschen an mich zu ziehen und ihnen meine Liebe zu schenken. Sei du mir behilflich dabei! Tu, was ich dir sage, und lebe immer tiefer deine Berufung!

Segne jeden Tag die Menschen um dich herum, segne deine nächsten Angehörigen mit einem Kreuzzeichen und mit Weihwasser! Segne auch alle Menschen, mit denen du zu tun hast, die dir begegnen und die dir Probleme bereiten![167] Bitte mich in einem kurzen Stoßgebet um Segen für sie! So wird sich mein Reich rund um dich ausbreiten und alles Böse muss weichen. Segne auch deine Gegner und Feinde,[168] widersage in meinem Namen allen negativen Gedanken und Gefühlen, widersetze dich allen Versuchungen zu Hass und Rache! Halte dich rein, lass dich nicht zum Bösen verführen!

Aber segne nicht nur Menschen, segne auch deine Wohnung, deinen Besitz, deinen Wohnort, deine Stadt und dein Land! Zieh auf alles meinen Segen herab durch dein Gebet, spritze häufig Weihwasser und umgib dich mit geweihten Gegenständen! So wird die Macht Satans gebrochen und mein Reich errichtet auf der Welt.
Der Segen meiner Priester ist besonders wirksam, denn sie sind mir geweiht. Aber auch jeder andere Christ kann segnen und zum Segen werden für die Menschen. So fülle deinen Mund mit Segensworten! Amen.

167. Vgl. 1 Kor 4,12: Wir werden beschimpft und segnen; ...
168. Vgl. Röm 12,14: Segnet eure Verfolger; segnet sie, verflucht sie nicht!

67. Ich schenke euch ein neues Pfingsten

16. Februar 2010

Mein geliebtes Kind, ich schenke euch ein neues Pfingsten; ich werde meine Kirche erneuern durch meinen Hl. Geist. Große Umwälzungen stehen euch bevor, große Veränderungen kommen auf euch zu.

Siehe, ich mache alles neu![169] Mein Geist wird alles von Grund auf erneuern und meine Kirche zu einer nie gekannten Heiligkeit führen.[170] Er wird die Geistesgaben austeilen unter den Menschen und mein Reich errichten auf der Erde. Er wird die Menschen mit Liebe und Frieden erfüllen und alles Böse ausmerzen. Meine Kirche wird erstrahlen in neuer Schönheit, sie wird ganz mein Angesicht widerspiegeln. Ich schaffe mir jetzt ein neues Volk ganz vereint mit mir. Mein Hl. Geist wird die Herzen aller Christen zusammenführen und alle in Einheit verbinden. Mein zerrissener Leib wird geheilt werden, es wird nur noch einen Hirten und eine Herde geben.
Kommt dir dies alles zu wunderbar vor? Ja, es **ist** wunderbar! Ich werde mein Werk vollenden mit großer Macht. Zweifle nicht daran; es wird alles so sicher kommen wie der Abend nach dem Morgen!

Ich habe dich dazu berufen, mitzuwirken am Aufbau meiner neuen Kirche. Lass dich dabei ganz von meinem Hl. Geist leiten![171] Er hat eine ganz bestimmte Aufgabe für dich vorbereitet; hör auf ihn und tu, was er dir sagt! Lass dich gefügig einfügen in meinen

169. Vgl. Offb 21,5: Er, der auf dem Thron saß, sprach: Seht, ich mache alles neu.
170. Vgl. Eph 5,27: So will er die Kirche herrlich vor sich hinstellen, ohne Flecken oder Falten oder andere Fehler; heilig soll sie sein und makellos.
171. Vgl. Ps 143,10: Lehre mich tun, was dir gefällt, denn du bist mein Gott! Dein guter Geist leite mich auf ebenem Land.

Leib, erfülle ganz den Auftrag, den ich für dich vorgesehen habe! Such dir keine eigenen Aufgaben, mach dich nicht selbst wichtig, du würdest mein Werk nur zerstören! In Zukunft kann ich nur Menschen in meiner Kirche brauchen, die ganz auf den Hl. Geist hören und auf ihren Eigenwillen und ihre eigene Weisheit verzichten.
So sei mein gehorsames Kind und lass dich von mir als mein Werkzeug gebrauchen! Großen Lohn wirst du dafür erhalten. Amen.

68. Übergib mir alle deine Sorgen!

12. April 2010

Mein geliebtes Kind, übergib mir alle deine Sorgen, ich selbst werde mich darum kümmern![172] Ich möchte dich befreien von jedem Kummer und jeder Sorge.
Komm zu mir und vertrau mir deine Probleme an, ich habe stets ein offenes Ohr für dich! Ich weise dich nicht ab und ich mache dir keine Vorwürfe; ich höre dich geduldig an und habe Mitleid mit dir. Vertraue darauf, dass ich dir weiterhelfen werde in jeder Not! Ich werde deine Probleme auf meine Weise lösen. Gib deine Sorgen bei mir ab, schleppe sie nicht weiter mit dir herum! Belaste dich nicht mehr mit ihnen, sondern vertraue darauf, dass ich sie in Freude verwandeln kann!
Vereinige dich mit mir im Gebet! So kann ich dich anfüllen mit Zuversicht, Hoffnung und Gelassenheit. Verweile in meiner Gegenwart und alle Last wird von dir abfallen!

Hadere nicht mit mir, mach mir keine Vorwürfe, beklage dich nicht über dein schweres Schicksal! Bedenke, alles hat einen Sinn und ich habe meine Pläne damit! Du wirst die Pläne Gottes hier

172. Vgl. Ps 55,23: Wirf deine Sorge auf den Herrn, er wird dich erhalten!

auf Erden nie ganz begreifen können, erst in der Ewigkeit wirst du einmal alles verstehen.
So grüble nicht ständig und zerbrich dir den Kopf nicht mehr über Dinge, die du nicht verstehen kannst! Sorge dich um nichts mehr, denn ich selbst werde für alles sorgen! Setz dein Vertrauen ganz auf mich und du wirst immer ohne Sorge sein![173] Ich werde dich nicht enttäuschen, ich lasse meine Kinder nicht im Stich. Ich liebe dich unendlich und ich sehne mich nach deiner Liebe. Ich ziehe dich immer mehr an mich und erfülle dich mit meinen Gnaden.
So lobe und preise mich und danke mir für alles, was ich für dich getan habe! Danke mir auch dafür, dass ich dir deine Sorgen zum Segen werden lassen kann! Amen.

69. Pass dich nicht dieser Welt an!

13. April 2010

Mein geliebtes Kind, ihr lebt jetzt in einer besonderen Zeit. Ich sammle mein Volk und überhäufe es mit Gnaden. Jetzt muss sich jeder entscheiden, ob er mir dienen will oder nicht, ob er **mir** nachfolgen will oder dem Fürsten dieser Welt. Ich dulde keine Lauheit und Halbherzigkeit mehr;[174] ich brauche entschiedene Christen, die in Liebe zu mir entbrennen. Jetzt werden sich die Geister scheiden in einer Welt, in der die Finsternis immer mehr zunimmt.

Mein Kind, entscheide dich jeden Tag neu für mich, pass dich nicht dieser Welt an![175] Widerstehe dem Zeitgeist in meinem Namen;

173. Vgl. Ps 40,5: Selig der Mann, der auf den Herrn sein Vertrauen setzt, ...
174. Vgl. Offb 3,16: Daher, weil du lau bist, weder heiß noch kalt, will ich dich aus meinem Mund ausspeien.
175. Vgl. Röm 12,2: Und gleicht euch nicht dieser Welt an, sondern lasst euch verwandeln durch die Erneuerung des Denkens, ...

lerne zu unterscheiden, wo mein Geist am Werk ist und wo nicht! Konzentriere dich auf das Wesentliche, befass dich nicht mehr mit so vielen Nebensächlichkeiten, denn die Zeit drängt!
Richte deinen Sinn auf das Himmlische, nicht auf das Irdische! Verlier keine Zeit mehr mit irdischem Tand, denn das Reich Gottes ist nahe! Ich möchte mein Reich aufbauen hier auf der Erde, sei du mein Werkzeug dazu! Ich brauche dich dringend, so zögere nicht länger! Ich werde mich um deine irdischen Angelegenheiten kümmern, du aber kümmere dich um den Aufbau meines Reiches! Nichts soll dir mehr wichtiger sein; ich habe dich zur Heiligkeit berufen, du bist mein. Hab keine Angst, ich werde dich reich belohnen für deine Mühen, ich werde dich mit Gnaden überschütten.
Bete oft zu meinem Hl. Geist! Er wird dich stets erkennen lassen, was du tun sollst; er wird dir Weisheit und Rat schenken in Fülle.

Ich sammle mir jetzt ein heiliges Volk, so strebe immer mehr nach persönlicher Heiligkeit! Die Heiligen waren nicht ohne Fehler und Sünden, aber sie haben ganz vereint mit mir gelebt. Sie erkannten ihre eigene Armseligkeit und Schwachheit und erwarteten deshalb alles von mir. Nimm sie dir zum Vorbild und überlass dich ganz meinem Wirken! Amen.

TEIL 2
Bilder mit Botschaften Jesu Christi zu Bibelstellen

70. Lasst euch neu entflammen durch meinen Hl. Geist!

14. April 2010

«Ich bin gekommen, um Feuer auf die Erde zu werfen. Wie froh wäre ich, es würde schon brennen!» (Lk 12,49)

Mein geliebtes Kind, ich werde dir jetzt jeden Tag ein Bild zeigen.

Bild:
Im Weltall befindet sich unsere Weltkugel, die zu brennen beginnt und sehr schnell ganz in Flammen steht. Mitten im Feuer schwebt ein goldener Thron, auf dem Jesus als König sitzt. Er trägt eine goldene Krone und hält ein Zepter in der rechten Hand.

Botschaft:
Meine geliebten Kinder, wie sehr wünsche ich mir, dass sich das Feuer meiner Liebe auf der ganzen Welt ausbreitet, aber wie wenig sind die Menschen dazu bereit! Selbst meine Kinder, die mir nachfolgen wollen, brennen nur auf Sparflamme oder erlöschen ganz in der Finsternis der Welt. Aber ich werde nicht zulassen dass mein Feuer ganz erlöscht auf der Erde. Ich werde meinen Hl. Geist

senden und die glimmende Glut in den Herzen der Menschen neu entfachen.[176]

So rufe ich euch alle auf: Lasst euch neu entflammen durch meinen Hl. Geist, seid ganz offen dafür! Entbrennt in Liebe zu mir, erwartet mich mit brennendem Herzen, denn ich werde bald wiederkommen in Herrlichkeit! Ich möchte mein Reich errichten auf der Erde. Aber werde ich noch Glauben finden, wenn ich komme?[177] Ich möchte meine Herrschaft antreten als König, ich komme in mein Eigentum; ich bin der wahre König dieser Welt. Verehrt mich jetzt schon als euren König, legt Zeugnis ab von meiner Hoheit und von meiner Macht![178]

Ihr habt jetzt die Wahl, entscheidet euch für das Feuer meiner Liebe! Sonst wird das Feuer der Zerstörung auf die Erde kommen und viel Unheil anrichten. Aber ich werde Satan und alle Mächte der Finsternis auf jeden Fall besiegen, ich werde als großer Sieger hervorgehen aus dem Kampf. Erkennt, in welch entscheidender Zeit ihr lebt, und richtet euer Leben danach aus! Wie rein und heilig müsst ihr leben, damit ihr in dieser Zeit als Christen bestehen könnt!
So übergebt mir euer Leben ganz! Ich selbst werde euch umwandeln durch meinen Hl. Geist und euch mit brennender Liebe erfüllen. Amen.

176. Vgl. Mt 3,11: Er (Jesus) wird euch mit dem Heiligen Geist und mit Feuer taufen.
177. Vgl. Lk 18,8: Wird jedoch der Menschensohn, wenn er kommt, den Glauben auf der Erde finden?
178. Vgl. Joh 18,37: Da sagte Pilatus zu ihm: Also bist du doch ein König? Jesus antwortete: Du sagst es, ich bin ein König.

71. Liebt einander, so wie ich euch geliebt habe!

15. April 2010

«Das ist mein Gebot, dass ihr einander liebt, so wie ich euch geliebt habe.» (Joh 15,12)

Bild:

Ich sehe Jesus in hellem Licht. Von ihm gehen sehr viele Lichtstrahlen in alle Richtungen aus. Vor ihm befindet sich eine große Anzahl von Menschen mit ernsten Gesichtern, von denen jeder mit sich selbst oder mit seiner Arbeit beschäftigt ist. Sie stehen jeweils weit voneinander entfernt und haben keinen Kontakt miteinander. Als sie aber von einem Lichtstrahl Jesu getroffen werden, blicken sie zu Jesus auf und freuen sich sehr. Nun schauen sie auch auf die Menschen neben sich, umarmen diese oder sind ihnen behilflich.

Botschaft:

Meine geliebten Kinder, ich habe euch dieses Gebot gegeben zu eurer Freude und zu eurem Heil. Ohne Liebe seid ihr nur auf euch selbst bezogen und lebt in der Finsternis, ihr seid traurig und einsam und ohne echte Freude.

Ihr Menschen seid aber zur wahren, selbstlosen Liebe aus eigener Kraft gar nicht fähig. Kommt deshalb zu mir und lasst euch mit meiner Liebe erfüllen! Ich habe euch mit göttlicher Liebe geliebt, liebt also eure Mitmenschen auch mit göttlicher Liebe, die ihr von mir empfangt! Eure menschliche Liebe ist zu schwach und durchsetzt von Egoismus.
Wenn es euch an Liebe mangelt, kommt zu mir und bittet mich um den Geist der Liebe![179] Ich werde dieses Gebet gerne erhören und euch mit meinem Hl. Geist erfüllen. Mein Geist wird euch

179. Vgl. 2 Tim 1,7: Denn Gott hat uns nicht einen Geist der Verzagtheit gegeben, sondern den Geist der Kraft, der Liebe und der Besonnenheit.

langsam umwandeln und alle Hindernisse beseitigen, die der Liebe entgegenstehen. Ihr sollt ganz durchlässig und frei werden, ganz ausgerichtet auf mich und meine Liebe.

Werdet nicht mutlos, wenn ihr eure Armseligkeit und Schwachheit erkennt und immer wieder gegen die Nächstenliebe sündigt! Bittet mich um Verzeihung und ich werde euch eure Verfehlungen vergeben und euch wieder aufrichten! Verzeiht auch ihr euren Mitmenschen ihre Sünden, sie hungern danach und sehnen sich genau wie ihr nach Liebe! Ich werde euch die Kraft dazu geben und eure Verletzungen heilen.

Jagt der Liebe nach![180] Seid euer ganzes Leben lang danach bestrebt, immer mehr zu wachsen in der Liebe![181] Das ist eure Lebensaufgabe, alles andere ist zweitrangig! Denkt um, erneuert euer Denken! In meinem Reich gibt es eine andere Rangordnung der Werte als in der Welt. Am Ende eures Lebens werdet ihr einmal nach der Liebe beurteilt werden, nach der Liebe zu mir und zu euren Mitmenschen.
Ist die Liebe euer großes Ziel in eurem Leben? Welche anderen Ziele strebt ihr an? Reichtum, Besitz, Karriere, Macht, Schönheit? In meinem Reich zählt nur die Liebe! So lasst euch nicht zur Lieblosigkeit verführen, um eure anderen Ziele zu erreichen! Taucht ein in das Meer meiner Liebe, lasst euch verwöhnen durch meine Liebe! So werdet ihr selbst immer mehr fähig werden zur wahren Liebe. Amen.

180. Vgl. 1 Kor 14,1: Jagt der Liebe nach!
181. Vgl. 1 Thess 3,12: Euch aber lasse der Herr wachsen und reich werden in der Liebe zueinander und zu allen, ...

72. Habt keine Angst!

16. April 2010

«Warum habt ihr solche Angst, ihr Kleingläubigen? Dann stand er (Jesus) auf, drohte den Winden und dem See und es trat völlige Stille ein.» (Mt 8,26)

Bild:

Ich sehe ein großes Segelschiff auf dem Meer mit vielen Menschen an Bord. Plötzlich setzt ein gewaltiger Sturm ein. Durch den hohen Wellengang schaukelt das Schiff heftig auf und ab und kommt in große Gefahr. Die Menschen sind entsetzt und haben große Angst. Nun sehe ich unter dem Schiff eine große Hand, die dieses trägt und vor dem Untergang bewahrt.

Botschaft:

Meine lieben Kinder, lasst euch nicht erschrecken, wenn heftige Stürme das Schiff Petri peitschen, wenn meine geliebte Kirche in große Not kommt, denn ich habe alles in der Hand! Satan setzt jetzt alles daran, um meine Kirche zu zerstören, aber habt keine Angst, es wird ihm nicht gelingen![182] Ich bin der Herr der Kirche und ich werde als Sieger aus dem Kampf hervorgehen.
Aber macht euch auf alles gefasst! Es wird bald eine große Christenverfolgung auf der ganzen Welt einsetzen. Dann wird sich zeigen, wer mich wirklich liebt und wer nicht; dann wird sich zeigen, wer mir die Treue hält und wer nicht!

Habt aber keine Angst, ich werde euch machtvoll beistehen in jeder Not! Ich werde große Wunder wirken und eindrucksvolle Zeichen meiner Macht setzen auf der Welt. Diese Zeit werdet ihr nur dann unbeschadet überstehen, wenn ihr euer Vertrauen

182. Vgl. Mt 16,18: Du bist Petrus und auf diesen Felsen werde ich meine Kirche bauen und die Pforten der Unterwelt werden sie nicht überwältigen.

ganz auf mich setzt.[183] Nichts Irdisches wird euch mehr helfen, auf nichts Menschliches werdet ihr euch mehr stützen können. Es werden Verrat und Verleumdung vorherrschen, Lüge und Hass. Es wird große Verwirrung herrschen unter meinen Kindern, sie werden nach Orientierung suchen. Bleibt auf jeden Fall meiner Kirche und meinem geliebten Sohn, dem Papst, treu! Dann könnt ihr nicht in die Irre gehen. Glaubt nicht den falschen Propheten, die meinen Stellvertreter auf Erden bekämpfen, denn es sind Wölfe im Schafspelz!

Ich sage euch noch einmal: Habt keine Angst! Setzt euer ganzes Vertrauen auf mich, ich lasse euch nicht im Stich! Diese schwere Zeit muss jetzt sein zur Reinigung meiner Kirche. Ich schaffe mir jetzt ein Volk von Heiligen, ich merze alles Böse aus in ihrer Mitte. Jetzt ist die Zeit, in der das Gericht beim Haus Gottes beginnt.[184] So lasst euch reinigen von mir! Schön und makellos sollt ihr sein in meinen Augen. Ihr sollt leuchten in der Finsternis und meine Liebe ausstrahlen in die Welt. Amen.

73. Ihr sollt ganz sorglos leben!

17. April 2010

«Lernt von den Lilien des Feldes, wie sie wachsen: Sie arbeiten nicht und spinnen nicht. Doch ich sage euch: Selbst Salomo war in all seiner Pracht nicht gekleidet wie eine von ihnen.» (Mt 6,28-29)

Bild:

Ich sehe wunderschöne gelbe Lilien auf einem Feld. Anfangs sind sie noch geschlossen, dann aber blüht eine nach der anderen auf und sie entfalten ihre ganze Schönheit.

---

183. Vgl. Hebr 2,13: Ich will auf ihn mein Vertrauen setzen.

184. Vgl. 1 Petr 4,17: Denn jetzt ist die Zeit, in der das Gericht beim Haus Gottes beginnt.

Botschaft:
Meine geliebten Kinder, ihr sollt ganz sorglos leben wie die Lilien auf dem Feld! Sie wachsen und entfalten sich in meiner gütigen Vorsehung; sie entfalten ihre Schönheit in den Strahlen meiner Liebe.
Macht euch keine Sorgen um die Zukunft, denn sie liegt in meiner Hand![185] Lebt ganz in der Gegenwart, denn ich begegne euch nur in der Gegenwart! Lasst ab von allem Grübeln, Vorausplanen und Sichabsichern, vergeudet eure Zeit nicht mehr damit! Denn meine Gedanken sind nicht eure Gedanken, ich habe meist ganz andere Pläne mit euch.

Macht euch keine Sorgen mehr um irdische Dinge, hängt euer Herz nicht an Materielles! Ihr werdet stets alles Notwendige zur Verfügung haben, ich lasse euch nicht im Stich. Wenn ihr etwas braucht, so bittet mich in Demut darum und ich werde es euch verschaffen![186] Vertraut mir ganz, legt ab alles Misstrauen und alle Angst, denn ich kümmere mich um euch!

Eure einzige Sorge sei es, mir zu gefallen und den Willen meines Vaters zu tun! Ich brauche euch dringend zum Aufbau meines Reiches, stellt euch mir dazu ganz zur Verfügung! Sagt nicht: »Ich habe keine Zeit, ich habe zu viel Arbeit. Ich habe zu viele irdische Aufgaben zu erledigen.» Übergebt mir eure Zeit und ich werde euch zeigen, was wichtig und was unwichtig ist! Ihr werdet genug Zeit finden zum Gebet und zur Arbeit in meinem Weinberg.

Haltet nichts fest, überlasst alles mir, gebt eure eigenen Lebenspläne auf! Ich habe einen besseren Plan für euch. Ich möchte euch

185. Vgl. Mt 6,31: Macht euch also keine Sorgen und fragt nicht: Was sollen wir essen? Was sollen wir trinken? Was sollen wir anziehen?
186. Vgl. Phil 4,6: Sorgt euch um nichts, sondern bringt in jeder Lage betend und flehend eure Bitten mit Dank vor Gott!

glücklich machen und euch ganz in mein Reich holen, denn ich liebe euch. Erwidert meine Liebe, lasst mich nicht mehr länger warten, ich warte voller Sehnsucht auf euch!
Setzt mich und den Aufbau meines Reiches an die erste Stelle in eurem Leben, dann wird euch alles andere dazugegeben![187] Ihr werdet keinen Mangel leiden; habt keine Angst, es wird euch an nichts fehlen! Ich versorge euch mit allem Lebensnotwendigen wie die Lilien auf dem Felde. Ihr werdet wachsen und gedeihen in meiner Liebe und eure Schönheit wird ausstrahlen in die ganze Umgebung. Ich lasse euch nicht verwelken, sondern versorge euch mit meinem Wasser des Lebens.
So seid stets zuversichtlich und voller Hoffnung, denn ihr seid geborgen in meinem Herzen! Amen.

74. Sucht stets Zuflucht bei mir!

19. April 2010

«Wie oft wollte ich deine Kinder sammeln, so wie eine Henne ihre Küken unter ihre Flügel nimmt; aber ihr habt nicht gewollt.» (Mt 23,37)

Bild:
Ich sehe eine Henne mit vielen kleinen Küken um sich herum. Als eine Katze heranschleicht, nimmt sie die Küken sofort zum Schutz unter ihre Flügel.

Botschaft:
Meine geliebten Kinder, wie gerne würde ich euch alle ganz in meine Nähe holen und euch unter meine Fittiche nehmen, aber ihr wollt meistens nicht! Ihr wollt unabhängig sein von mir und euer Leben ohne mich gestalten.

187. Vgl. Mt 6,33: Sucht aber zuerst sein Reich und seine Gerechtigkeit; dann wird euch alles andere dazugegeben.

Selbst meine Kinder, die sich mir geweiht haben, entfernen sich immer wieder von mir. Sie wollen ihr eigenes Leben führen ohne auf den Willen meines Vaters zu achten. Sie sind eigenwillig und meinen, alles aus eigener Kraft zu schaffen. Aber wie täuschen sie sich! Sie unterschätzen die Gefahr, in die sie sich begeben, wenn sie ihre eigenen Wege gehen. Überall lauert der Feind und versucht, sie zu verschlingen.[188]

So rufe ich euch alle auf: «Kehrt zurück zu mir!» Bei mir findet ihr alles, was ihr braucht; es wird euch nichts fehlen. Ich schenke euch Geborgenheit und Wärme in meiner übergroßen Liebe und beschütze euch vor aller Gefahr.[189] Niemand wird euch etwas antun können, denn ihr steht unter dem Schutz eures Gottes. Satan wird machtlos sein, er wird toben und wüten, aber er wird euch nicht schaden können.

Bleibt stets in meiner Liebe und ihr werdet geborgen sein in mir! Durch jede kleinste Abweichung von der Liebe entfernt ihr euch von mir und ihr seid dann den Stürmen des Lebens ausgesetzt. Kommt bei jeder Sünde sofort wieder zurück zu mir, bittet mich um Verzeihung und ihr werdet wieder Freude und Frieden finden in meiner Liebe! Ich werde euch an mein Herz drücken und euch mit göttlicher Liebe lieben.
So bleibt in meiner Liebe und gebt euren Eigensinn auf! Ordnet euch mir ganz unter und lasst euch von meinem Hl. Geist führen! Ich würde auch die Kleinigkeiten in eurem Alltag ordnen, wenn ihr mir die Erlaubnis geben würdet. Aber ihr wollt meistens nicht! Ihr müht euch lieber selbst ab, anstatt zu mir zu kommen und mich um Hilfe zu bitten.

188. Vgl. 1 Petr 5,8: Euer Widersacher, der Teufel, ... sucht, wen er verschlingen kann.
189. Vgl. Ps 16,1: Behüte mich, Gott, denn bei dir habe ich mich geborgen!

Bleibt den ganzen Tag in inniger Verbindung mit mir, betet viele Stoßgebete und ich werde euch in jeder Situation zu Hilfe eilen! Seid euch meiner Gegenwart stets bewusst, so werdet ihr den Weg zu mir schneller finden in der Not! Die meisten von euch suchen Hilfe zuerst bei den Menschen; erst wenn sie gar nicht mehr weiterwissen, wenden sie sich vielleicht an mich. So soll es aber nicht sein! Kommt zuerst zu mir und ich werde alles ordnen nach meinem Willen! Ich erhalte euch im Frieden und in der Liebe und schenke euch meine beglückende Nähe.

So sucht stets Zuflucht bei mir[190] wie die Küken bei der Henne und es wird euch nichts fehlen! Amen.

75. Lasst euch von mir reinigen!

20. April 2010

«Denn er ist wie das Feuer des Schmelzers ... Er setzt sich, um das Silber zu schmelzen und zu reinigen: Er reinigt die Söhne Levis, er läutert sie wie Gold und Silber.» (Mal 3,2-3)

Bild:
Ich sehe einen Mann, der über einem offenen Feuer Gold in einem großen Kessel schmilzt. Die Schlacke fließt in einen Behälter; übrig bleibt reines Gold.

Botschaft:
Meine geliebten Kinder, lasst euch von mir reinigen, sträubt euch nicht dagegen, denn ihr sollt ganz rein und heilig sein! Ich reinige euch von euren Sünden, ich reinige euch von aller zu starken Anhänglichkeit an die Welt. Ihr sollt ganz frei sein für mich, euer Herz soll nur noch für mich schlagen. Die Reinigung wird schmerzlich

190. Vgl. Jer 16,19: Herr, meine Kraft und meine Burg, meine Zuflucht am Tag der Not!

sein, ihr müsst wie durch ein Feuer hindurch.[191] Im Feuer meiner Liebe hat nichts Böses mehr Bestand; ich brenne eure Herzen so lange aus, bis sie erglühen in reiner Liebe zu mir.
Wehrt euch nicht gegen meine Reinigung, sie bleibt keinem Menschen erspart! Eure sündhafte Natur muss in der Tiefe umgewandelt werden, nur so könnt ihr meine Heiligkeit und meine Liebe ertragen. Im Feuer meiner Liebe werdet ihr jede kleinste Sünde erkennen und tief bereuen. Ich schmelze euch wie Gold im Schmelzofen;[192] das Ergebnis ist kostbarer als Gold, es ist eure Heiligkeit.

So beklagt euch nicht, wenn alle möglichen Leiden über euch kommen, wenn ihr unter allerlei Krankheiten leidet, wenn ihr Misserfolg habt, wenn ihr von den Menschen verachtet, verspottet, verleumdet und verfolgt werdet! Denn dies alles dient zu eurer Reinigung. Ich prüfe euer Herz, ob es mir treu bleibt, ob es einen starken Glauben hat und ob es mich auch liebt in der Bedrängnis.[193]

Ich reinige jetzt mein ganzes Volk, ich führe es jetzt durch das Fegfeuer meiner Liebe hindurch. Ich dulde jetzt nichts Böses mehr in meiner Kirche, ich trenne jetzt die Schlacke vom reinen Gold. So wundert euch nicht, wenn alle möglichen Bedrängnisse über meine Kirche kommen, denn sie gereichen ihr alle zum Heil! Sie wird bald einer großen Verfolgung ausgesetzt sein. Aber es wird eine gereinigte, ganz heilige Kirche daraus hervorgehen, die mir wieder die Ehre gibt, die mir gebührt. Amen.

191. Vgl. 1 Kor 3,15: Er selbst aber wird gerettet werden, doch so wie durch Feuer hindurch.
192. Vgl. Weish 3,5-6: Denn Gott hat sie geprüft und fand sie seiner würdig. Wie Gold im Schmelzofen hat er sie erprobt und wie ein Ganzopfer sie angenommen.
193. Vgl. Sir 2,5: Denn im Feuer wird Gold geprüft und die anerkannten Menschen im Schmelzofen der Erniedrigung.

76. Kommt zu mir mit der Last eures Lebens!

21. April 2010

«Kommt alle zu mir, die ihr mühselig und beladen seid! Ich will euch erquicken.» (Mt 11,28)

Bild:
Ich sehe eine Reihe von Menschen mit ernsten Gesichtern hintereinander in der Wüste gehen. Alle sind mit schwerem Gepäck beladen und haben deshalb offensichtlich Mühe vorwärtszukommen. Jesus geht mit den Menschen mit. Er gibt ihnen aus einer Wasserflasche zu trinken und teilt Brot aus. Gestärkt gehen die Leute wieder weiter. Manchen nimmt er das schwere Gepäck ganz ab und trägt es selbst; anderen erleichtert er die Last, indem er schwere Gegenstände aus ihrem Gepäck nimmt und diese selbst trägt. Die Menschen atmen erleichtert auf und gehen frohen Mutes ihren Weg weiter.

Botschaft:
Meine geliebten Kinder, wenn ihr unter der Last des Lebens leidet, kommt zu mir! Ich werde euch stärken und eure Last erleichtern; bei mir werdet ihr Ruhe und Frieden finden für eure Seele.[194]
Ihr seid mir alle willkommen; ich freue mich sehr, wenn ihr euch an mich wendet! Ich gehe den Weg mit euch, ich lasse euch nicht allein. Wenn ihr eine innige Freundschaft mit mir pflegt, wird euch jede Last leicht. Ich schenke euch Liebe und Frieden in Fülle, besonders durch meine Sakramente. Empfangt v. a. häufig das Sakrament der Eucharistie! Es dient euch als ständige Nahrung und stärkt euch auf eurem geistlichen Weg.[195]

194. Vgl. Mt 11,29: Nehmt mein Joch auf euch und lernt von mir; denn ich bin gütig und von Herzen demütig; und ihr werdet Ruhe finden für eure Seele.
195. Vgl. Joh 6,48.54: Ich bin das Brot des Lebens. Wer mein Fleisch isst und mein Blut trinkt, hat das ewige Leben ...

Ich würde euch gerne viele Lasten ganz abnehmen, wenn ihr mir dazu die Erlaubnis geben würdet! Viele Menschen leiden unter der Last ihrer Sünden, unter Schuldgefühlen und unter einem schlechten Gewissen.[196] Kommt zu mir, bekennt eure Sünden und bereut sie! Empfangt oft das Sakrament der Versöhnung und ein Stein wird euch vom Herzen fallen! Ich schenke euch Verzeihung eurer Sünden und neue Liebe und Freude.

Viele Menschen belasten sich auch mit zu viel Ballast der Welt. Trennt euch von allem unnötigen Tand, lebt ganz einfach, ich werde euch die Kraft dazu geben! Konzentriert euch auf das Wesentliche, befasst euch nicht zu viel mit Nebensächlichkeiten! Verzichtet auf jeden übermäßigen Wohlstand, euer Herz soll ganz frei und unbelastet sein! Trennt euch mit meiner Hilfe von allen Abhängigkeiten! Ich hole euch heraus aus jeder Versklavung.

Wenn euch Probleme und Sorgen belasten, so kommt ebenfalls zu mir! Übergebt mir alle eure Probleme und vertraut darauf, dass ich mich darum kümmere! Je mehr ihr auf mich vertraut, umso freier und unbelasteter werdet ihr sein. Setzt also euer ganzes Vertrauen auf mich, ich werde alles ordnen in eurem Leben! Ich führe euch in die Freiheit der Kinder Gottes, ihr sollt mir mit freiem Herzen dienen.
So kommt stets zu mir, ich werde euch Befreiung und Frieden schenken! Amen.

196. Vgl. Ps 38,5: Denn über den Kopf gewachsen sind mir meine Sünden, sie erdrücken mich wie eine schwere Last.

77. Was ihr sät, werdet ihr auch ernten

22. April 2010

«Was der Mensch sät, wird er auch ernten. Denn wer auf sein eigenes Fleisch sät, wird vom Fleisch Verderben ernten; wer aber auf den Geist sät, wird vom Geist ewiges Leben ernten.» (Gal 6,7-8)

Bild:
Ich sehe einen Bauern, der auf einem Acker Getreide sät. Bald geht die Saat auf und die kleinen, grünen Pflänzchen wachsen zu großen, gelben Halmen mit Ähren heran. Der Bauer erntet nun das reife Getreide.

Botschaft:
Meine geliebten Kinder, setzt euer Vertrauen nicht auf irdische Dinge, verlasst euch nicht auf Macht, Reichtum, Geld, Einfluss, Beziehungen, Bildung und Intelligenz! Alles Irdische ist vergänglich und bringt auch nur Vergängliches hervor.

Ihr aber sollt euer ganzes Vertrauen auf mich und meinen Hl. Geist setzen.[197] Wer ganz aus dem Geist lebt und sich von ihm führen lässt, wird große Frucht bringen für das Reich Gottes. Er wird Unvergängliches ernten, ewiges Leben für sich selbst und für viele andere Menschen. Bereits auf dieser Erde wird er mein göttliches Leben sichtbar machen und viele Brüder und Schwestern für mein Reich gewinnen.
So bemüht euch ständig darum, Gutes zu tun in der Kraft meines Hl. Geistes. Je mehr ihr erfüllt seid vom Hl. Geist, umso reicher wird eure Ernte ausfallen.
Versucht nicht, Gutes zu tun aus eigener Kraft und ohne meine Weisheit oder gar mit der Kraft des Bösen, mit Magie oder mit

197. Vgl. Jer 17,7: Gesegnet der Mensch, der auf den Herrn vertraut und dessen Hoffnung der Herr ist.

esoterischen Praktiken![198] So werdet ihr keine Ernte einbringen für mein Reich.
Wenn ihr auf euer eigenes Können, auf eure eigene Weisheit und auf eure eigene Kraft setzt, wird euer Erfolg gering sein. So vertraut ganz auf meinen Hl. Geist und ihr werdet meine Wunder sehen!
Wer gar mit der Kraft des bösen Feindes arbeitet, um angeblich zu helfen und zu heilen, wird sich und die anderen Menschen ins Verderben stürzen. So hütet euch davor, lasst euch nicht verwirren und euch dazu verführen! Seid auf der Hut, Satan erscheint oft als Engel des Lichts![199]

Was ihr sät, werdet ihr auch ernten! Wenn ihr viel sündigt, werdet ihr immer mehr hineingezogen in die Finsternis und eure Angehörigen mit euch. Wer Böses sät, wird Böses ernten. Seid deshalb stets darauf bedacht, Gutes zu säen in meinem Hl. Geist, und ihr werdet eine reiche Ernte einbringen für mein Reich! Amen.

78. Ich möchte eine neue Kirche aufbauen durch euch

23. April 2010

«Wenn nicht der Herr das Haus baut, mühen sich umsonst, die daran bauen.» (Ps 127,1)

Bild:
Ich sehe eine Menge Bauleute, die gerade dabei sind, Stein für Stein eine große Kirche aufzubauen. Der Bau befindet sich erst am Anfang, die Mauern sind noch niedrig. Jesus steht in der Mitte der Kirche und sendet viele kleine, weiße Tauben aus, von denen jede zu einem Arbeiter fliegt und ihm eine Anweisung Jesu überbringt. Daraufhin

198. Vgl. Mi 5,11: Ich vernichte die Zaubermittel in deiner Hand und es wird bei dir keine Zeichendeuter mehr geben.
199. Vgl. 2 Kor 11,14: Kein Wunder, denn auch der Satan tarnt sich als Engel des Lichts.

weiß jeder Handwerker, was er als Nächstes zu tun hat. So schreitet der Kirchenbau geordnet und harmonisch voran.
Daneben wollen einige Arbeiter ebenfalls eine Kirche aufbauen, aber ohne Jesus. Es herrscht Chaos: Die Steine passen nicht aufeinander, die Wände sind wacklig und schief und alle streiten miteinander.

Botschaft:
Meine geliebten Kinder, ich möchte eine neue Kirche aufbauen durch euch, schön und makellos soll sie sein. Ich brauche euch alle dazu, stellt euch mir ganz zur Verfügung!
Aber lasst euch stets von meinem Hl. Geist inspirieren, verzichtet auf eure eigenen Vorstellungen und Pläne! Ihr hört noch zu wenig auf meinen Hl. Geist; nicht jede angeblich gute Idee stammt von mir.

Betet jeden Tag um den Geist der Erkenntnis,[200] v. a. wenn ihr etwas Neues beginnt! Lasst euren Verstand erleuchten durch meinen Geist! Glaubt nicht, alles selbst am besten zu wissen! Bereitet alle Vorhaben durch viel Gebet vor, sonst werden sie mangelhaft und wenig wirksam sein! Ihr arbeitet noch zu viel mit menschlichen Mitteln, mit menschlichen Methoden und mit menschlicher Kraft. Ihr sollt mehr geistliche Mittel einsetzen: Gebet, Horchen auf den Hl. Geist, Gottvertrauen, Demut und Gehorsam. Hört auf meinen Stellvertreter auf Erden, den Papst, und seid ihm ganz gehorsam! Haltet euch an die Lehre der Kirche, schafft euch nicht eigene Lehren nach eurem Gutdünken!

Viele von euch sind guten Willens, sie wollen die Kirche erneuern, aber nach ihren eigenen Vorstellungen. So entstehen die vielen Streitigkeiten unter euch; jeder möchte seine eigenen Ideen durchsetzen und meint, mir damit einen Gefallen zu tun. So aber soll es nicht

200. Vgl. Jes 11,2: Der Geist des Herrn ruht auf ihm: ... der Geist der Erkenntnis und der Furcht des Herrn.

sein! Ihr wollt eine von Menschenhand gemachte Kirche aufbauen, das kann aber nicht gelingen; diese Arbeit ist umsonst.

Ich aber möchte eine göttliche, ganz heilige Kirche aufbauen, die durchdrungen ist von meiner Liebe und von meinem Geist. Macht euch keine Vorstellung davon, denn sie wird unvorstellbar schön sein![201] **Ich** werde ganz im Mittelpunkt meiner Kirche stehen und nicht mehr weltliche Interessen. Eine große Liebe wird vorherrschen zwischen allen Brüdern und Schwestern, alles Böse wird ausgerottet sein.[202]
Träumt von dieser Kirche, denn sie wird bald Wirklichkeit werden! Hört auf meinen Hl. Geist und arbeitet an ihrem Aufbau mit! Viele meiner treuen Diener sind schon fleißig am Werk, schließt euch ihnen an! Erfüllt den Auftrag, den ich euch zugedacht habe! So werdet ihr euch harmonisch einfügen in meinen Plan. Amen.

79. Hütet euch vor der Verführung!

24. April 2010

«Wer einem von diesen Kleinen, die an mich glauben, Ärgernis gibt, für den wäre es besser, wenn ihm ein Mühlstein um den Hals gehängt und er in der Tiefe des Meeres versenkt würde.» (Mt 8,6)

Bild:
Ich sehe auf dem Meer ein großes Schiff mit vielen Gefangenen an Bord. Ein Matrose bindet einem von ihnen mit einem Strick einen

201. Vgl. Offb 21,10-11: Da entrückte er (ein Engel) mich ... und zeigte mir die heilige Stadt Jerusalem, wie sie von Gott her aus dem Himmel herabkam, erfüllt von der Herrlichkeit Gottes. Sie glänzte wie ein kostbarer Edelstein, ...
202. Vgl. Offb 20,10: Und der Teufel, ihr Verführer, wurde in den See von brennendem Schwefel geworfen, wo auch das Tier und der falsche Prophet sind.

großen Mühlstein um den Hals und stößt ihn anschließend ins Meer. Mit den anderen Gefangenen wird genauso verfahren.

Botschaft:
Meine geliebten Kinder, hütet euch vor der Verführung![203] Der Teufel geht umher wie ein brüllender Löwe![204] Viele Menschen sind seine Handlanger und verführen Unschuldige zum Bösen. Nehmt euch in Acht, seid auf der Hut, die Welt ist voll von Versuchungen! Stellt euch unter den Schutz meines kostbaren Blutes und ihr werdet besser vor den Angriffen Satans geschützt sein! Auch meine Mutter und eure Schutzengel werden euch beschützen, wenn ihr sie darum bittet. Stellt auch alle eure Angehörigen unter den Schutz des Himmels, besonders die kleinen Kinder! Sie sind besonders gefährdet, aber habt keine Angst!

Betet viel, bleibt in inniger Verbindung mit mir und ihr werdet allen Versuchungen widerstehen können! Bittet mich auch um Bewahrung vor der Sünde, ich werde euer Gebet erhören! Ich lasse manche Versuchungen zu, um euch zu prüfen; euer Glaube und eure Treue sollen sich in der Bedrängnis bewähren.[205] Besprengt euch auch oft mit Weihwasser und der Böse wird sofort von euch weichen!

Wehe den Menschen, die in der Finsternis leben und meine Kinder zum Bösen verführen! Für sie gibt es kein Erbarmen am Tag des Gerichts, sie werden die gerechte Strafe erhalten. Für sie wäre es besser, wenn sie im tiefen Meer versenkt würden, damit sie nicht noch mehr Unheil anrichten.

---

203. Vgl. Dtn 11,16: Lasst euer Herz nicht verführen, weicht nicht ab, dient nicht anderen Göttern und werft euch nicht vor ihnen nieder!
204. Vgl. 1 Petr 5,8: Seid nüchtern, seid wachsam! Euer Widersacher, der Teufel, geht wie ein brüllender Löwe umher und sucht, wen er verschlingen kann.
205. Vgl. Jak 1,2-3: Nehmt es voll Freude auf, ... wenn ihr in mancherlei Versuchungen geratet! Ihr wisst, dass die Prüfung eures Glaubens Geduld bewirkt.

Ihr aber, meine Kinder, verzeiht auch diesen Menschen, lasst keinen Hass aufkommen in eurem Herzen! Betet für eure Peiniger, verflucht sie nicht! Vielleicht finden sie doch noch den Weg zu mir! Betet, betet, betet, damit sich alle Menschen bekehren, damit das Böse auf der Welt nicht überhandnimmt! Satan wird noch viel Unheil anrichten, er wütet besonders gegen die Christen. Aber bald wird seine Macht gebrochen sein und eine Zeit des großen Friedens und der Liebe wird anbrechen.
Freut auch darauf, verzweifelt jetzt nicht im Kampf gegen das Böse, denn bald werde ich den Sieg davontragen! Amen.

80. Kommt her und folgt mir nach!

27. April 2010

«Kommt her, mir nach! Ich werde euch zu Menschenfischern machen.» (Mt 4,19)

Bild:
Ich sehe einige Fischer am Ufer eines großen Sees stehen, die gerade ihre Netze in den See werfen. Nach einiger Zeit ziehen sie die Netze mit vielen Fischen wieder an Land. Als Jesus dazukommt und sie zur Nachfolge aufruft, werfen sie ihre Netze über vorübergehende Passanten aus und ziehen sie zu Jesus.

Botschaft:
Meine geliebten Kinder, ich rufe euch alle dazu auf: Kommt her und folgt mir nach! Ich brauche jeden Einzelnen von euch, ich sammle jetzt mein Volk. Nehmt euch meine ersten Jünger zum Vorbild, sie verließen sofort alles und gingen mit mir![206] Sie überlegten nicht lange, sondern folgten dem Ruf meiner Liebe. Wie wenige Menschen sind heute dazu bereit, mir ohne Wenn und Aber nach-

206. Vgl. Mt 4,20: Sofort ließen sie (Simon Petrus und Andreas) ihre Netze liegen und folgten ihm nach.

zufolgen! Sie haben Angst, zu kurz zu kommen im Leben, sie wollen auf nichts verzichten. Ich aber würde sie verwöhnen und mit Gnaden überhäufen, wenn sie nur wollten.

So kommt alle zu mir und zögert nicht mehr! Wenn ihr mir nachfolgt, mache ich euch zu Menschenfischern. Ihr sollt eure Netze auswerfen über die Ungläubigen und lauen Christen, über die Unglücklichen und Verzweifelten.
Erzählt ihnen von meiner Liebe und schenkt ihnen neue Hoffnung! Legt ein Netz des Gebetes auf die Menschen in eurer Umgebung und zieht sie dadurch in mein Herz! Betet um die Bekehrung der Menschen, dieses Gebet ist heute notwendiger denn je! Das Seelenheil aller Menschen sollte jedem Christen ein Herzensanliegen sein.

Wenn ihr mich wirklich liebt, bringt alle Menschen zu mir, denn mein größter Wunsch ist es, alle Menschen eine Ewigkeit lang bei mir zu haben! Ich möchte allen meine übergroße Liebe schenken und alle glücklich machen. Wie schmerzt es mich, wenn eine Seele verloren geht! Glaubt nicht, dass es keine Hölle gibt und keine ewige Finsternis,[207] ihr irrt euch sehr! Diese Irrlehre hat zur Folge, dass heutzutage viele Christen lau sind und den Glauben nicht mehr ernst nehmen. Auch das Gebet vernachlässigen sie, v. a. das Gebet um die Bekehrung ihrer Brüder und Schwestern.

Die Zeit ist ernst, das Ende ist nahe! Erkennt den Ernst der Lage, macht euch den Ernst der Nachfolge bewusst! Es ist kein Angebot von vielen, keine Freizeitbeschäftigung, kein Hobby und keine Ideologie. Der Glaube an mich und die Nachfolge sind eure einzige Rettung, euer wahrhaftes Heil, eure einzige Möglichkeit zum Glücklichsein!

207. Vgl. Mt 5,30: Denn es ist besser für dich, dass eines deiner Glieder verloren geht, als dass dein ganzer Leib in die Hölle kommt.

Macht dies allen Menschen bekannt! Die meisten sind auf der Suche nach dem Glück, finden es aber nirgendwo. Sie irren in der Finsternis umher und lassen sich versklaven von der Sünde. Gebt ihr ihnen Wegweisung, seid ihnen ein Vorbild, begegnet ihnen in meiner Liebe![208] Verkündet ihnen mein Wort, so werdet ihr wahre Menschenfischer sein! Amen.

81. Ich möchte durch euch viele Wunder wirken

28. April 2010

«Wer an mich glaubt, wird die Werke, die ich vollbringe, auch vollbringen und er wird noch größere als diese vollbringen, denn ich gehe zum Vater.» (Joh 14,12)

Bild:

Ich sehe einen Mann, der am offenen Sarg einer verstorbenen Frau steht und ein Kreuzzeichen auf ihre Stirn macht. Daraufhin bewegt sich diese wieder und steigt aus dem Sarg.[209]

Derselbe Mann betritt nun ein Haus und geht ans Bett eines schwerkranken Mädchens. Er legt dem Kind seine Hände auf den Kopf und betet für es. Nach kurzer Zeit erhebt sich das Mädchen und ist wieder gesund.

Botschaft:

Meine geliebten Kinder, ihr lebt jetzt in einer besonderen Zeit, einer Zeit der großen Gnade. Es werden große Zeichen und Wunder geschehen auf der Erde, überall werden meine Macht und Herrlichkeit sichtbar werden. Stellt euch mir dazu ganz zur Verfügung, ich

---

208. Vgl. 1 Tim 4,12: Sei vielmehr den Gläubigen ein Vorbild in deinen Worten, in deinem Lebenswandel, in der Liebe, im Glauben, in der Lauterkeit!

209. Vgl. Lk 7,14-15: Er sagte: Jüngling, ich sage dir: Steh auf! Da setzte sich der Tote auf und begann zu sprechen und Jesus gab ihn seiner Mutter zurück.

möchte durch euch viele Wunder wirken![210] Seid nicht kleingläubig, sondern ehrt mich mit einem großen Glauben! Sagt nicht: «Das kann nicht sein, das ist nicht möglich!», setzt meinem Wirken keine Grenzen!

Betet um die Gaben des Hl. Geistes und er wird seine Gaben über euch ausschütten: die Gabe, Wunder zu tun, die Gabe, Tote zu erwecken, die Gabe der Heilung, die Gabe, Dämonen auszutreiben und alle anderen Gaben, die dem Heil der Menschen dienen![211] In der Kraft meines Hl. Geistes wird euch alles möglich sein; so lasst euch ganz mit meinem Hl. Geist erfüllen! Seid offen für jede Gabe, die ich euch schenken möchte, und dient damit dem Aufbau meines Reiches!

Seid mir ganz gehorsam und fügt euch ein in meine Pläne! Ich brauche euch dringend, ich möchte jetzt meine Kirche erneuern durch meinen Hl. Geist. Sträubt euch nicht dagegen, sondern nehmt meine Gnaden an! Viele Menschen werden sich bekehren, wenn sie meine Wunder sehen. Es wird so sein wie in der Zeit, als ich noch auf Erden weilte. Scharen von Menschen werden euch zuströmen und bei euch Hilfe suchen in ihrer Not: Kranke, Verzweifelte, Besessene, psychisch Kranke, Trauernde.
Nehmt sie alle in Liebe auf, ich möchte ihnen Hilfe zukommen lassen durch euch! Weist sie nicht ab, denn ihre Not ist groß! Habt Mitleid mit ihnen, wie ich Mitleid mit ihnen habe!

Ich werde jetzt das Angesicht der Erde erneuern, ich werde mein Reich der Liebe errichten. Stellt euch darauf ein und seid bereit, daran mitzuwirken! Euer Lohn wird groß sein. Amen.

---

210. Vgl. Mt 10,8: Heilt Kranke, weckt Tote auf, macht Aussätzige rein, treibt Dämonen aus!
211. Vgl. 1 Kor 12,8-10: Dem einen wird vom Geist die Gabe geschenkt, ... Krankheiten zu heilen, einem anderen Kräfte, Machttaten zu wirken, ...

82. Vertraut ganz auf mich!

29. April 2010

«Ja, mit dir überrenne ich Scharen, mit meinem Gott überspringe ich Mauern.» (Ps 18,30)

Bild:

Ein kleines Mädchen steht vor einer hohen Steinmauer und ist traurig, weil es nicht darüberklettern kann. Als es laut ruft: «Jesus, hilf mir!», erscheint dieser am Himmel, nimmt das Mädchen an den Händen und hebt es über die Mauer. Freudestrahlend bedankt es sich bei Jesus und geht frohen Mutes seinen Weg weiter.

Botschaft:

Meine geliebten Kinder, mit meiner Hilfe wird euch nichts mehr unmöglich sein. Ihr werdet alle Mauern und Hindernisse überwinden, die sich euch in eurem Leben entgegenstellen.
Setzt nicht auf eure eigene Kraft und Weisheit, ihr werdet nur kläglich scheitern! Vertraut vielmehr ganz auf mich,[212] bittet mich um Hilfe, übergebt mir euer Problem und macht euch keine Sorgen mehr deswegen! So könnt ihr sorglos und in Freude ganz in der Gegenwart leben, auch wenn sich viele Mauern vor euch auftürmen: Mauern der Angst und der Hoffnungslosigkeit, Mauern der Feindschaft und der Ablehnung und Mauern der Sünde und der Schuld.

Ich werde alles in Ordnung bringen in eurem Leben, wenn ihr mir nur vertraut. Ich werde Wege finden, euch zu helfen; meine Macht ist unbegrenzt. Aber macht euch keine genaue Vorstellung davon, auf welche Art und Weise ich euch helfen sollt! Lasst mir völlig die Freiheit, legt mich nicht fest und ihr werdet meine Wunder

212. Vgl. Spr 3,5: Mit ganzem Herzen vertrau auf den Herrn, bau nicht auf eigene Klugheit.

sehen![213] Ihr werdet staunen über mein Wirken, ich werde eure Erwartungen weit übertreffen.

Ich biete aber nicht immer schnelle Lösungen an, oft braucht ihr viel Geduld. Ich prüfe dann eure Treue und euer Vertrauen. So gebt nicht auf, lasst euch nicht zur Hoffnungslosigkeit und Resignation verführen! Sagt nicht: «Das wird sich nie ändern! Das schaffe ich nie! Dieses Problem ist unlösbar!» Legt euch nicht fest auf euren Unglauben und Kleinglauben, traut mir mehr zu, erwartet alles von mir! Mein Hl. Geist kann Licht in jede Situation bringen, er kann jeden Knoten lösen und jede Mauer überwinden.

Bedenkt, alles hat einen Sinn in eurem Leben, mein Vater hat alles wohlgeordnet, auch wenn ihr jetzt noch vieles nicht versteht. Alles hat letztlich den Sinn, euch über das Irdische zu erheben und euch in das Reich Gottes zu holen. Euer Herz muss gereinigt werden, damit es immer mehr fähig wird zur Liebe. Sonst kann es nicht bestehen vor meinem Angesicht, es wird meine Liebe und meine Herrlichkeit nicht ertragen.
Am Ende eures Lebens werde ich euch helfen, die letzte Mauer zu überwinden, den Tod, um euch eine Ewigkeit lang das Glück meiner Liebe zu schenken. Amen.

213. Vgl. Ps 86,10: Denn du bist groß und tust Wunder, nur du bist Gott, du allein.

83. Euer Licht soll hell strahlen

30. April 2010

«Ihr seid das Licht der Welt. Eine Stadt, die auf einem Berg liegt, kann nicht verborgen bleiben.» (Mt 5,14)

Bild:
Ich sehe eine Stadt, die an einem Berghang liegt, ähnlich wie Assisi. Sie ist schon von Weitem sichtbar.
Dann sehe ich dieselbe Stadt in der Nacht. Sie ist hell erleuchtet von den vielen Lichtern in den Häusern; in ihrer Umgebung herrscht tiefe Finsternis.

Botschaft:
Meine geliebten Kinder, ihr sollt auffallen in der Welt durch eure Liebe und Güte! Euer Licht soll hell strahlen in der Dunkelheit der Welt.[214] Passt euch nicht dieser Welt an, erneuert euer Denken und lasst euch von mir verwandeln! Meidet die Sünde, sonst verbreitet ihr nur Dunkelheit um euch! Lasst euch von meinem Licht erfüllen, nur dann werdet ihr sichtbar strahlen in eurer ganzen Umgebung!
Wenn euer Licht zu erlöschen droht, kommt zu mir, vereinigt euch mit mir im Gebet, empfangt die Sakramente der Eucharistie und der Versöhnung und ihr werdet wieder in voller Schönheit strahlen! Ich bin das Licht der Welt,[215] nur in enger Verbindung mit mir werdet auch ihr Licht sein.

---

214. Vgl. Mt 5,16: So soll euer Licht vor den Menschen leuchten, damit sie eure guten Taten sehen und euren Vater im Himmel preisen.
215. Vgl. Joh 8,12: Ich bin das Licht der Welt. Wer mir nachfolgt, wird nicht in der Finsternis umhergehen, sondern wird das Licht des Lebens haben.

Die Menschen sollen eure guten Werke sehen, aber hütet euch davor, diese vor den Menschen zur Schau zu stellen![216] Ich sehe auf euer Herz und erforsche eure Motive. Tut nichts, nur um den Menschen zu gefallen und von ihnen gelobt zu werden! Ihr sollt aus reiner Liebe zu mir und zu eurem Nächsten handeln. Nur so werden eure Werke vollkommen sein und Licht verbreiten in der Welt.

Die Stadt auf dem Berg ist ein Bild für meine geliebte Kirche. Das Licht einer Stadt wird in der Nacht umso heller leuchten, je mehr leuchtende Häuser sich in ihr befinden, je enger die Häuser beieinanderstehen und je heller die einzelnen Lichter in den Häusern strahlen.

Genauso ist es in meiner Kirche. Die Leuchtkraft meines Volkes wird umso größer sein, je heller die einzelnen Glieder in meiner Liebe erstrahlen. Es kommt auf jeden Einzelnen an; die vielen fast erlöschenden Lichter der Christen schwächen meine Kirche sehr. Nehmt euch meine Heiligen zum Vorbild, sie verbreiteten Licht wie ein großer Waldbrand!
Wichtig ist auch eine enge Gemeinschaft zwischen den Gläubigen; so werden die vielen kleinen Lichter wie ein einziges großes Licht wahrgenommen. Pflegt deshalb enge Beziehungen zueinander, seid v. a. in großer Liebe miteinander verbunden; mein Volk sollte vor den Menschen als eine Gemeinschaft der Liebe erscheinen![217] Aber wie schwach ist meine Kirche in dieser Hinsicht, wie viele Streitigkeiten und Auseinandersetzungen entstellen ihr Angesicht!

Ich möchte jetzt meine Kirche erneuern, ich stelle sie wieder her, damit sie wieder erstrahlt in neuem Glanz. Viele Menschen

216. Vgl. Mt 6,2: Wenn du Almosen gibst, posaune es nicht vor dir her, wie es die Heuchler in den Synagogen und auf den Gassen tun, um von den Leuten gelobt zu werden!
217. Vgl. 1 Petr 1,22: Der Wahrheit gehorsam, habt ihr euer Herz rein gemacht für eine aufrichtige geschwisterliche Liebe; darum hört nicht auf, einander von Herzen zu lieben.

werden sich bekehren, viele Ungläubige werden den Weg finden zu mir. Die lauen Christen werden wieder voller Eifer sein und in Liebe zu mir entbrennen.

So rufe ich euch alle auf: Kehrt um, lasst euch entflammen durch meinen Hl. Geist! Steckt eure Mitmenschen an durch das Feuer eurer Liebe! Setzt eure Umgebung in Brand, verkündet das Wort meiner Liebe und seid selbst ganz Liebe! So wird meine Kirche wieder ein Feuerherd, an dem sich die Leute erwärmen können. Sie wird hell leuchten in der Finsternis wie loderndes Feuer und wird sich schnell ausbreiten wie ein Waldbrand. Die Macht der Finsternis wird gebrochen sein, das Licht wird vorherrschen auf der Welt! Amen.

84. Öffnet mir euer Herz!

1. Mai 2010

«Siehe, ich stehe vor der Tür und klopfe an. Wenn einer meine Stimme hört und die Tür öffnet, bei dem werde ich eintreten und Mahl mit ihm halten und er mit mir.» (Offb 3,20)

Bild:
Ich sehe, wie Jesus in einer Ortschaft von Haus zu Haus geht, an die Haustüre klopft und um Einlass bittet. In vielen Häusern herrscht großer Lärm, sodass die Bewohner Jesus gar nicht hören. Bei einem Haus schauen zwar Leute aus dem Fenster, öffnen Jesus aber nicht die Tür. Nur eine alte Frau hört das Klopfen und die Stimme Jesu, macht die Tür auf und bittet ihn in ihr Haus. Sie deckt sofort den Tisch und Jesus stellt die köstlichsten Speisen darauf, die er mitgebracht hat. Sie halten ein großes Mahl, reden miteinander und freuen sich.

Botschaft:
Meine geliebten Kinder, wie oft klopfe ich an euer Herz, aber ihr hört mich nicht! Wie oft bitte ich um Einlass, aber ihr öffnet euer

Herz nicht! Wie sehr schmerzt mich dies! Ich komme wie ein Bettler, aber ihr nehmt mich nicht auf. Ihr seid meist taub für meine Stimme im Lärm der Welt, ihr seid zu sehr beschäftigt mit euren irdischen Angelegenheiten.
Ich dränge mich nicht auf, mein Klopfen ist leise und meine Stimme ist zart. Lest oft in der Bibel, damit ihr den Klang meiner Stimme kennenlernt! Durch die Hl. Schrift spreche ich direkt zu euch. Aber ich würde auch mitten im Alltag zu euch sprechen, wenn ihr mir eure Aufmerksamkeit schenken würdet. Ich hätte die köstlichsten Speisen für euch vorbereitet, ich würde euch mit den größten Gnaden beschenken.[218]

Müht euch nicht ab für die Speise, die verdirbt, sondern strebt nach der himmlischen Speise![219] Ich selbst gebe mich euch hin als Speise, mein hl. Leib wird euch stärken und kräftigen. Empfangt mich oft in der hl. Eucharistie, ihr könnt deren Bedeutung nicht hoch genug einschätzen![220]
Öffnet mir euer Herz, gewährt mir Einlass, beteuert mir eure Liebe! Ich warte sehnsüchtig darauf, lasst mich nicht vor der Tür stehen! In ein kaltes Herz ohne Liebe kann ich nicht eingehen, ich kann es nicht mit Gnaden beschenken. Seid offen für mich, erwartet viel von mir und ihr werdet viel erhalten! Ein gleichgültiges Herz stößt mich ab, ich kann keinen Zugang zu ihm finden.

Begebt euch oft in die Stille und vereint euch mit mir im Gebet! So werdet ihr auch bei der Arbeit und bei euren anderen Beschäftigungen sensibler sein für meine Stimme. Ihr werdet sie heraushören aus allen anderen Stimmen und ihr folgen. Macht euch

218. Vgl. Jes 25,6: Der Herr der Heerscharen wird auf diesem Berg für alle Völker ein Festmahl geben mit den feinsten Speisen, ein Gelage mit erlesenen Weinen, ...
219. Vgl. Joh 6,27: Müht euch nicht ab für die Speise, die verdirbt, sondern für die Speise, die für das ewige Leben bleibt und die der Menschensohn euch geben wird!
220. Vgl. Joh 6,51: Das Brot, das ich geben werde, ist mein Fleisch für das Leben der Welt.

bereit, seid offen für mich, verschließt eure Herzen nicht! Ihr werdet es nicht bereuen, ich schenke euch Liebe, Frieden und Freude und alles, was ihr sonst noch braucht.
Erfüllt auch ihr meine Wünsche, arbeitet für mich, helft mit, mein Reich aufzubauen hier auf der Erde! Dann wird euer Glück ohne Ende sein. Amen.

85. Haltet eure Zunge im Zaum!

3. Mai 2010

«Über jedes unnütze Wort, das die Menschen reden, werden sie am Tag des Gerichts Rechenschaft ablegen müssen; denn aufgrund deiner Worte wirst du freigesprochen und aufgrund deiner Worte wirst du verurteilt werden.» (Mt 12,36)

Bild:
Ich sehe in einer Stadt mehrere Menschen beisammenstehen, die sich aufgeregt unterhalten. An ihrer Mimik und Gestik erkenne ich, dass sie über andere schlecht reden. Die bösen Worte flüstern ihnen schwarze Gestalten zu, die sich unmittelbar hinter ihnen befinden.

Botschaft:
Meine geliebten Kinder, haltet eure Zunge im Zaum![221] Redet nichts Schlechtes übereinander, haltet euch fern von jeder Art übler Nachrede![222] Verurteilt die Menschen nicht, denn ihr kennt ihr Herz nicht! Mein Urteil fällt oft ganz anders aus als das Urteil der Menschen. Glaubt auch nicht alles, was euch die Leute erzählen, denn oft entspricht es nicht der Wahrheit und ist nur Verleumdung! Haltet euch fern von allem Gerede, beteiligt euch nicht daran

221. Vgl. Jak 1,26: Wenn einer meint, er diene Gott, aber seine Zunge nicht im Zaum hält, sondern sein Herz betrügt, dessen Gottesdienst ist wertlos.
222. Vgl. Weish 1,11: Hütet euch also vor unnützem Murren und verwehrt eurer Zunge üble Nachrede!

und hört es euch auch nicht an! Das ist keine Unhöflichkeit, sondern Klugheit; es entspricht dem Gebot der Nächstenliebe. Ihr sollt Menschen der Liebe sein, lasst euch von Satan nicht zur Lieblosigkeit verführen! Er hetzt die Leute gegeneinander auf und schürt Zwietracht und Hass. Widersteht ihm in meinem Namen und er wird vor euch fliehen!

Aber ihr sollt nicht nur alle bösen, sondern auch alle unnützen Worte meiden! Wie viele belanglose und oberflächliche Gespräche führt ihr den ganzen Tag! Sie zerstreuen euch nur und nützen niemandem. Übt euch daher im Schweigen,[223] haltet Einkehr und haltet Verbindung mit mir im Gebet!

Tut den Menschen nur Gutes mit euren Worten, tröstet sie, baut sie auf, helft ihnen weiter, wenn sie in Not sind![224] Erzählt ihnen von meiner großen Liebe und dass ich auf ihre Gegenliebe warte! Nehmt **meine** Worte in den Mund und ihr werdet zum großen Segen werden für die Menschen!
Betet vor jeder Begegnung zu meinem Hl. Geist und er wird euch stets die richtigen Worte eingeben! Verlasst euch nicht mehr auf eure eigene Weisheit, sondern bittet oft um die Weisheit des Hl. Geistes! Jedes eurer Gespräche soll vom Hl. Geist erleuchtet sein; so leistet ihr einen Beitrag zum Aufbau meines Reiches.

Übergebt mir euer Denken und euer Reden, ich werde sie reinigen von allem Bösen und Unnützem! Vereinigt euch ganz mit mir im Gebet, so werdet ihr mir immer ähnlicher werden! Ihr werdet mein Denken und mein Reden annehmen; ihr werdet nur noch Worte der Liebe haben für die Menschen.

223. Vgl. Spr 10,19: Bei vielem Reden bleibt die Sünde nicht aus, wer seine Lippen zügelt, ist klug.
224. Vgl. Eph 4,29: Über eure Lippen komme kein böses Wort, sondern nur ein gutes, das den, der es braucht, auferbaut und denen, die es hören, Nutzen bringt!

So lasst euch von mir verwandeln zum Segen für euch und für eure Mitmenschen! Amen.

86. Sät mein Wort aus, aber in Liebe!

4. Mai 2010

«Die mit Tränen säen, werden mit Jubel ernten.» (Ps 126,5)

Bild:

Ich sehe, wie eine Frau in einem ganz verwilderten Garten unter großer Kraftanstrengung den steinharten Boden eines Gartenbeetes bearbeitet. Sie lockert das Erdreich auf, zerkleinert die harten Erdschollen und entfernt mühselig die dicken Wurzeln des Unkrauts. Anschließend recht sie den Boden und sät verschiedene Samen. Am Schluss ist sie ganz erschöpft von der harten Arbeit.

Nun sehe ich dieselbe Frau im Garten, aber es sind inzwischen einige Monate vergangen. Sie pflückt von dem Beet herrliche bunte Blumen und erntet verschiedenes Gemüse. Sie freut sich sehr darüber.

Botschaft:

Meine geliebten Kinder, wenn ihr mir nachfolgen wollt, müsst ihr mit Drangsal und Mühsal rechnen! Dem Jünger geht es nicht besser als dem Meister. Wenn sie mich verfolgt haben, werden sie auch euch verfolgen.[225] Macht euch auf alles gefasst, aber habt keine Angst! Ich bin immer bei euch und helfe euch in jeder Bedrängnis.

Verkündet mein Wort, sät mein Wort aus unter den Menschen, auch wenn kein schneller Erfolg sichtbar ist! Betet viel für die Menschen, damit ich ihre harten und ungläubigen Herzen bearbeiten kann mit meiner Gnade! Diese Umwandlung der Herzen dauert oft lange Zeit;

225. Vgl. Joh 15,20: Der Sklave ist nicht größer als sein Herr. Wenn sie mich verfolgt haben, werden sie auch euch verfolgen.

so verliert nicht die Geduld! Gebt nicht auf und arbeitet treu weiter für mein Reich, auch wenn die Arbeit hart und mühselig ist! Widersteht allen Versuchungen zur Resignation; bedenkt, ich schaue nicht auf euren momentanen Erfolg, sondern auf eure Liebe!
Wenn ihr treu ausharrt in jeder Bedrängnis und Mühsal, werdet ihr auf jeden Fall reiche Frucht bringen.[226] Aber bleibt in der Liebe! Tut alles aus Liebe zu mir und zu den Menschen und euer Lohn wird groß sein!

Wenn ihr Geduld habt, werdet ihr auch die Ernte eurer Arbeit einbringen können, wenn auch oft erst nach langer Zeit:[227] Menschen verändern sich positiv, sie bekehren sich, Probleme lösen sich, Krankheiten werden geheilt, die Liebe wächst. Eure Freude wird groß sein, eure Mühsal wird vergessen sein.

Einen Teil der Früchte eurer Arbeit für mein Reich werdet ihr erst in der Ewigkeit erkennen können. Vor meinem Angesicht werdet ihr das ganze Ausmaß eures Lebenswerkes sehen. Ihr werdet erkennen, dass nur die Liebe zählt. Jede kleinste Arbeit, in großer Liebe verrichtet, hat eine ungeheure Auswirkung in meinem Reich. Ihr werdet jede Lieblosigkeit tief bereuen.
So bemüht euch vor allem um die Liebe, bemüht euch um ein Wachstum in der Liebe und euer Jubel wird groß sein, wenn ihr die Ernte am Ende eures Lebens einbringt! Amen.

226. Vgl. Joh 12,24: Wenn das Weizenkorn nicht in die Erde fällt und stirbt, bleibt es allein; wenn es aber stirbt, bringt es reiche Frucht.
227. Vgl. Gal 6,9: Lasst uns nicht müde werden, das Gute zu tun; denn wenn wir darin nicht nachlassen, werden wir ernten, sobald die Zeit dafür gekommen ist.

87. Ihr lebt in einer Zeit des Gerichts über die Kirche

5. Mai 2010

«Schon ist die Axt an die Wurzel der Bäume gelegt; jeder Baum, der keine gute Frucht hervorbringt, wird umgehauen und ins Feuer geworfen.» (Lk 3,9)

Bild:

Ich sehe einen Garten mit verschiedenen Obstbäumen. Ein paar Männer sind gerade dabei, einen dürren Baum ohne Blätter und ohne Früchte zu fällen. Sie hauen ihn mit der Axt um, entfernen die Äste und werfen alles in ein großes Feuer neben dem Garten. Mit einem anderen Baum verfahren sie genauso; dieser ist zwar belaubt, trägt aber keine Früchte. Ein dritter Baum wird gefällt, weil er nur verfaultes und wurmstichiges Obst hervorbringt.

Botschaft:

Meine geliebten Kinder, ihr lebt jetzt in einer besonderen Zeit, einer Zeit des Gerichts über die Kirche.[228] Ich reinige jetzt mein Volk von jeder schweren Sünde, ich dulde keine Machenschaften des Bösen mehr bei meinen Kindern.

Wie viele Menschen, die sich Christen nennen, haben keine Gemeinschaft mit mir, mit meinem Vater und mit meinem Hl. Geist! Sie sind zwar getauft, geben aber mir nicht die Ehre und leben in schwerer Sünde. Sie gleichen verdorrten Bäumen, tot und ohne Lebenssaft und deshalb unnütz in meinem Reich. Sie werden der gerechten Strafe nicht entgehen.
Meine lieben Kinder, betet besonders für diese Menschen, vielleicht finden sie doch noch den Weg zu mir! Wie gerne würde ich sie in meine Arme schließen und ihnen alle Sünden vergeben!

228. Vgl. 1 Petr 4,17: Denn jetzt ist die Zeit, in der das Gericht beim Haus Gottes beginnt.

Wie viele Menschen, die sich Christen nennen, sind lau und nachlässig in ihren Christenpflichten! Sie glauben zwar an mich, lieben mich aber nicht. In ihrem Alltag spiele ich keine Rolle, ich stehe ganz am Rande in ihrem Leben. Sie wollen völlige Freiheit genießen und sich nicht an meine Gesetze und Vorschriften halten. In der Not denken sie vielleicht noch manchmal an mich, aber sonst bin ich nicht wichtig für sie. Sie besuchen auch noch von Zeit zu Zeit einen Gottesdienst, aber ihr Herz ist kalt. Diese Menschen bringen keine Frucht in meinem Reich; sie gleichen Bäumen, die keine Früchte tragen.
Ich werde diese lauen Christen auch nicht mehr dulden in meiner Kirche.[229] Diese werden die ersten sein, die vom Glauben abfallen und meine Kirche verlassen, wenn eine Christenverfolgung einsetzt.

Wie viele Christen gibt es auch, die zwar eifrig in meinem Reiche arbeiten, die aber alles zu ihrer eigenen Ehre tun und sich selbst in den Mittelpunkt stellen. Sie wollen von den Menschen gelobt werden und, wenn möglich, Karriere machen in meiner Kirche. Sie fragen nicht nach dem Willen meines Vaters, sondern wollen ihren eigenen Willen und ihre eigenen Ideen durchsetzen. Ihre Werke sind nicht vollwertig in meinen Augen, sie bringen keine guten Früchte hervor. Sie gleichen Bäumen, die nur verfaultes und wurmstichiges Obst tragen.[230]
Diese Menschen kann ich nicht brauchen für den Aufbau meiner neuen Kirche, sie sind zu widerspenstig und zu egoistisch. Ich werde sie jetzt reinigen; sie müssen sich jetzt entscheiden, ob sie umkehren wollen oder nicht, ob sie mir mit ganzem Herzen dienen wollen oder nicht.

229. Vgl. Joh 15,2.6: Jede Rebe an mir (Jesus, dem wahren Weinstock), die keine Frucht bringt, schneidet er ab ... Wer nicht in mir bleibt, wird wie die Rebe weggeworfen und er verdorrt.
230. Vgl. Mt 7,17: Jeder gute Baum bringt gute Früchte hervor, ein schlechter Baum aber schlechte.

Ich möchte eine ganz reine, heilige Kirche aufbauen ohne Flecken und Falten. In ihr dulde ich keine Lauheit und Halbherzigkeit mehr, jetzt werden sich die Geister scheiden.
So rufe ich euch alle auf: Kehrt um! Strebt nach Heiligkeit, stellt mich ganz in den Mittelpunkt eures Lebens! Sucht Gemeinschaft mit mir im Gebet, sonst werdet ihr in Zukunft keinen Bestand mehr haben in meiner Kirche! Amen.

88. Bittet um Arbeiter für meine Ernte!

6. Mai 2010

«Die Ernte ist groß, aber es gibt nur wenig Arbeiter. Bittet also den Herrn der Ernte, Arbeiter für seine Ernte auszusenden!» (Mt 9,37-38)

Bild:
Ich sehe ein riesiges Weizenfeld, das reif ist zur Ernte. Es arbeiten nur wenige Leute auf dem Feld. Ein paar Männer mähen das Getreide mit der Sense, einige Frauen binden Garben zusammen, andere Arbeiter laden die Garben auf einen Wagen. Ganz erschöpft blicken alle auf das riesige Weizenfeld und fragen sich besorgt, ob sie die viele Arbeit wohl bewältigen können.
In einer zweiten Szene sehe ich eine große Menge von Erntearbeitern auf demselben Getreidefeld. Die Arbeit geht schnell voran und alle sind fröhlich.

Botschaft:
Meine geliebten Kinder, in vielen Ländern befindet sich meine Kirche in einer Krise; es gibt kaum Nachwuchs an Priestern und Ordensleuten und die Gläubigen werden immer weniger. Bedenkt, meine Kinder, dies muss jetzt so sein, denn ich reinige meine Kirche! Ich möchte eine ganz neue Kirche schaffen, erfüllt von meinem Hl. Geist. Dieser Schrumpfungsprozess wird so lange anhalten, bis meine Kirche wieder ganz zu mir zurückfindet.

Ich mache meine Kirche ganz arm; in der Not wird sie sich wieder auf das Wesentliche besinnen und mich um Hilfe anflehen.[231] Die Gläubigen werden wieder zum Gebet zurückfinden und eine intensive Gemeinschaft mit mir pflegen. Sie werden ganz demütig sein und auf meinen Hl. Geist hören. Die jetzige Kirche ist meist zu verweltlicht, weltliche Interessen und Ziele herrschen oft vor.

Aber mein Hl. Geist ist schon dabei, mitten in der alten Kirche eine neue aufzubauen. Er hat sich einzelne Menschen erwählt, die offen sind für ihn und die sich von ihm führen lassen. Er reinigt sie und bereitet sie vor auf ihre große Aufgabe.
Mein Hl. Geist schafft neue geistliche Gemeinschaften, die die erwarteten Früchte hervorbringen; es entstehen v. a. viele Laiengemeinschaften.[232] Die Laien werden wesentlich am Aufbau meiner neuen Kirche beteiligt sein.
Aber ich erwecke auch wieder viele Menschen zur Priester- und Ordensberufung. Sie werden ganz erfüllt sein von meinem Hl. Geist und die Kirche neu ordnen nach dem Willen meines Vaters. Die Ordensleute werden entweder einen alten Orden erneuern oder einen neuen in meinem Auftrag gründen.

Kommt euch dies alles zu wunderbar vor? Damit diese Vision möglichst bald Wirklichkeit wird, brauche ich euer intensives Gebet. Ich habe euch gesagt: «Bittet den Herrn der Ernte, Arbeiter für seine Ernte auszusenden!» So richtet euch danach und betet Tag und Nacht in diesem Anliegen! Alle Gläubigen sollen sich daran beteiligen, nicht nur ein paar eifrige Beter.

231. Vgl. Zef 3,12: Und ich lasse in deiner Mitte übrig ein demütiges und armes Volk. Sie werden Zuflucht suchen beim Namen des Herrn.
232. Vgl. Mt 21,41: Er wird ... den Weinberg an andere Winzer verpachten, die ihm die Früchte abliefern, wenn es Zeit dafür ist.

Ihr Priester, erzieht die Gläubigen zum Gebet und seid selbst ein Vorbild für sie! Macht den Menschen die Dringlichkeit dieses Anliegens bewusst; es herrscht oft noch zu viel Gleichgültigkeit! Haltet regelmäßige Gebetsstunden, hört nicht mehr auf, zu beten und zu flehen!

Aber wundert euch nicht, wenn eure Gebete nicht so erhört werden, wie ihr euch das vorstellt! Ich werde nicht die alte Kirche genauso wiederherstellen, wie sie war, sondern ich schaffe sie ganz neu. Seid offen für etwas Neues; siehe, ich mache alles neu![233] Mancher alte Orden wird «eingehen» trotz des intensiven Gebets seiner Mitglieder. Aber durch ihr Gebet kann ich einen neuen Orden schaffen. Legt euch nicht fest auf das Alte, Gewohnte und legt den vom Geist erfüllten Menschen keine Steine in den Weg! Lasst euch umwandeln von mir und ihr werdet eine schöne Zukunft haben! Amen.

89. Euch steht das Zeitalter des Hl. Geistes bevor

7. Mai 2010

«In den letzten Tagen wird es geschehen, so spricht Gott: Ich werde von meinem Geist ausgießen über alles Fleisch.» (Apg 2,17)

Bild:
Ich sehe Jesus, den Auferstandenen, am Himmel erscheinen. Aus seiner Seitenwunde fließt springbrunnenartig klares Wasser heraus. Zusammen mit den Wasserstrahlen strömen auch Tausende von kleinen weißen Tauben aus dem Herzen Jesu auf die Erde herab. Das Wasser ergießt sich auf viele Menschen, reinigt sie und macht sie strahlend hell. Auf jedem von ihnen bleibt auf dem Kopf eine Taube sitzen. Da freuen sich die Menschen sehr.

233. Vgl. Offb 21,5: Er, der auf dem Thron saß, sprach: Seht, ich mache alles neu.

Botschaft:
Meine geliebten Kinder, euch steht jetzt das Zeitalter des Hl. Geistes bevor. Er wird alles verwandeln und umgestalten auf der Erde nach dem Willen des Vaters. Er wird die Menschen der Sünde überführen[234] und sie reinigen. Er deckt alle Sünden und Machenschaften des Bösen auf, nichts kann sich mehr in seinem hellen Licht verbergen. Jetzt ist die Zeit, in der sich die Geister scheiden; jetzt kommt an den Tag, wer in der Finsternis lebt und wer im Licht.
Ich reinige jetzt die Erde mit großer Macht; Satan wird noch kurze Zeit wüten und das Licht bekämpfen, aber seine Macht wird bald gebrochen sein.

Dann wird eine Zeit des großen Friedens und der großen Liebe anbrechen; eine Zeit, wie es noch keine auf der Erde gegeben hat. Macht euch keine Vorstellung davon, denn die Zeit wird unvorstellbar schön sein! Freut euch und jubelt, meine Kinder, denn ein großes Glück steht euch bevor! Ihr werdet belohnt werden für alle Mühen und Plagen, für alle Not und alles Elend, die ihr für mich ertragen habt. Mein Geist der Liebe und der Freude wird herrschen auf der Welt, niemand wird euch mehr nachstellen oder verfolgen.

Ich werde meinen Geist ausgießen über die ganze Menschheit und sie zur Heiligkeit führen. Ich schaffe mir ein neues Volk, eine neue Kirche, die mir treu dient und in meiner Liebe lebt. Ich werde die Gaben des Hl. Geistes ausgießen über die Menschen durch meinen Geist; sie werden in Sprachen reden, Wunder wirken, Kranke heilen, Dämonen austreiben und prophetisch reden.[235] Nichts wird ihnen mehr unmöglich sein in der Kraft

234. Vgl. Joh 16,8: Und wenn er (der Beistand) kommt, wird er die Welt der Sünde überführen und der Gerechtigkeit und des Gerichts.
235. Vgl. 1 Kor 12,28: Ferner verlieh er die Kraft, Machttaten zu wirken, sodann die Gaben, Krankheiten zu heilen, zu helfen, zu leiten, endlich die verschiedenen Arten von Zungenrede.

meines Hl. Geistes. Jedem teilt er seine Gabe zu, wie er will, zum Aufbau meines Leibes.[236]

Diese Zeit hat bereits begonnen; mein Geist wirkt bereits mächtig in der Welt. Macht die Augen auf und ihr werdet da und dort sein Wirken sehen! Seid offen für meinen Hl. Geist, weist ihn nicht ab, verurteilt die Menschen nicht, die sich von ihm führen lassen! Haltet sie nicht für verrückt, sondern nehmt sie euch zum Vorbild!
Verlasst eure alten Gleise, mein Geist möchte euch in die Freiheit führen! Seid offen für das neue Pfingsten, haltet nicht starr fest am Alten! Sträubt euch nicht gegen meinen Geist, sonst werdet ihr keine Zukunft haben! Amen.

90. Haltet mein Haus heilig!

8. Mai 2010

«Mein Haus soll ein Haus des Gebetes sein. Ihr aber habt daraus eine Räuberhöhle gemacht.» (Lk 19,46)

Bild:
Ich sehe den prachtvollen Innenraum einer großen Kirche mit vielen Menschen. Die meisten sind Touristen, die die kostbaren Kunstwerke der Kirche betrachten. Sie gehen herum und unterhalten sich laut miteinander; sie machen vor dem Tabernakel keine Kniebeuge. Nur ein paar Menschen sitzen in den Kirchenbänken und wollen beten. Sie schauen oft um sich, weil sie sich von den vielen Touristen beim Beten gestört fühlen.

236. Vgl. 1 Kor 12,11: Das alles bewirkt ein und derselbe Geist, einem jedem teilt er seine besondere Gabe zu, wie er will.

Botschaft:
Meine geliebten Kinder, was habt ihr aus euren Gotteshäusern gemacht?! Habe ich euch nicht gesagt: «Mein Haus soll ein Haus des Gebetes sein»? Ihr habt heute daraus ein Museum gemacht! Wo bleibt die Ehrfurcht vor mir? Wer von den vielen Touristen denkt noch an mich, wenn er eine Kirche betritt? Wie viele Menschen entweihen heute mein Haus durch ihre Ehrfurchtslosigkeit, Gedankenlosigkeit und durch ihren Unglauben! Manche schänden die Kirchen sogar durch Diebstahl, Beschädigungen und andere Bosheiten.

Die Menschen haben heute kaum mehr ein Empfinden für die Heiligkeit eines Ortes und auch nicht mehr für die Heiligkeit ihres Gottes.[237] Viele Kirchen werden für profane Zwecke benützt: als Ausstellungsraum, als Konzert- oder Theatersaal oder als weltlicher Versammlungsraum. Wo bleibt die Liebe zu mir, wo bleibt der Eifer für mein Haus? Sogar viele meiner geliebten Priester haben kein Gefühl mehr für die Heiligkeit eines Gotteshauses.

So rufe ich euch alle auf: Kehrt um! Haltet mein Haus heilig, betretet es mit Ehrfurcht und Zurückhaltung![238] Benützt es nur, um mir die Ehre zu geben und zu beten! Versammelt euch darin, um in Gemeinschaft Gottesdienst zu feiern und zu beten![239] Mein Haus soll voll sein von Menschen, aber nur von Betern und nicht von Ungläubigen, von Gleichgültigen und Kunstinteressierten.
Ich werde jetzt auch meine Kirchen «reinigen». Ich werde Mittel und Wege finden, dass die Kirchen wieder zu ihrer ursprünglichen Bestimmung zurückgeführt werden, dem Gebet.
Und ich werde alle segnen, die mein Haus heilighalten. Amen.

237. Vgl. Jes 6,3: Heilig, heilig, heilig ist der Herr der Heerscharen.
238. Vgl. Ps 5,8: Ich aber darf dein Haus betreten dank deiner großen Güte, ich werfe mich nieder in Ehrfurcht vor deinem heiligen Tempel.
239. Vgl. Lk 24,53: Und sie waren immer im Tempel und priesen Gott.

91. Hütet euch vor Habgier und Neid!

10. Mai 2010

«Gebt Acht, hütet euch vor jeder Art von Habgier!» (Lk 12,15)

Bild:
Ich sehe einen Mann in einer prächtigen Villa, der gerade seine Schätze betrachtet. Er öffnet eine große Truhe, die bis zum Rand mit Goldmünzen gefüllt ist. Danach schaut er sich zufrieden im Schrank daneben seine kostbaren Kleidungsstücke an.
Draußen gehen einfach gekleidete Leute vorbei und blicken voller Neid auf die Villa des Reichen.

Botschaft:
Meine geliebten Kinder, euer Herz soll ganz frei sein von jeglicher Habgier. Die Habgier ist ein großes Übel;[240] sie versklavt euer Herz und macht es unfähig für die Liebe. Seid zufrieden mit dem, was ihr habt! Versucht nicht, Reichtümer anzusammeln, denn wo euer Schatz ist, da ist euer Herz![241]
Habt keine Angst, ich selbst werde euch versorgen mit allem, was ihr braucht! Kommt zu mir und bittet mich um alles, was ihr nötig habt! Ich werde es euch gewähren; ich lasse meine Kinder nicht im Stich. Setzt euer ganzes Vertrauen auf mich und nicht auf den Reichtum! Der Reichtum ist vergänglich, ich jedoch bin ewig.

Hütet euch also vor der Gier nach materiellen Gütern, aber auch vor jeder anderen Art von Habgier! Strebt nicht gierig nach der Gunst von bestimmten Menschen, nach Wissen, nach Bildung, nach Ehre, ja nicht einmal nach geistlichen Gütern und Gnaden! Ihr könnt mir demütig alle eure Wünsche vorbringen, aber haltet

240. Vgl. 1 Tim 6,10: Denn die Wurzel aller Übel ist die Habsucht.
241. Vgl. Mt 6,21: Denn wo dein Schatz ist, da ist auch dein Herz.

nicht begierig fest an euren Wünschen! Ich werde mich um eure Wünsche kümmern und sie nach meinem Willen erfüllen. Ihr aber sollt sie loslassen, euer Herz soll ganz frei sein, frei für mich. Jede Art von Gier macht euch unfrei; ihr sollt aber in der Freiheit der Kinder Gottes leben. Übergebt euch mir ganz und ich werde euch in die Freiheit führen!

Ein ständiger Begleiter der Habgier ist meist der Neid. Hütet euch vor dieser hässlichen Sünde; sie ist ein schweres Vergehen gegen die Nächstenliebe! Gönnt eurem Nächsten alles, was er besitzt! Vergleicht euch nicht ständig mit den anderen, vergleicht euch nur noch mit mir! Ich habe ganz in Armut gelebt und nie nach Reichtümern gestrebt.

Der Neid trennt die Menschen voneinander, er schafft Zwietracht und Streit. Dankt Gott, dem Vater, für alles, was ihr von ihm geschenkt bekommen habt, aber auch für alles, was eure Mitmenschen bekommen haben! Beneidet euren Nächsten nicht wegen seiner Gaben, Talente und Fähigkeiten, sondern freut euch mit ihm und dankt Gott gemeinsam dafür! Dies ist die einzig richtige Haltung für einen Christen.

Lebt im ständigen Dank und ihr werdet immer mehr in Freude und Zufriedenheit leben! Bedenkt, alles in eurem Leben ist ein Geschenk! So werden Habgier und Neid von euch weichen. Amen.

92. Ich werde die Finsternis in Licht verwandeln

11. Mai 2010

«Die Nacht ist vorgerückt, der Tag ist nahe. Darum lasst uns ablegen die Werke der Finsternis und anlegen die Waffen des Lichts!» (Röm 13,12)

Bild:

Ich sehe, wie dunkle Gestalten in der Nacht umherschleichen. Einige brechen in ein Haus ein und stehlen Geld. Andere streiten sich und schlagen einander.

Die Morgendämmerung bricht langsam an. Eine Frau nimmt ihr Gebetbuch und den Rosenkranz und geht in eine hell erleuchtete Kirche, um die hl. Messe zu besuchen. Nach dem Gottesdienst trägt sie eine brennende Fackel und macht damit einen Krankenbesuch. Überall, wo sie hinkommt, wird es hell.

Botschaft:

Meine geliebten Kinder, auf der Welt herrscht Finsternis, Satan hat fast alle Bereiche eingenommen. Er verbreitet überall Unheil und verführt die Menschen zu schweren Sünden. Die Gottlosigkeit nimmt immer mehr überhand, die Menschen dienen nicht mehr mir, sondern den verschiedensten Götzen. Aber die Macht Satans wird bald gebrochen sein, der Tag ist nahe. Ich werde bald wiederkommen in Herrlichkeit und mein Reich errichten auf der Erde.[242] Ich werde die Finsternis in Licht verwandeln, ich werde alles Böse ausrotten.

Meine Kinder, ihr seid Kinder des Lichts;[243] so lebt auch danach! Legt ab alle Werke der Finsternis,[244] widersteht allen Versuchungen des Bösen! Satan hat einen großen Hass auf euch; deshalb greift er euch ständig an und versucht, euch zu quälen.

Kämpft gegen ihn mit den Waffen des Lichts und er wird sofort von euch fliehen! Sucht Zuflucht bei mir im Gebet, empfangt häufig die Sakramente und betet möglichst oft den Rosenkranz! Der

242. Vgl. Mk 13,26: Dann wird man den Menschensohn in Wolken kommen sehen, mit großer Kraft und Herrlichkeit.

243. Vgl. 1 Thess 5,5: Ihr alle seid Söhne des Lichts und Söhne des Tages.

244. Vgl. Röm 13,12: Darum lasst uns ablegen die Werke der Finsternis und anlegen die Waffen des Lichts!

Rosenkranz ist eine mächtige Waffe im Kampf gegen den Bösen; vor meiner Mutter muss er sofort weichen. Widersagt in meinem Namen allen Mächten der Finsternis und sie werden keine Macht über euch haben!

Führt ein heiliges Leben, meidet die Sünde in jeder Gestalt, lebt in der Liebe und kümmert euch um alle Bedürftigen! Sucht die Gemeinschaft mit anderen Kindern des Lichts, denn gemeinsam werdet ihr stark sein!
Wenn ihr so lebt, wird euer Licht hell leuchten in der Finsternis, euer Licht wird strahlen in der ganzen Umgebung.[245]

Ich werde bald die ganze Erde mit meinem Licht erfüllen, sie wird strahlen im ganzen Universum. Freut euch darauf, meine Kinder, erwartet mich mit Sehnsucht! Jubelt und jauchzt, denn der Tag ist nahe! Amen.

93. Wo mein Licht hinfällt, da scheiden sich die Geister

12. Mai 2010

«Ich bin nicht gekommen, um Frieden zu bringen, sondern das Schwert.» (Mt 10,34)

Bild:
Ich sehe Jesus mit einem großen Schwert in der rechten Hand am Himmel erscheinen. Auf der Erde befinden sich nebeneinander zwei Gruppen von Menschen. Die Leute zur Rechten Jesu leuchten hell und schauen zu Jesus auf; sie beten mit erhobenen Händen und singen Loblieder. Die Menschen auf der linken Seite sind schwarz und von Jesus abgewandt.

245. Vgl. Jes 58,9-10: Wenn du ... den Hungrigen stärkst und den Gebeugten satt machst, dann geht im Dunkel dein Licht auf und deine Finsternis wird hell wie der Mittag.

Als dieser mit dem Schwert die beiden Gruppen voneinander trennt, beginnen die dunklen Gestalten einen großen Kampf mit den strahlenden Menschen. Sie beschimpfen und schlagen die gläubigen Christen, bewerfen sie mit Steinen und töten sogar einige von ihnen.

Botschaft:
Meine geliebten Kinder, wenn ihr mir mit Entschiedenheit nachfolgt, dann macht euch auf große Probleme gefasst! Wo mein Licht hinfällt, da scheiden sich die Geister. Es kann keinen Frieden geben zwischen Licht und Finsternis, denn Satan kann das Licht nicht ertragen. Er stellt meinen Kindern nach und greift sie an. Die Trennung geht mitten durch die Familien hindurch, durch alle Gruppen und Bevölkerungsschichten. Der geistliche Kampf erfolgt in allen Lebensbereichen, im Beruf, in der Freizeit und daheim im Wohnbereich.

Meine Kinder, jetzt müsst ihr euch bewähren; jetzt zeigt sich, ob ihr mich wirklich liebt oder nicht! Entscheidet euch stets für mich, auch wenn euch die nächsten Familienangehörigen wegen eures Glaubens angreifen! Nehmt keine falsche Rücksicht auf sie; hört nicht auf sie, wenn sie euch vom Gebet oder vom Glauben abbringen wollen! Nehmt ihre Anfeindungen in Kauf, verleugnet mich nicht!
Kommt zu mir, ich werde euch stets trösten und einen Ausweg in eurer misslichen Lage zeigen! Habe ich euch nicht gesagt: «Wer Vater oder Mutter mehr liebt als mich, ist meiner nicht würdig, und wer Sohn oder Tochter mehr liebt als mich, ist meiner nicht würdig.»[246]? Wenn ihr mich mehr liebt als eure Angehörigen, dann werdet ihr **meine** Wünsche erfüllen und nicht die Wünsche eurer Nächsten.

Ihr müsst euch entscheiden, wem ihr dienen wollt. Bedenkt, die Nachfolge ist radikal, sie duldet keine Lauheit oder Halbherzigkeit!

246. Vgl. Mt 10,37: Wer Vater oder Mutter mehr liebt als mich, ist meiner nicht wert, und wer Sohn oder Tochter mehr liebt als mich, ist meiner nicht wert.

Ihr werdet aber auch reichlich dafür belohnt werden. Trennt euch daher in meinem Namen radikal von allen zu engen Bindungen an die Menschen, die euch hindern, ganz in meine Nachfolge zu treten! Durchtrennt geistlich alle zu engen Familienbande, die euch versklaven und euch die Freiheit rauben! Beruft euch dabei auf meinen Namen und auf meinen Kreuzestod!

Lasst euch aber auch nicht von anderen Menschen von eurem Weg mit mir abbringen, von euren Freunden oder Arbeitskollegen, von euren entfernteren Verwandten oder Bekannten! Stellt mich an die erste Stelle in eurem Leben! Wenn ihr noch den Menschen gefallen wollt, könnt ihr mir nicht dienen.[247] Ich brauche jetzt entschiedene Christen, denn ein großer Kampf steht euch bevor. Eine weltweite Christenverfolgung wird die Christenheit erschüttern. Aber sie wird nicht allzu lange dauern, denn ich werde bald kommen in Herrlichkeit und alles Böse ausmerzen.
So seid getrost und frohen Mutes, denn ich liebe euch sehr und bin euch immer nahe! Amen.

94. Bereitet mir den Weg!

14. Mai 2010

«Stimme eines Rufers in der Wüste: Bereitet den Weg des Herrn! Macht gerade seine Straßen!» (Mt 3,3; vgl. Jes 40,3)

Bild:
Ich sehe einen verwilderten Weg mit vielen Steinen und ganz überwachsen von Gras und Gestrüpp. Viele Menschen sind dabei, den Weg wieder begehbar zu machen. Mehrere Leute tragen die Steine weg, andere reißen das Gras und das Unkraut aus, wieder

247. Vgl. Gal 1,10: Geht es mir (Paulus) denn um die Zustimmung der Menschen oder geht es mir um Gott? Suche ich etwa Menschen zu gefallen?

andere entfernen die Sträucher. Wo der Weg zu kurvig ist, wird er begradigt.
In einer zweiten Szene sehe ich Jesus auf dem jetzt gut begehbaren Weg gehen. Er wird von vielen Menschen am Wegrand bejubelt; sie winken ihm zu und rufen: «Willkommen, unser Retter und Erlöser!»

Botschaft:
Meine geliebten Kinder, bereitet mir den Weg in eurem eigenen Herzen und in den Herzen eurer Mitmenschen!
Wie viel Wildwuchs hat sich angesammelt in eurem Herzen, wie viel Dornen und Gestrüpp befinden sich darin! Reißt das Unkraut der Sünde mitsamt der Wurzel aus eurem Herzen und entfernt die Dornen der Sorgen[248] und das Gestrüpp des Unglaubens und Kleinglaubens daraus! Belastet euch nicht mehr länger mit Steinen der Hartherzigkeit und Gleichgültigkeit!

Bereitet mir einen schönen Weg, damit ich ankommen kann in eurem Herzen! Gebt mir die Ehre, erwartet mich mit Sehnsucht, heißt mich willkommen! Kommt zu mir, ich selbst werde euch helfen, euer Herz zu reinigen! Mein Hl. Geist wird euch zeigen, was ihr tun sollt. Er wird eure Sünden aufdecken und euch die Kraft zur Umkehr geben.
Bereut eure Sünden und kehrt um![249] Führt ein Leben, das mir wohlgefällig ist! Betet viel, beteuert mir immer wieder eure Liebe, ich warte darauf! Ich werde euch mit Gnaden überhäufen und euch ganz mit meiner Liebe erfüllen. Ich schenke euch bereits auf Erden das Glück, nach dem ihr euch so sehnt.

Aber schaut nicht nur auf euch selbst, sondern bahnt mir auch einen Weg in den Herzen eurer Mitmenschen! Betet Tag und

248. Vgl. Lk 8,14: Unter die Dornen ist der Samen bei denen gefallen, die das Wort hören, dann aber hingehen und in Sorgen, Reichtum und Genüssen des Lebens ersticken und keine Frucht bringen.
249. Vgl. Mt 3,2: Kehrt um! Denn das Himmelreich ist nahe.

Nacht für sie, damit sie offen werden für meine Liebe! Gebt ihnen ein gutes Beispiel, seid ein Vorbild für sie! Erzählt ihnen von meiner Liebe zu allen Menschen, legt Zeugnis ab für mein machtvolles Wirken! Lasst euch dabei ganz von meinem Hl. Geist leiten, er wird euch die richtigen Worte eingeben! Seid für alle ein Vorbild meiner mitfühlenden Liebe, habt Mitleid mit den Menschen und seid ihnen behilflich in jeder Not! So werden die verschütteten Herzen der Menschen wieder frei und ich kann Eingang finden in ihnen.

Bereitet mir auch den Weg für meine baldige Wiederkunft auf Erden! Ich berufe jetzt viele Propheten und Prophetinnen, die meine Wiederkunft ankündigen.[250] Glaubt ihnen und stellt euch darauf ein! Nichts wird so sein, wie es früher war, denn ich mache alles neu. Lebt in großer Heiligkeit, bereitet euch auf meine Ankunft vor und eure Freude wird groß sein! Amen.

95. Habt ein mitfühlendes Herz für euren Nächsten!

15. Mai 2010

«Freut euch mit den Fröhlichen und weint mit den Weinenden!» (Röm 12,15)

Bild:

Ich sehe eine fröhliche Hochzeitsgesellschaft in einem Gasthaus. Die Braut und der Bräutigam sind glücklich und alle Hochzeitsgäste freuen sich mit ihnen. Alle genießen die guten Speisen und Getränke und tanzen anschließend zu stimmungsvoller Musik.
Nun sehe ich den Trauerzug einer Beerdigung. Die Angehörigen des Verstorbenen gehen hinter dem Sarg her und weinen. Auch die anderen Teilnehmer trauern um den Verstorbenen, viele weinen ebenfalls.

250. Vgl. Mal 3,1: Seht, ich sende meinen Boten; er soll den Weg für mich bahnen.

Botschaft:
Meine geliebten Kinder, nehmt Anteil am Schicksal eurer Mitmenschen! Lasst euch anstecken von ihrer Freude und ihrem Glück, freut euch mit ihnen von ganzem Herzen! Lasst keinen Neid und keine Missgunst aufkommen, wenn es ihnen gut geht! Bedenkt, jede echte Freude kommt von mir! Dankt mir für das Geschenk der Freude, lobt und preist mich dafür! Was wäre das Leben ohne Freude? Freut euch vor allem in mir, mein Volk soll ein Volk der Freude sein![251]

Nehmt aber auch Anteil an der Trauer und am Schmerz eurer Mitmenschen! Geht nicht achtlos und gleichgültig an ihnen vorbei, zeigt ihnen euer Mitgefühl und eure aufrichtige Anteilnahme! Seid einfühlsam und taktvoll und geht auf ihre Wünsche ein! Betet für sie und ich werde ihnen Trost schenken durch euer Gebet! Betet zu meinem Hl. Geist, er wird euch zur rechten Zeit die richtigen Worte eingeben für sie! Legt die Trauernden und Weinenden in mein heiligstes Herz, dort werde ich ihnen Ruhe und Frieden verschaffen! Sie werden wieder neue Hoffnung schöpfen und ihr Herz beruhigen. Ich schenke ihnen wieder Zuversicht für ihre Zukunft und zeige ihnen neue Wege.

Meine Kinder, habt also ein mitfühlendes Herz für euren Nächsten! Freut euch mit den Fröhlichen und weint mit den Weinenden! Schenkt ihnen eure Liebe, die die meine ist! Legt Zeugnis ab für meine übergroße Liebe, für meine große Anteilnahme, für mein mitfühlendes Herz![252] So werdet ihr für alle zum Segen werden. Amen.

251. Vgl. 1 Thess 5,16: Freut euch zu jeder Zeit!
252. Vgl. Mk 8,2: Ich (Jesus) habe Mitleid mit diesen Menschen; sie sind schon drei Tage bei mir und haben nichts mehr zu essen.

96. Übt euch im Kleinsein vor mir!

18. Mai 2010

«Wer sich so klein macht wie dieses Kind, der ist im Himmelreich der Größte.» (Mt 18,4)

Bild:

Ich sehe Jesus mit einem kleinen Mädchen an der Hand auf einem steilen, steinigen, schmalen Weg gehen. Er führt das Kind sicher über alle Hindernisse, über Steine, Bäche und Abgründe. An einer Wegkreuzung weiß das Mädchen nicht, in welche Richtung es gehen soll; es schaut daher fragend zu Jesus auf. Dieser wählt den richtigen Weg für das Kind. Einmal reißt sich das Mädchen von der Hand Jesu los und geht allein weiter. Da fällt es gleich über einen Stein und schlägt sich ein Knie wund. Als es weinend nach Jesus schreit, ist dieser sofort da, tröstet es und verbindet das blutende Knie.

Botschaft:

Meine geliebten Kinder, übt euch im Kleinsein vor mir! In der Welt wollen die Menschen groß sein, «groß herauskommen» und etwas Großes leisten. Sie wollen bekannt sein und von allen Menschen geehrt und gerühmt werden. Die Kleinen aber werden verachtet und gering geschätzt.

In meinem Reich gelten aber andere Maßstäbe. Bei mir sind die Kleinen, die Demütigen, die Verachteten, die ihr Vertrauen ganz auf mich setzen, die Größten.[253] Die Armen und Schwachen, die aus eigener Kraft nicht viel zustande bringen und die sich deshalb ganz auf meine Hilfe verlassen, bekommen einen Ehrenplatz in meinem Reich.[254]

253. Vgl. Lk 9,48: Denn wer unter euch allen der Kleinste ist, der ist groß.

254. Vgl. Jak 2,5: Hat nicht Gott die Armen in der Welt zu Reichen im Glauben und Erben des Reiches erwählt, das er denen verheißen hat, die ihn lieben?

Ein kleines Kind ist ganz angewiesen auf seinen Vater und seine Mutter. Genauso sollt auch ihr ganz angewiesen sein auf mich! Verlasst euch auf meinen Beistand und meine Hilfe, lebt sorglos wie ein kleines Kind! Liebt mich mit einer einfachen und kindlichen Liebe! Versucht nicht, erwachsen zu werden vor mir! Reißt euch nicht los von meiner Hand und geht keine eigenen Wege ohne mich!
Ich lasse euch zwar die Freiheit, aber ihr werdet es bitter bereuen. Ihr werdet sehr bald stolpern und euch verletzen an den Widrigkeiten des Lebens. Ich lasse dies zu, damit ihr erkennt, wie schwach ihr seid und wie wenig Grund ihr zum Stolz habt. Wenn ihr gefallen seid, bittet mich um Hilfe und kehrt wieder zu mir zurück! Ich werde euch sofort trösten und eure Wunden verbinden und euch eure Sünden verzeihen.

So übt euch im Kleinsein, werdet wieder wie ein kleines Kind! Sonst wird kein Platz für euch sein in meinem Reich. Haltet euch nicht selbst für weise, klug, tüchtig, leistungsfähig, stark, mutig, tapfer, tugendhaft und liebevoll! Ich werde euch das Gegenteil beweisen; ich mache euch ganz schwach, damit ihr nicht mehr so sehr von euch selbst eingenommen seid.

Lasst euch an meiner Hand führen,[255] geht den Weg mit mir, auch wenn er steil und steinig ist! Habt keine Angst, ich werde euch sicher über alle Hindernisse hinwegführen und euch vor allen Irrwegen bewahren! Erwartet nichts mehr von euch selbst, sondern alles von mir! Bleibt in inniger Verbindung mit mir, setzt euch ganz meiner Liebe aus! Teilt euer Leben mit mir, lebt für mich und ihr werdet reichlich belohnt werden! Ich bereite euch einen Ehrenplatz im Himmel vor. Amen.

255. Vgl. Jes 42,6: Ich, der Herr, habe dich aus Gerechtigkeit gerufen, ich fasse dich an der Hand.

97. Erfleht meinen Geist herab vom Himmel!

19. Mai 2010

«Der Wind weht, wo er will; du hörst sein Brausen, weißt aber nicht, woher er kommt und wohin er geht. So ist es mit jedem, der aus dem Geist geboren ist.» (Joh 3,8)

Bild:

Ich sehe eine Landschaft bei einem heftigen Sturm; Bäume werden entwurzelt, Äste brechen ab, Staub wird aufgewirbelt, Blätter fliegen umher.

In einer zweiten Szene sehe ich, wie ein Sturm die Gemeinden verschiedener Konfessionen erfasst. Die Wirkung ist in allen Gemeinden ähnlich: Die Menschen werden lebendig und umarmen sich; sie beten und singen mit großer Freude und aus ganzem Herzen. Nach dem Gottesdienst treibt sie der Wind zu verschiedenen Aktivitäten an: Sie übernehmen verschiedene Dienste in der Gemeinde und kümmern sich um die Bedürftigen.

Am Schluss treibt der Sturm die Menschen aller christlichen Konfessionen an einen bestimmten Ort, wo sie nun alle zusammen in großer Einheit und Freude Gott loben und preisen.

Botschaft:

Meine geliebten Kinder, mein Geist verhält sich ähnlich wie ein Sturm; er ist unberechenbar und wirkt mit großer Kraft.[256] Anfangs bringt er alles durcheinander und bricht alte, gewohnte Ordnungen auf. Er rottet die Sünde mit der Wurzel aus, nichts Böses kann in seiner Gegenwart bestehen. Die Menschen erschrecken manchmal vor seiner großen Macht.

256. Vgl. Apg 2,2-4: Da kam plötzlich vom Himmel her ein Brausen, wie wenn ein heftiger Sturm daherfährt, ... Und alle wurden vom Heiligen Geist erfüllt und begannen, in anderen Sprachen zu reden, wie es der Geist ihnen eingab.

Mein Hl. Geist erfüllt all die Menschen mit einer großen Liebe und einer großen Freude, die offen sind für ihn und ihn sehnlichst erwarten. Er beschenkt sie mit seinen Gaben und befähigt sie zum Dienst in meinem Reich. Er legt ihnen eine große Liebe zu den Armen und Bedürftigen ins Herz und treibt sie an zu Taten der Nächstenliebe.

So rufe ich euch alle auf: Betet zum Hl. Geist, bittet inständig um eine Ausgießung des Hl. Geistes, erfleht meinen Geist herab vom Himmel! Hört nicht auf zu beten und zu flehen, bis er euch alle erfasst hat![257] Aber macht euch auf Überraschungen gefasst! Er wird viel Staub aufwirbeln in eurem Leben; nichts wird mehr so sein, wie es vorher war. Er wird euer Leben von Grund auf verändern und euer Herz umwandeln. Er wird euch mir immer ähnlicher machen.

Auch alle Gemeinden rufe ich auf: Betet gemeinsam um eine Ausgießung des Hl. Geistes! Gebt euch nicht zufrieden mit dem jetzigen Zustand eurer Gemeinde, denn ich habe viel mehr für euch vorbereitet! Lasst euch erfüllen von meinem Hl. Geist, lasst euch führen und leiten von ihm, baut nicht mehr auf eure eigene Weisheit und auf eure eigene Kraft! Seid offen für alle Geistesgaben; übt alle Gaben aus, die euch geschenkt werden zum Aufbau meines Leibes![258]
Ein neues Pfingsten steht euch bevor; je mehr ihr darum betet, desto schneller wird es Wirklichkeit werden. Mein Geist wirkt jetzt schon mächtig in der Welt, aber er wird noch von vielen Christen verkannt. Orientiert euch an der Hl. Schrift; dort könnt ihr viel über den Hl. Geist erfahren!

---

257. Vgl. Apg 8,15-17: Diese (Petrus und Johannes) zogen hinab und beteten für sie (Leute in Samarien), dass sie den Heiligen Geist empfingen. ... Dann legten sie ihnen die Hände auf und sie empfingen den Heiligen Geist.
258. Vgl. 1 Kor 14,1: Jagt der Liebe nach! Strebt aber auch nach den Geistesgaben, vor allem nach der prophetischen Rede!

Mein Hl. Geist ist auch schon dabei, die Einheit aller Christen vorzubereiten. Er wirkt schon in vielen Christen aller Konfessionen und bereitet ihre Herzen auf die Einheit vor. Er erfüllt alle mit Liebe zueinander und findet Mittel und Wege, sie zusammenzuführen. Am Ende wird es nur noch **einen** Hirten und **eine** Herde geben, ganz vereint im Herzen.
Sträubt euch nicht dagegen, sondern lasst euch erfassen von meinem Geist! Betet viel um die Einheit der Christen, dies soll euch ein Herzensanliegen sein!

Es bricht jetzt eine neue Zeit an, eine Zeit der Liebe und des Friedens. Ich erneuere jetzt meine Kirche durch meinen Hl. Geist. Er wird sie durchwehen wie ein Sturm; er wird sie rütteln und schütteln und alles Tote und Sündhafte hinwegwehen.
Habt keine Angst um meine Kirche, denn ich werde sie in neuem Glanz erstehen lassen; sie wird in nie gekannter Schönheit erstrahlen! Amen.

98. Betet Tag und Nacht!

20. Mai 2010

«Wacht und betet allezeit, damit ihr allem, was geschehen wird, entrinnen und vor den Menschensohn hintreten könnt!»
(Lk 21,36)

Bild:
Ich sehe in einer Kirche mehrere Menschen mit einem Kreuzzeichen auf der Stirn, die vor dem Allerheiligsten knien und beten. Es wird Tag und Nacht gebetet; die Leute wechseln sich dabei ab. Von der Kirche strahlt Licht in die ganze Umgebung. Außerhalb der Kirche tobt ein Unwetter, Blitze stecken Häuser in Brand. Hagelkörner zerstören die Natur, ein Sturm deckt mehrere Hausdächer ab. Nur alles, was hell leuchtet, bleibt verschont: die Kirche und ihre

Umgebung und die Häuser und Gärten der Beter. Alle Menschen mit dem Kreuzzeichen auf der Stirn und auch ihre Angehörigen sind geschützt.

Botschaft:
Meine geliebten Kinder, betet Tag und Nacht,[259] denn die Zeit ist ernst, die Geschichte geht ihrer Vollendung zu! Ich werde bald wiederkommen in Herrlichkeit, bereitet euch darauf vor! Seid wachsam, denn ihr wisst weder den Tag noch die Stunde, wann ich komme![260]

Eine schwere Zeit steht euch jetzt bevor, der Kampf zwischen Himmel und Hölle erreicht seinen Höhepunkt. Satan und seine Helfer wüten auf der Erde und bewirken viel Unheil; die Finsternis nimmt immer mehr überhand auf der Welt. Ich lasse dies zu, um die Erde zu reinigen, aber am Ende werde ich den Sieg davontragen. Ich sende jetzt meinen Engel zum Strafgericht; überall werden Chaos und Gewalttätigkeit herrschen, überall werden Kriege und Kämpfe stattfinden.
Die Natur bäumt sich auf gegen die Sünde der Menschen: gewaltige Naturkatastrophen werden die Erde erschüttern: Erdbeben, Stürme, Unwetter, Überschwemmungen, Dürre und Ähnliches mehr.

Betet Tag und Nacht, so können die Katastrophen abgemildert werden! Betet und verbreitet mein Licht in der Welt; so werdet ihr vor allem Unheil besser geschützt sein! Meine Kinder, die mir in Treue nachfolgen, werde ich beschützen in der Zeit der Bedrängnis; sie sind mein besonderes Eigentum inmitten der Finsternis. Auch alle eure Lieben, die ihr im Herzen tragt und für die ihr betet, werde ich vor allem Schaden bewahren.

259. Vgl. 1 Thess 5,17: Betet ohne Unterlass!
260. Vgl. Mt 24,42: Seid also wachsam! Denn ihr wisst nicht, an welchem Tag euer Herr kommt.

Habt also keine Angst, erwartet mich mit Freude, vertraut ganz auf mich! Euch wird kein Haar gekrümmt werden.[261] Habt Mut, denn die Zeiten gehen ihrem Ende zu! Betet, betet, betet; das Gebet ist die beste Vorbereitung auf die kommende schwere Zeit! Es ist auch der beste Schutz vor allen Angriffen des Bösen.
Lasst euch nicht hineinziehen in die Verwirrung und die Sünden eurer Zeit! Habt Mut und geht entschieden den Weg mit mir! Entscheidet euch für die Liebe, entscheidet euch für mich! So werdet ihr stark sein und allem Unheil entrinnen können. Ihr werdet zuversichtlich und mit reinem Herzen vor mich hintreten können, wenn ich komme. Und ich werde zu euch sagen: «Kommt zu mir, ihr Gesegneten meines Herzens!»[262] Amen.

99. Wählt den schmalen Weg und das enge Tor!

21. Mai 2010

«Geht durch das enge Tor! Denn weit ist das Tor und breit der Weg, der ins Verderben führt, und es sind viele, die auf ihm gehen. Wie eng ist das Tor und wie schmal der Weg, der zum Leben führt, und es sind wenige, die ihn finden.» (Mt 7,13-14)

Bild:
Ich sehe zwei Gruppen von Menschen, die auf verschiedenen Wegen gehen.
Der erste Weg führt auf einen Berg; er ist schmal und steil, voller Steine und oft überwachsen. Auf ihm gehen wenige Menschen, sie bewegen sich mühselig vorwärts und helfen sich gegenseitig bei Hindernissen. Sie strahlen große Freude aus. Auf dem Berggipfel befindet sich ein kleines, enges Tor, aus dem helles Licht strahlt.

261. Vgl. Lk 21,18: Und doch wird euch kein Haar gekrümmt werden.
262. Vgl. Mt 25,34: Kommt her, die ihr von meinem Vater gesegnet seid, empfangt das Reich als Erbe, ...!

Der zweite Weg ist breit und eben, er ist bequem begehbar. Viele Menschen haben diese breite Straße gewählt. Sie streiten miteinander, blicken sich böse an oder geben sich anderen Sünden hin; sie machen alle einen unglücklichen Eindruck. Am Ende des Weges steht ein großes, weites Tor, hinter dem Dunkelheit herrscht.

Botschaft:
Meine geliebten Kinder, ihr habt die Wahl zwischen zwei Wegen. Wählt den Weg der Liebe; wählt den Weg, der zu mir ins Licht führt! Gleicht euch nicht dieser Welt an, verabscheut den Weg der Sünde, der ins Verderben führt![263] Die meisten Menschen gehen auf dem breiten, bequemen Weg, sogar viele meiner auserwählten Kinder. Sie geben allen ihren Begierden und Leidenschaften nach und führen ein egoistisches Leben ohne Rücksicht auf ihre Mitmenschen.[264] Sie glauben nicht an mich und geben mir nicht die Ehre, sie suchen sich vielmehr andere Götter und verehren Götzen.

Macht es nicht wie sie, haltet euch rein von jeglichem Weltgeist! Erneuert euer Denken, damit ihr jederzeit erkennen könnt, was der Wille meines Vaters ist![265] Der Weg zum Licht ist anstrengend, aber die Mühe lohnt sich. Habt keine Angst, ich gebe euch genügend Kraft, um durchzuhalten und den steilen Berg zu erklimmen! Ihr Christen, helft euch gegenseitig auf eurem Weg; helft einander, alle Hindernisse zu überwinden, die sich euch in den Weg stellen! Gemeinsam seid ihr stark, in Gemeinschaft seid ihr ein Bollwerk gegen das Böse. Wenn ihr in Liebe zusammenhaltet, seid ihr unüberwindlich, denn ich selbst bin eure Kraft.

263. Vgl. Spr 4,14: Betritt nicht den Pfad der Frevler, beschreite nicht den Weg der Bösen!
264. Vgl. 1 Joh 2,16: Denn alles, was in der Welt ist, die Begierde des Fleisches, die Begierde der Augen und das Prahlen mit dem Besitz, ist nicht vom Vater, sondern von der Welt.
265. Vgl. Röm 12,2: Und gleicht euch nicht dieser Welt an, sondern lasst euch verwandeln durch die Erneuerung des Denkens, damit ihr prüfen und erkennen könnt, was der Wille Gottes ist: das Gute, Wohlgefällige und Vollkommene!

Lasst euch nicht anstecken von der Welt, lasst euch nicht anstecken von der Sünde! Versucht nicht, den Menschen zu gefallen, denn dann werdet ihr bald abirren vom richtigen Weg! Legt ab alle Menschenfurcht, seid mutig; ich werde euch dabei helfen! Legt vor den Menschen Zeugnis ab von meiner Liebe! Viele werden sich dadurch bekehren, viele werden euch deswegen auch verachten und verspotten. Aber achtet nicht mehr auf das Urteil der Menschen, unterstellt euch nur noch **meinem** Urteil! Am Ende eures Lebens zählt nur noch **mein** Urteil. Ich werde euch reichlich belohnen für eure Liebe und für eure Mühsal.
Wählt also den schmalen Weg und das enge Tor, ihr werdet es nicht bereuen! Amen.

100. Bleibt mir treu in der Zeit der Christenverfolgung!

22. Mai 2010

«Ich aber habe für dich gebetet, dass dein Glaube nicht erlischt. Und wenn du wieder umgekehrt bist, dann stärke deine Brüder!» (Lk 22,32)

Bild:
Ich sehe eine Prozession von Menschen, die betend hinter einem großen Holzkreuz hergehen. Viele Zuschauer beschimpfen die Christen und stören das Gebet, einige bewerfen die Beter sogar mit Eiern oder Steinen. Da verlassen viele Gläubige aus Angst die Prozession. Nachdem die Christen in einer Kirche angelangt sind, können sie wieder in Sicherheit beten. Einige von denen, die vorher geflüchtet sind, schleichen in die Kirche und schließen sich den Betern wieder an.

Botschaft:
Meine geliebten Kinder, es wird bald eine große Christenverfolgung einsetzen, macht euch darauf gefasst! Der Hass der Menschen wird sich auf die gläubigen Christen richten, Satan stachelt sie dazu an.

Sie werden meine Kinder auf vielerlei Arten quälen und benachteiligen; dies wird eine große Prüfung für meine Kirche darstellen.

Meine Kinder, bleibt mir treu in dieser Zeit, verlasst mich nicht und verleugnet mich nicht! Nehmt um meinetwillen auch Nachteile in Kauf, so könnt ihr mir eure Liebe zeigen! Nehmt euch die Heiligen zum Vorbild, die ganz für mich gelebt haben und sogar ihr Leben für mich hingegeben haben![266] Meine Jünger haben mich zur Zeit meiner Passion alle verlassen. Wollt ihr es genauso machen? Simon hat mich verleugnet, ich aber habe für ihn gebetet, dass sein Glaube nicht ganz erlischt. So hat er seine Sünde tief bereut und ist wieder zu mir zurückgekehrt.
Ich werde auch für euch alle eintreten bei meinem Vater, damit euer Glaube nicht erlischt. Wenn ich nicht für euch beten würde, würdet ihr alle vom Glauben abfallen, denn eure menschliche Natur ist schwach. Bittet mich um einen starken Glauben, bittet mich um Mut und Kraft, bittet mich um Treue und Durchhaltevermögen! Ich werde euch dies alles schenken, wenn ihr mich inständig darum bittet.

Wenn ihr trotz allem schwach werdet in der Stunde der Prüfung,[267] bereut euer Versagen und kehrt reumütig zu mir zurück! Mein Herz ist jederzeit offen für euch; ich werde euch verzeihen und euch mit Freude wieder aufnehmen. Habt keine Angst vor mir, wenn ihr versagt habt, denn ich habe großes Mitleid mit eurer Schwäche! Satan flößt euch Furcht ein und verführt euch zum Abfall und zur Verleugnung. Aber ihr braucht nicht zu verzweifeln, ich empfange euch mit offenen Armen, wenn ihr den Weg zu mir zurückfindet. Wenn ihr euch wieder bekehrt habt, werdet ihr großes Verständnis haben für die Schwächen eurer Mitmenschen. Sprecht ihnen Mut zu und stärkt sie in meinem Namen! Amen.

266. Vgl. Offb 2,10: Sei treu bis in den Tod; dann werde ich dir den Kranz des Lebens geben.
267. Vgl. Mt 13,21: Sobald er um des Wortes willen bedrängt oder verfolgt wird, kommt er sofort zu Fall.

101. Entscheidet euch radikal für mich!

25. Mai 2010

«Keiner, der die Hand an den Pflug gelegt hat und nochmals zurückblickt, taugt für das Reich Gottes.» (Lk 9,62)

Bild:
Ich sehe einen Bauern, der auf einem Acker mit einem Pferd pflügt. Als seine Frau hinter ihm ruft, blickt er zu ihr zurück. Da übersieht er einen großen Stein vor sich im Acker und stößt mit dem Pflug dagegen. Dabei wird der Pflug beschädigt, sodass der Bauer die Arbeit unterbrechen muss.

Botschaft:
Meine geliebten Kinder, wenn ihr mir dienen wollt, fordere ich von euch euren ganzen Einsatz. Nur mit einem ungeteilten Herzen könnt ihr in meine Fußstapfen treten.[268] Trennt euch deshalb radikal von allem, was euch noch hindert, ganz in meinen Dienst zu treten!
Nehmt auf niemanden mehr Rücksicht, auch nicht auf eure nächsten Angehörigen und Verwandten! Sie werden versuchen, euch zurückzuhalten; sie werden gute Gründe finden, euch von eurer Arbeit für das Reich Gottes abzuhalten. Hört nicht auf sie, sondern seid **mir** gehorsam!

Blickt nicht mehr zurück, lasst eure Vergangenheit los, lasst euer bisheriges Leben los, euren Lebensstil, eure Gewohnheiten, eure Vorlieben, eure Einstellungen, eure Pläne und eure Vorstellungen vom Leben! Beginnt ein völlig neues Leben mit mir, ich werde euch dabei helfen! Übergebt eure gesamte Vergangenheit mir! Ich werde alles in Ordnung bringen; ich werde alle eure Verletzungen heilen;

268. Vgl. 1 Kön 8,61: Euer Herz aber bleibe ungeteilt beim Herrn, unserem Gott, sodass ihr seinen Gesetzen folgt und auf seine Gebote achtet, wie es heute geschieht.

ich werde alle eure Erlebnisse und Ereignisse in mein Licht stellen. Befasst euch nicht mehr mit eurem früheren Leben, sondern blickt nach vorn, schaut auf mich und auf eure Arbeit für mein Reich! Nichts anderes soll euch mehr wichtig sein, sonst taugt ihr nicht für das Reich Gottes.

Legt jede Halbherzigkeit und Lauheit ab, geht keine Kompromisse mehr ein mit der Welt! Wer mir mit geteiltem Herzen dient, bringt nur wenig Frucht; ich kann ihn nur sehr bedingt einsetzen für den Aufbau meines Reiches. Er wird wenig Zeit haben für mich, weil ihm vieles andere wichtiger ist. Er wird auch jede Mühe und jede unangenehme Arbeit scheuen, weil er die Bequemlichkeit liebt. Wie viele Christen dienen mir auf diese Weise, wie wenig Heiligkeit finde ich unter den Christen vor!

In Zukunft werde ich keine Mittelmäßigkeit mehr dulden; es muss sich jetzt jeder entscheiden. So rufe ich euch alle auf: Entscheidet euch radikal für mich, blickt nicht mehr zurück auf euer früheres Leben, sondern liebt mich mit ganzem Herzen und ganzer Seele, mit all euren Gedanken und all eurer Kraft![269] So werdet ihr reiche Frucht bringen. Amen.

269. Vgl. Mk 12,30: Darum sollst du den Herrn, deinen Gott, lieben mit ganzem Herzen und ganzer Seele, mit deinem ganzen Denken und mit deiner ganzen Kraft (s. Dtn 6,5).

102. Ich betrachte euch alle als meine große Familie

26. Mai 2010

«Wer den Willen Gottes tut, der ist für mich Bruder und Schwester und Mutter.» (Mk 3,35)

Bild:
Ich sehe Jesus in einem Haus lehren. Um ihn herum sitzen viele Menschen und hören ihm aufmerksam zu. Am Ende seiner Rede drängen sich alle um ihn und er umarmt jeden liebevoll. Daraufhin umarmen sich die Leute auch gegenseitig und sind voller Freude.

Botschaft:
Meine geliebten Kinder, ich betrachte euch alle als meine große Familie. Ich bin euch in Liebe zugetan und ich kümmere mich um euch wie ein Vater und eine Mutter um ihre Kinder.[270] Ich wohne in eurem Herzen und ich bin euch näher, als ihr euch selbst seid. Pflegt darum einen vertrauten Umgang mit mir, habt keine Angst vor mir! Betrachtet mich als euren Bruder und Freund, aber auch als euren Retter und Erlöser! Habt Vertrauen zu mir wie zu einem engen Familienmitglied, vertraut mir alle eure Probleme an! Ich werde euch geduldig anhören und in Liebe aufnehmen.

Meine Kinder, betrachtet euch auch untereinander als große Familie; behandelt alle Christen als geliebte Brüder und geliebte Schwestern![271] In allen Gemeinden, geistlichen Gemeinschaften und Gruppen soll eine familiäre Atmosphäre herrschen. Begegnet euch mit Offenheit und Wohlwollen und verzeiht einander immer wieder, wenn ihr euch gegenseitig verletzt habt! Ohne den Geist der Vergebung ist ein familiäres Miteinander nicht möglich, denn

270. Vgl. Jes 66,13: Wie einen Mann, den seine Mutter tröstet, so tröste ich euch; ...
271. Vgl. Röm 12,10: Seid einander in brüderlicher Liebe zugetan, übertrefft euch in gegenseitiger Achtung!

ihr seid schwach und fallt oft in Sünde. Kommt zu mir und lasst eure Beziehungen von mir reinigen! Ich werde eure Herzen heilen und sie wieder zueinanderfinden lassen.

Bemüht euch stets, den Willen meines Vaters zu erfüllen![272] Lest häufig in der Hl. Schrift; dort steht, was ihr tun sollt! Die Gottes- und die Nächstenliebe sollen im Mittelpunkt eures Lebens stehen. Lasst euch von meinem Hl. Geist leiten, er wird euch zeigen, welche konkreten Schritte ihr tun sollt!

Wenn ihr euch verfehlt habt und in Sünde gefallen seid, kommt zu mir und bittet mich um Verzeihung! Ich werde sie euch gerne gewähren und euch wieder ganz aufnehmen in meine große Familie. Wenn ihr nämlich in der Sünde verharrt, schließt ihr euch selbst aus meinem Volk aus; ihr habt dann keine innere Gemeinschaft mehr mit meiner Gemeinschaft der Liebe. Empfangt das Sakrament der Beichte und ihr werdet wieder versöhnt mit mir und mit meinem ganzen Volk! Amen.

103. Ich muss euch rügen, meine Priester!

27. Mai 2010

«Doch nicht irgendeiner wird verklagt, nicht irgendwer wird gerügt, sondern dich, Priester, klage ich an.» (Hos 4,4)[273]

Bild:

Ich sehe einen Priester, der in einer Kirche gerade die hl. Messe feiert. Anfangs sitzt eine weiße Taube auf seinem Kopf. Während der Predigt verscheucht er die Taube jedoch und schenkt einer schwarzen Gestalt

272. Vgl. Mt 7,21: Nicht jeder, der zu mir sagt: Herr! Herr!, wird in das Himmelreich kommen, sondern wer den Willen meines Vaters im Himmel tut.

273. Nach der Einheitsübersetzung: © 1980 Katholische Bibelanstalt GmbH, Stuttgart.

hinter sich Gehör, die ihm etwas ins Ohr flüstert. Nach der Predigt klatschen alle Gottesdienstbesucher Beifall. Die schwarze Gestalt, ein Dämon, begleitet den Priester auch nach der hl. Messe und sagt ihm, was er tun soll.

Botschaft:
Meine geliebten Priester, ihr seid meine Auserwählten, ihr seid mir geweiht und ihr seid mein Eigentum! Ihr habt eine hohe Berufung, ich habe euch zum Dienst an meinem Volk bestellt.
Aber wie viele von euch haben meine Wege verlassen, wie viele gehen den Weg der Sünde, wie viele geben ein schlechtes Beispiel! Beklagt euch nicht, wenn eure Kirchen immer leerer werden! Beklagt euch nicht, wenn die Menschen immer weniger Interesse am Glauben haben und in der Sünde leben! Es liegt auch an euch, meine Priester; so haltet Einkehr und besinnt euch, was ihr falsch gemacht habt! Bittet meinen Hl. Geist um Erkenntnis! Er wird auch Sünden aufdecken, die euch gar nicht bewusst sind.

Wenn ihr in schwerer Sünde lebt, seid ihr nicht mehr würdig, meine Priester zu sein. Eure Sünden gegen die Keuschheit schreien zum Himmel, die Opfer eurer Begierden klagen euch an. Anstatt Zeugnis abzulegen von meiner Liebe und meiner Reinheit, gebt ihr den Menschen Ärgernis. Ändert euch radikal und bereut eure Sünden tief, sonst werde ich euch vergelten, wie es eure Taten verdienen![274]

Und wie viele Priester verkünden eine verfälschte Lehre, die den Ohren der Menschen schmeichelt, aber meiner Wahrheit nicht entspricht! Sie halten sich nicht an die Lehre der Kirche, sondern lehren nach ihrem Gutdünken. Sie verfälschen die grundlegenden Glaubenswahrheiten, leugnen die Existenz von Fegfeuer und

274. Vgl. Hos 4,9: Darum wird es wie dem Volk so dem Priester ergehen: Ihn suche ich heim für sein Verhalten, seine Taten vergelte ich ihm.

Hölle und verharmlosen die Sünde. Sie wiegen die Gläubigen in Sicherheit und verkennen den ganzen Ernst des Glaubens.
Ihr Priester, seid mir wieder gehorsam und hört auf meinen Hl. Geist! Hört nicht mehr auf Satan, der euch ständig Lügen ins Ohr flüstert! Haltet euch nicht selbst für weise; eure Weisheit entspricht oft nur den Lügen des bösen Feindes! Kehrt um, denn ich werde euch zur Verantwortung ziehen für die Lehre, die ihr verkündet!

Meine geliebten Priester, lebt auch wieder im Gehorsam gegenüber euren Vorgesetzten, v. a. auch gegenüber dem Papst! Betet für sie, wenn ihr glaubt, ihnen etwas vorwerfen zu müssen, aber lebt nicht in innerer Rebellion gegen sie! Wenn ihr in der Sünde des Ungehorsams lebt, wird eure Arbeit keine Frucht tragen. Dies gilt auch, wenn ihr zwar äußerlich Gehorsam übt, aber innerlich voller Groll und Vorwürfe seid. Bedenkt, ich sehe auf euer Herz, nicht auf eure äußere Tat!

Ich muss euch auch rügen, meine Priester, weil ihr mir zu wenig Liebe entgegenbringt und euch zu wenig Zeit nehmt für das Gebet. Ich weiß, ihr habt viel Arbeit, aber ohne intensive Beziehung zu mir ist eure ganze Mühe umsonst. Ihr werdet wenig Frucht bringen für mein Reich, auch wenn ihr euch noch so sehr anstrengt![275] Holt euch Kraft von mir im Gebet, holt euch Weisheit von mir im Gebet, holt euch Liebe von mir im Gebet! Pflegt eine intensive Freundschaft mit mir, erzählt mir alles, fragt mich alles, bittet mich um alles! Haltet auch Zeiten der Stille und verweilt ganz ruhig in meiner Gegenwart! Ich werde euch große Gnaden schenken und euer Herz mit Liebe und Frieden erfüllen.

Lasst euch ganz von meinem Hl. Geist führen! Versucht nicht, eure eigenen Ideen zu verwirklichen, mögen sie auch noch so gut

275. Vgl. Joh 15,4: Bleibt in mir und ich bleibe in euch. Wie die Rebe aus sich keine Frucht bringen kann, sondern nur, wenn sie am Weinstock bleibt, so auch ihr, wenn ihr nicht in mir bleibt.

erscheinen! Fragt stets nach meinem Willen, fügt euch ganz ein in meine Pläne! Nur so werdet ihr die Frucht bringen, die ich von euch erwarte. Widersagt allen Anfechtungen des Bösen in meinem Namen; er versucht stets, euch vom richtigen Weg abzubringen! Hört nicht mehr auf ihn, seid wachsam!

Meine geliebten Priester, ich reinige jetzt meine Kirche und auch euch alle, meine Diener. Ich möchte eine neue Kirche aufbauen, ganz rein und heilig soll sie sein. Ihr müsst euch jetzt entscheiden: Wollt ihr als heilige Priester leben und mitwirken am Aufbau meiner neuen Kirche oder wollt ihr weiterhin in Lauheit verbleiben? Wenn ihr nicht umkehrt, werde ich euch absetzen und andere Priester an eure Stelle setzen, die mehr Früchte hervorbringen.[276] Erkennt also den Ernst der Lage und handelt danach! Kehrt um, ich werde euch mit offenen Armen aufnehmen und euch mit meiner göttlichen Liebe umgeben! Amen.

104. Trachtet nicht mehr nach dem Beifall der Menschen!

28. Mai 2010

«Weh, wenn euch alle Menschen loben. Denn ebenso haben es ihre Väter mit den falschen Propheten gemacht.» (Lk 6,26)

Bild:

Ich sehe einen Mann, der vor einem großen Publikum eine glänzende Rede hält. Er ist elegant gekleidet, ist sehr redegewandt und kann sich in Szene setzen. Aus seinem Mund kommen viele kleine, schwarze Gestalten hervor. Diese fliegen auf die Zuhörer zu und verschwinden in deren Ohren. Der Redner erntet begeisterten Applaus. Viele Leute gehen nach seinem Auftritt auf ihn zu, klopfen ihm auf die Schulter

276. Vgl. Hos 4,6: Weil du die Erkenntnis verworfen hast, darum verwerfe auch ich dich, sodass du nicht mehr als Priester für mich wirken kannst.

und gratulieren ihm zu der gekonnten Rede. Stolz verlässt der Mann den Saal.

Botschaft:

Meine geliebten Kinder, trachtet nicht mehr nach dem Beifall der Menschen! Versucht nicht mehr, es allen recht zu machen, denn was den Menschen gefällt, ist meist nicht in meinem Sinne! Macht euch ganz frei von der Meinung der Leute, lasst euch nicht davon versklaven! Nur was **ich** denke, ist wichtig für euch.[277] Nur wenn ihr ganz unabhängig von den Menschen seid, könnt ihr mir in Freiheit dienen.

Wenn ihr beliebt seid und euch alle loben, dann überlegt, ob ihr mir wirklich nachfolgt! Lebt ihr nicht zu weltlich und seid dem Zeitgeist zu sehr verfallen? Seid ihr nicht zu angepasst und scheut ihr nicht davor zurück, mich vor den Menschen zu bekennen? Redet ihr den Menschen nicht nach dem Mund und sagt ihnen nur das, was sie hören wollen? Legt ab eure Menschenfurcht und verkündet mein Wort!

Legt Zeugnis ab von meiner Liebe, ändert euer Leben! Ihr werdet dann zwar Widerspruch erfahren, aber ich werde einen tiefen Frieden in euer Herz legen.

Ich hatte viele Anhänger, aber auch viele Gegner und Feinde. Wenn ihr mir nachfolgt, wird es euch ebenso ergehen. Die Menschen mit offenem Herzen werden euch Glauben schenken und eure Freundschaft suchen, die Menschen mit verschlossenem Herzen werden euch jedoch anfeinden und verächtlich machen. Dem Jünger geht es nicht besser als seinem Meister.[278] An mir scheiden sich die Geister, stellt euch darauf ein!

---

277. Vgl. 1 Thess 2,4: ..., nicht also um den Menschen, sondern um Gott zu gefallen, der unsere Herzen prüft.
278. Vgl. Mt 10,25: Der Jünger muss sich damit begnügen, dass es ihm geht wie seinem Meister und der Sklave, dass es ihm geht wie seinem Herrn.

Ihr müsst euch jetzt entscheiden, was ihr wollt; ich dulde keine Halbherzigkeit mehr.

Es war immer schon so, dass die Menschen den falschen Propheten zujubelten; heute ist es nicht anders. Passt auf, dass ihr auf ihre schönen Reden und Schmeicheleien nicht hereinfallt! Betet viel um die Gabe der Unterscheidung der Geister und ihr werdet die Wahrheit sofort erkennen![279] Glaubt den selbst ernannten Propheten nicht, die euch Heil und Glück ohne mich versprechen, die euch die Lösung all eurer Probleme für viel Geld verheißen! Glaubt ihnen nicht, wenn sie euch Methoden zur Selbsterlösung lehren, denn ich allein bin eurer Erlöser, nur bei mir findet ihr euer Heil! Klatscht ihren Lügen nicht Beifall, denn ihre Worte stammen vom Bösen!

So tut, was ich euch sage! Folgt mir in Freiheit nach, weder Lob noch Tadel der Menschen soll euch davon abhalten! Amen.

105. Ich wandle euer sündiges Herz um durch das Leiden

29. Mai 2010

«Wen ich liebe, den weise ich zurecht und nehme ihn in Zucht. Mach also Ernst und kehr um!» (Offb 3,19)

Bild:

Ich sehe Jesus mit einer großen Jüngerschar um sich. Er belehrt sie und weist sie mit erhobenem Zeigefinger zurecht. Viele seiner Anhänger nehmen seine Ermahnung ernst und gehen in sich. Andere aber sind empört und verlassen Jesus.

279. Vgl. 1 Joh 4,1: Geliebte, traut nicht jedem Geist, sondern prüft die Geister, ob sie aus Gott sind; denn viele falsche Propheten sind in die Welt hinausgezogen.

Botschaft:
Meine geliebten Kinder, ich ermahne euch immer wieder, weil ich euch liebe; ihr könnt von mir nicht immer nur Lob erwarten. Wenn ich euch im Elend der Sünde sehe, unternehme ich alles, um euch zur Umkehr zu bewegen. Da aber viele Menschen auf eine liebevolle Ermahnung von mir nicht reagieren, muss ich oft härtere Maßnahmen ergreifen. So beklagt euch nicht, wenn ich euch in Zucht nehme, wenn ich so manches Leiden und so manche Probleme zulasse![280] Glaubt nicht, dass ich euch nicht mehr liebe oder dass ich mich nicht mehr um euch kümmere! Das Gegenteil ist der Fall: Ich möchte nur euer hartes, sündiges Herz umwandeln durch das Leiden. Ich reinige euch von euren Sünden und mache euch mir immer ähnlicher.

Hadert nicht mit mir, verlasst mich nicht, wenn ich euren Erwartungen nicht entspreche und wenn ich nicht alle eure Wünsche erfülle! Habt Geduld, harrt aus, bis ich den Leidenskelch wieder von euch nehme! Kommt zu mir, ich werde euch stärken und trösten! Manchmal schenke ich euch auch Einsicht über den Sinn eurer Leiden, sodass ihr sie besser annehmen könnt.

Je früher ihr von euren Sünden ablasst, umso schneller wird die Zeit der Reinigung wieder vorbei sein. So besinnt euch also immer wieder auf eure Sünden und kehrt um! Bittet mich um Verzeihung, bereut eure Verfehlungen tief, demütigt euch vor mir![281] Beharrt nicht stolz auf eurem vermeintlichen Recht, erkennt euer Unrecht und kehrt um!
Geht auf dem Weg der Liebe, lasst ab von allen Wegen der Sünde! Ich werde euch dabei helfen, wenn ihr dies wirklich wollt. Verabscheut die Sünde; ihr wisst nicht, wie hässlich jede Sünde in meinen Augen

280. Vgl. Spr 3,12: Denn wen der Herr liebt, den züchtigt er, wie ein Vater seinen Sohn, den er gernhat.
281. Vgl. Ps 51,4.6: Wasch meine Schuld von mir ab und mach mich rein von meiner Sünde! Gegen dich allein habe ich gesündigt, ich habe getan, was böse ist in deinen Augen.

ist! Je mehr ihr in der Liebe lebt, umso deutlicher werdet ihr auch die Sünde erkennen und alle ihre negativen Auswirkungen.

So rufe ich euch alle auf: Meidet die Sünde, kehrt um von euren Irrwegen und folgt mir in Liebe nach![282] Amen.

106. Kämpft nur mit geistlichen Mitteln!

31. Mai 2010

«Nicht durch Macht, nicht durch Kraft, allein durch meinen Geist!» (Sach 4,6)

Bild:
Ich sehe, wie ein König auf einem Pferd mit einer großen Reiterschar gegen ein riesiges Heer von Dämonen in den Kampf zieht. Bald werden er und seine Streitmacht von den dunklen Gestalten umzingelt und eingeschlossen. Die Reiter sind wie gelähmt; sie stehen der Situation hilflos gegenüber. Als sie in ihrer Not beten: «Komm, Hl. Geist!», fliegen unzählige kleine, weiße Tauben vom Himmel herab und vertreiben die Dämonen. Anschließend setzen sich die Tauben auf den Kopf der Soldaten, die nun ganz erleichtert und voller Freude sind.

Botschaft:
Meine geliebten Kinder, ihr steht jetzt alle in einem gewaltigen geistlichen Kampf. Macht euch dies bewusst, erkennt die geistliche Realität! Satan und seine Helfershelfer greifen euch von früh bis spät an; sie versuchen, euch zur Sünde zu verführen. Sie setzen bei euren Schwachpunkten an und wollen euch Angst und Schrecken einjagen und euch in Verzweiflung stürzen. Sie möchten euch von mir wegbringen und euch in ihr Reich der

282. Vgl. Sach 1,4: Kehrt doch um von euren heillosen Wegen und von euren heillosen Taten!

Finsternis locken. Wenn ihnen dies nicht gelingt, wollen sie wenigstens euren Glauben schwächen und euch zu Lauheit, Nachlässigkeit und Gleichgültigkeit gegenüber eurer Berufung verführen. Sie werden euch stets das Gegenteil von dem einflüstern, was ich von euch erwarte.

So seid auf der Hut, fühlt euch nicht zu sicher! Satan nützt jede Gelegenheit aus, um euch zu Fall zu bringen. Tretet ein in den geistlichen Kampf, lasst euch nicht widerstandslos von den dunklen Mächten besiegen![283] Aber kämpft nicht mit menschlichen Mitteln, sie werden euch nichts nützen in der geistlichen Welt![284]

Ihr Mächtigen in der Welt, verlasst euch nicht auf eure Macht und euren Einfluss und lasst euch nicht zu Stolz und Hochmut verführen! Erkennt eure Ohnmacht angesichts aller dämonischen Macht!
Und ihr Starken und Mutigen in der Welt, die ihr nichts fürchtet und kraftvoll wirkt in der Welt, setzt nicht auf eure menschliche Kraft! Sie bewirkt nichts im geistlichen Kampf, ihr werdet schwach und hilflos unterliegen.

Meine geliebten Kinder, kämpft also nur mit geistlichen Mitteln! Kommt zu mir in jeder Situation und bittet mich um Hilfe! Ich werde euch meinen Hl. Geist senden[285] und jede Finsternis vertreiben. Mein Hl. Geist weiß einen Ausweg in jeder Lage, er tröstet und stärkt euch, er heilt und verbindet euch.

283. Vgl. Eph 6,11: Zieht an die Waffenrüstung Gottes, um den listigen Anschlägen des Teufels zu widerstehen!
284. Vgl. 2 Kor 10,3: Wir leben zwar in dieser Welt, kämpfen aber nicht mit den Waffen dieser Welt.
285. Vgl. Joh 20,22: Nachdem er (Jesus) das gesagt hatte, hauchte er sie an und sagte zu ihnen: Empfangt den Heiligen Geist!

Betet jeden Tag zu meinem Hl. Geist, bittet ihn um Schutz und um Weisheit, um Klarheit und um Führung! Er zeigt euch stets den Weg, den ihr gehen sollt, und schenkt euch auch die nötige Weisheit und Kraft dazu. Lasst euch erfüllen von meinem Hl. Geist und ihr werdet aus allen Kämpfen siegreich hervorgehen! Er soll euer ständiger Begleiter sein! Fragt ihn stets um Rat, er wird euch in jeder Lage gut beraten! In seiner Gegenwart müssen alle dunklen Mächte weichen.

Meine Kinder, macht euch stets bewusst, dass ihr im geistlichen Kampf steht, auch bei euren weltlichen Angelegenheiten! Bedenkt, jede weltliche Situation hat auch eine geistliche Dimension! Die meisten von euch übersehen dies und denken deshalb nur an eine weltliche Lösung ihrer Probleme. Sie kämpfen so nur mit menschlichen Mitteln und kommen meist nicht weiter.
Lasst euer **ganzes** Leben von meinem Hl. Geist durchdringen, er wird sich um **alle** eure Angelegenheiten kümmern! Allein durch meinen Geist werdet ihr den Sieg davontragen! Amen.

107. Ich habe für jeden einen besonderen Auftrag

1. Juni 2010

«Erfülle deinen Auftrag rein und ohne Tadel, bis zum Erscheinen Jesu Christi, unseres Herrn.» (1 Tim 6,14)

Bild:
Ich sehe verschiedene Christen, die alle einen Auftrag erfüllen und sich dabei gegenseitig ergänzen. Auf jedem von ihnen sitzt auf dem Kopf eine weiße Taube.
Ein Priester feiert eine hl. Messe, andere Priester spenden das Sakrament der Versöhnung bzw. der Krankensalbung. Verschiedene Frauen erteilen Religionsunterricht, bereiten einen Kindergottesdienst vor

oder besuchen Alte und Kranke. Mehrere Männer fahren mit einem Lastwagen Hilfsgüter für Bedürftige nach Osteuropa. Eine Großmutter erzählt ihrem Enkel von Jesus. Ein paar Leute sitzen vor dem Allerheiligsten und beten in der Stille.

Botschaft:
Meine geliebten Kinder, ich habe für jeden von euch einen besonderen Auftrag. Betet viel zu meinem Hl. Geist, damit ihr diesen Auftrag klar erkennt! Lasst euch keine Aufgaben aufdrängen, die ich nicht für euch vorgesehen habe! Ihr sollt alle gemeinsam das Reich Gottes aufbauen; ihr sollt euch dabei gegenseitig ergänzen, aber genau nach meinem Plan.[286] Sucht auch nicht selbst Aufgaben, sondern erfüllt treu den Dienst, den ich euch auftrage! Lasst euch dabei vom Hl. Geist leiten! Glaubt nicht, alles selbst am besten zu wissen!

Mein Hl. Geist wird euch mit allen Gnaden und Geistesgaben ausstatten, die ihr für euren Auftrag braucht; ihr müsst ihn aber immer wieder darum bitten.[287] Wenn ihr Probleme mit der Leitung habt, so bittet um die Gabe der Leitung! Wenn es euch an Weisheit fehlt, so bittet um die Gabe der Weisheit! Und wenn es euch an Liebe mangelt, lasst euch vom Hl. Geist ganz mit Liebe erfüllen! Betet inständig und beharrlich um alles, was ihr für euren Dienst benötigt! Gebt nicht zu schnell auf und sagt nicht: «Ich kann das nicht!»
Ihr sollt lernen, ganz auf mich und meinen Hl. Geist zu vertrauen und nicht mehr auf euch selbst. Nur so werdet ihr euren Auftrag rein und ohne Tadel erfüllen. Werdet ganz durchlässig für meinen

286. Vgl. Röm 12,4: Denn wie wir an dem einen Leib viele Glieder haben, aber nicht alle Glieder dieselbe Aufgabe haben, so sind wir, die vielen, ein Leib in Christus, als Einzelne aber sind wir Glieder, die zueinander gehören.
287. Vgl. Mt 7,7: Bittet und es wird euch gegeben; sucht und ihr werdet finden; klopft an und es wird euch geöffnet!

Hl. Geist, gebt euren Eigenwillen auf! Je selbstloser ihr seid, umso mehr kann ich wirken durch euch.

Lasst euch von mir reinigen, damit ihr mehr Frucht bringt![288] Die Reinigung ist zwar im Moment schmerzlich, aber im Nachhinein werdet ihr mir dafür dankbar sein. Sie ist unentbehrlich wegen eurer zahlreichen Sünden. Durch die Läuterung eures Herzens wird euer Dienst immer reiner und vollkommener, sodass er von niemandem mehr getadelt werden kann. Ihr werdet mit reinem Gewissen vor mir stehen, wenn ich erscheine am Ende aller Tage. Amen.

108. Ich kümmere mich um euch wie ein Hirt

2. Juni 2010

«Der Herr ist mein Hirt, nichts wird mir fehlen. Er lässt mich lagern auf grünen Auen und führt mich zum Ruheplatz am Wasser.» (Ps 23,1-2)

Bild:
Ich sehe Jesus als Hirten mit einer großen Schafherde. Die meisten Schafe sind weiß, es befinden sich aber auch viele schwarze Schafe darunter. Sie weiden alle auf einer grünen Wiese, an der ein kleiner Bach vorbeifließt. Der Hirt geht zu jedem einzelnen Schaf hin und streichelt es; daraufhin hüpfen alle vor Freude.

Botschaft:
Meine geliebten Kinder, ich kümmere mich um euch wie ein Hirt um seine Schafe.[289] Übergebt mir deshalb euer Leben ganz, habt großes

288. Vgl. Joh 15,2: … und jede Rebe, die Frucht bringt, reinigt er, damit sie mehr Frucht bringt.
289. Vgl. Jes 40,11: Wie ein Hirt weidet er (der Herr) seine Herde, auf seinem Arm sammelt er die Lämmer, an seiner Brust trägt er sie, die Mutterschafe führt er behutsam.

Vertrauen zu mir![290] Habt keine Angst, es wird euch nichts fehlen; ich schenke euch alles, was ihr zum Leben braucht! Ich versorge euch mit Nahrung und Kleidung und kümmere mich auch um euer seelisches Wohl. Ich beschenke euch mit meiner göttlichen Liebe und lege meinen Frieden in euer Herz. Übergebt mir alle eure Sorgen und ihr könnt ganz sorglos leben in meiner Gegenwart! Eure Zukunft liegt in meiner Hand, macht euch deswegen keine Gedanken!

Wenn ihr unruhig und gehetzt seid, wenn euch alles zu viel wird, dann kommt zu mir! Ich führe euch zu einem Ruheplatz am Wasser, bei mir könnt ihr euch ausruhen und erholen. Ich labe euch mit dem Wasser des Hl. Geistes[291] und ich stärke euch auf den Weiden meiner Liebe. Ich schenke euch wieder Klarheit über euren Lebensweg und Mut für die Zukunft.

Befasst euch viel mit dem Wort Gottes, mit meinem Wort in der Hl. Schrift! Es stellt eine reichhaltige Nahrung dar für eure Seele. Empfangt auch oft die hl. Kommunion! Durch sie kann ich die innigste Verbindung zu euch herstellen und euch ganz durchdringen. Durch meinen Leib kann ich euch heilen, stärken und beleben, er ist auch ein guter Schutz vor der Sünde und allen Nachstellungen des Bösen. In der hl. Kommunion stärke ich nicht nur eure Seele, sondern auch euren Leib. Ich schenke euch neue körperliche Kräfte und körperliche Heilung.

In meiner Herde gibt es auch viele schwarze Schafe; diese liebe ich genauso wie alle anderen. Diese sind meine Sorgenkinder, denn sie sind mit Sünden befleckt. Sie brauchen besonders viel Liebe, damit sie den Weg wieder zu mir zurückfinden. Betet für sie, damit sie umkehren!

290. Vgl. Hebr 2,13: Ich will auf ihn mein Vertrauen setzen.
291. Vgl. Offb 22,17: Wer durstig ist, der komme! Wer will, empfange unentgeltlich das Wasser des Lebens!

Und wenn du selbst ein schwarzes Schaf bist, hab keine Angst! Komm zu mir und bereue deine Sünden, ich werde dir alles verzeihen in meiner übergroßen Liebe! Amen.

109. Meine lauen Kinder, kehrt um!

4. Juni 2010

«Dieses Volk ehrt mich mit den Lippen, sein Herz aber ist weit weg von mir.» (Mt 15,8; vgl. Jes 29,13)

Bild:
Ich sehe eine lange Fronleichnamsprozession durch eine Ortschaft ziehen. Der Priester trägt die Monstranz mit dem Allerheiligsten unter dem «Himmel», die Erstkommunionkinder begleiten ihn. Von der Hostie gehen helle Strahlen in alle Richtungen aus. Viele Teilnehmer an der Prozession beten aber ohne Andacht, andere beten überhaupt nicht, sondern unterhalten sich laut. Beim eucharistischen Segen macht kaum jemand eine Kniebeuge. Nur einige wenige Gläubige beten innig; sie sehen aus wie brennende Fackeln.

Botschaft:
Meine geliebten Kinder, mein Volk ist lau geworden; viele von euch tragen keine Liebe für mich im Herzen. Sie pflegen aus Gewohnheit noch äußere Formen des Christentums, ihr Herz aber ist weit weg von mir. Sie führen ein ganz weltliches Leben und halten sich nicht an meine Gebote. Sie wahren den äußeren Schein eines christlichen Lebens, ihr Herz aber ist verdorben. Meist suchen sie sich andere Götter wie die Heiden und sind dem Weltgeist verfallen. Ich bin nicht wichtig in ihrem Leben, sie speisen mich mit ein paar frommen Ritualen ab. Oft leben sie in schwerer Sünde, aber sie wollen nicht umkehren. In ihrem Freiheitsdrang wollen sie sich von niemandem etwas vorschreiben lassen, sondern nach eigenem Gutdünken leben. Sie glauben nicht an ein Gericht am

Ende ihres Lebens, sondern appellieren an meine Liebe und Barmherzigkeit und wiegen sich in Sicherheit.

Mein Volk, was soll ich mit dir tun?

Meine lauen Kinder, ich rufe euch alle auf: Kehrt um! Ich dulde euer Verhalten nicht mehr länger. Wenn ihr euch nicht bekehrt, werde ich euch ausstoßen aus der Gemeinschaft der Gläubigen![292] Ihr habt kein Recht, euch noch länger Christen zu nennen. Ihr gebt den Nichtchristen ein schlechtes Beispiel und hindert sie daran, sich zu bekehren. Ihr legt ein verkehrtes Zeugnis ab von meiner Liebe und Güte.

Ich schaffe mir jetzt ein neues, heiliges Volk; ich reinige jetzt meine Kirche von aller Lauheit und Scheinheiligkeit. Ich schenke vielen meiner Kinder ein neues Herz, das nur noch für mich schlägt und in Liebe zu mir brennt.
Seid offen dafür, verschließt euer Herz nicht vor meiner Gnade! Wenn ihr meine Gnade nicht annehmt, ergeht über euch mein Gericht.[293] Nehmt meine Mahnung ernst und kehrt um![294] Kommt zu mir zurück, ich werde euch überreich beschenken! Wendet euch mir zu und schenkt mir euer Herz! Nur so werdet ihr gerettet werden am Tag der Not. Amen.

292. Vgl. Offb 3,16: Daher, weil du lau bist, weder heiß noch kalt, will ich dich aus meinem Mund ausspeien.
293. Vgl. Röm 2,5: Weil du aber starrsinnig bist und dein Herz nicht umkehrt, sammelst du Zorn gegen dich für ... den Tag der Offenbarung von Gottes gerechtem Gericht.
294. Vgl. Offb 3,19: Mach also Ernst und kehr um!

TEIL 3
Botschaften Jesu Christi über das Leiden

110. Habt keine Angst vor dem Leiden!

18. Oktober 2010

Meine geliebten Kinder, ich möchte euch jetzt über das Leiden belehren.

Alle Menschen müssen leiden, keiner ist davon ausgenommen. Jeden Tag wird euch in irgendeiner Form das Leiden begegnen. Leid und Tod sind durch die Sünde in die Welt gekommen, ursprünglich war der Mensch davon verschont. Ich habe den Menschen zur Freude und zum vollen Leben bestimmt, nicht zu Leid und Tod.[295] Dieses Leben in Fülle und größter Glückseligkeit werdet ihr aber erst im Himmel in Gemeinschaft der Heiligsten Dreifaltigkeit und aller Engel und Heiligen genießen.
So freut euch, meine Kinder, denn kein Auge hat es gesehen, kein Ohr hat es gehört, was Gott denen bereitet hat, die ihn lieben![296]

295. Vgl. Weish 1,13: Denn Gott hat den Tod nicht gemacht und hat keine Freude am Untergang der Lebenden.
296. Vgl. 1 Kor 2,9: Nein, wir verkünden, wie es in der Schrift steht, was kein Auge gesehen und kein Ohr gehört hat, was in keines Menschen Herz gedrungen ist, was Gott denen bereitet hat, die ihn lieben.

Durch mein Leiden und mein Sterben und durch meine Auferstehung habe ich euch eine Wohnung bereitet bei meinem Vater im Himmel. Lobt und preist mich dafür, denn groß ist meine Liebe zu euch! Aber ihr könnt bereits hier auf Erden Anteil erhalten an diesem göttlichen Leben und dadurch Leid und Tod überwinden. Durch das Sakrament der Taufe werdet ihr Glieder an meinem Leib, der Kirche, und durch die anderen Sakramente wird diese Gemeinschaft immer wieder erneuert und gefestigt. Empfangt daher häufig die Sakramente, tretet in eine persönliche Beziehung zu meinem Vater, zu mir und zu meinem Hl. Geist, führt ein durch und durch geistliches Leben und ihr werdet jedes Leid auf Erden in der Kraft des Hl. Geistes überwinden!

Habt keine Angst vor dem Leiden, denn ich bin in jeder Situation bei euch! Ich stehe euch bei und mache alles erträglich, ich bewahre euch vor Resignation und Verzweiflung. Kommt zu mir, wenn ihr in Not seid, denn ich werde euch weiterhelfen! Vertraut ganz auf mich und ihr werdet stark sein in meiner Liebe! Nichts wird euch erschüttern können, nichts wird euch mehr ängstigen, wenn ihr ganz vereint seid mit mir. Amen.

111. Nimm dich der leidenden Menschen an!

19. Oktober 2010

Mein geliebtes Kind, nimm dich der leidenden Menschen an, denn sie sind meine Lieblingskinder! In ihnen wirst du mir selbst begegnen. So verschließ dein Herz nicht vor ihrer Not, sondern hab Mitleid mit ihnen! Gib ihnen, was sie brauchen; versuche, ihren Schmerz zu lindern, wenn es in deiner Macht steht! Schenke ihnen deine Zeit, deine Aufmerksamkeit und deine ganze Liebe, sodass sie mich erfahren können durch dich! Sei ganz durchlässig für meinen Hl. Geist; er wird dir stets eingeben, was du tun sollst für sie! Großen Lohn wirst du dafür

erhalten; bereits hier auf der Erde werde ich dich mit vielen Gnaden belohnen.
Bedenke, die Liebe, die du den Armen und Kranken entgegenbringst, schenkst du mir selbst![297] Übersieh ihre Not nicht im Trubel der Zeit; sei nicht hartherzig, sondern barmherzig gegenüber deinen Mitmenschen! Sag nicht: «Ich habe keine Zeit!», oder: «Mir geht es selbst nicht gut!», oder: «Ich weiß nicht was ich tun soll!» Du wirst immer eine Möglichkeit finden, deinem Nächsten einen kleinen Dienst zu erweisen. Du kannst auf jeden Fall für ihn beten und ihn meiner barmherzigen Liebe übergeben. So kann ich ihn auferbauen und ihn mit meinem göttlichen Trost erfüllen. Du wirst für ihn zum Segen werden, er wird es dir danken zur rechten Zeit.

Wenn es dir selbst gut geht, vergiss die Notleidenden nicht![298] Bedenke, alles ist vergänglich; schon morgen kannst du selbst zu ihnen gehören! Dann bist du selbst angewiesen auf die Liebe und das Mitgefühl deiner Mitmenschen. Lebe nicht nur für dich selbst, schau nicht nur auf dein eigenes Glück, sonst verfehlst du dein Lebensziel! Ich habe euch zur Gemeinschaft berufen, in der einer dem anderen beisteht und behilflich ist in jeder Not. Amen.

112. Betrachte oft mein Leiden am Kreuz!

20. Oktober 2010

Mein geliebtes Kind, betrachte oft mein Leiden am Kreuz und deine eigenen Leiden werden dir gering vorkommen! Sei nicht gleichgültig und gefühllos meinen Leiden gegenüber, sondern

297. Vgl. Mt 25,40: Was ihr für einen meiner geringsten Brüder getan habt, das habt ihr mir getan.
298. Vgl. Sir 7,32.34.35: Auch dem Armen streck deine Hand entgegen, ... Entzieh dich nicht den Weinenden, mit den Trauernden trauere! Zögere nicht, einen Kranken zu besuchen, denn dafür wirst du geliebt!

bring mir tiefes Mitgefühl entgegen! Versenke dich in meine Liebe, versenke dich in mein Leiden und werde so ganz eins mit mir!

Bete oft den hl. Kreuzweg, geh den Weg des Leidens mit mir im Gebet! Große Gnaden gehen davon aus. Du kannst diese auch anderen Menschen zukommen lassen, wenn du mich darum bittest. Jede Kreuzwegstation hat ihre eigene Gnade, jede bringt dich mir auf eine andere Art näher. Das Beten des Kreuzwegs reinigt dich von deinen Sünden, er befreit dich immer mehr von deinem Egoismus und Stolz. Wie kannst du egoistisch und stolz bleiben, wenn du meine große Demut und Erniedrigung am Kreuz siehst und meine übergroße selbstlose Liebe zu euch Sündern erkennst? Wie kannst du weiterhin deine Feinde hassen, wenn ich am Kreuz allen meinen Feinden verziehen habe?[299]

Betrachte oft meine Passion und du wirst immer mehr meine Art annehmen, meine Art zu leben und zu sterben, meine Art zu lieben und zu verzeihen! Ich werde dein Herz langsam umwandeln und es dem meinen ähnlich machen. Ich nehme jede Verhärtung und Hartherzigkeit von dir und senke dir eine große Liebe ins Herz. Ich nehme das Herz von Stein aus deiner Brust und gebe dir ein Herz aus Fleisch.[300]
Wenn du dich in mein Leiden vertiefst, mache ich dich auch stark im Leiden. Du wirst nicht mehr wegen jeder Kleinigkeit mit mir hadern, sondern geduldig dein eigenes Kreuz tragen. So geh den Weg des Leidens mit mir und großer Segen wird von dir ausgehen! Amen.

299. Vgl. Lk 23,34: Jesus aber betete: Vater, vergib ihnen, denn sie wissen nicht, was sie tun!
300. Vgl. Ez 11,19: Ich entferne das Herz von Stein aus ihrem Fleisch und gebe ihnen ein Herz von Fleisch.

113. Nimm dir meine Mutter zum Vorbild, wenn du leidest!

21. Oktober 2010

Mein geliebtes Kind, wenn du ein Leid zu tragen hast, nimm dir meine geliebte Mutter zum Vorbild! Sie musste viel leiden in ihrem Leben, obwohl sie ohne Sünde war. Ich habe sie mit hineingenommen in mein Erlöserleiden und sie aufgenommen in meine Herrlichkeit. Sie ist die Schmerzensmutter, sie ist das Heil der Kranken, sie ist der Trost der Betrübten und sie ist die Zuflucht der Sterbenden. Maria ist das reinste Geschöpf mit der größten Herrlichkeit, aber sie war auch ein Mensch wie du und sie versteht alle deine Nöte.
So komm zu ihr, wenn es dir schlecht geht und vertrau dich ihr an! Sie wird dein Vertrauen belohnen und dir viele Gnaden erbitten. Bedenke, ich kann ihr keine Bitte abschlagen, sie ist mächtig in ihrer Fürbitte! Du wirst gestärkt und getröstet werden und wieder neue Hoffnung schöpfen.

Meine Mutter war geduldig im Leiden, sie haderte nie mit ihrem Schicksal. Sie war ganz gottergeben und war zu jedem Leid bereit. Sie war bereits auf Erden ganz innig mit mir verbunden. Wer kann daher ihr Leid ermessen, das sie empfand, als sie meine Passion und meinen Kreuzestod miterleben musste? Wer kann die Schmerzen einer Mutter verstehen, die ihren Sohn unschuldig am Kreuz sterben sieht?[301] Es blieb ihr kein menschliches Leid erspart, aber ihr Herz war stets voller Liebe und Zärtlichkeit.

So nimm dir meine Mutter zum Vorbild, wenn du leiden musst, und flehe sie um ihre Hilfe an! Sie wird dich nicht im Stich lassen, sie wird dich nicht enttäuschen. Wie vielen Menschenkindern hat sie schon geholfen, wie viele Wunder hat sie schon gewirkt vom

301. Vgl. Joh 19,25: Bei dem Kreuz Jesu standen seine Mutter und die Schwester seiner Mutter, Maria, die Frau des Klopas, und Maria von Magdala.

Himmel aus! In ihrer Mutterliebe wirst du geborgen sein, in ihrer Heiligkeit wirst du wieder aufleben.
Ich habe sie euch zur Mutter gegeben zu eurer Freude und zu eurem Heil.[302] Amen.

114. Füg den Menschen kein Leid zu!

22. Oktober 2010

Mein geliebtes Kind, füg deinen Mitmenschen kein Leid zu! Meide die Sünde, beherrsche deine Leidenschaften und sei stets auf Liebe für alle bedacht! Vergelte nicht Böses mit Bösem, übe keine Rache an deinen Feinden, sondern verzeih ihnen ihre Sünden![303] Segne sie, bete für sie und tu ihnen Gutes! Nur so wirst du Zeugnis ablegen für meine unbegreifliche göttliche Liebe, nur so kannst du die Macht des Bösen besiegen.
Achte nicht nur auf dein eigenes Wohlergehen, sondern stets auch auf das deiner Mitmenschen! Bring ihre Gesundheit und ihr Leben nicht in Gefahr durch Rücksichtslosigkeit und Fahrlässigkeit! Handle in allen Dingen verantwortungsbewusst; frag dich bei jedem Werk, ob es vor meinen Augen bestehen kann! Ich werde dich einmal dafür zur Verantwortung ziehen!

Die Menschen sollen durch dich Freude und Hilfe erfahren, du sollst ein Abbild meiner Liebe sein. So verhalte dich ihnen gegenüber verständnisvoll und rücksichtsvoll! Sei einfühlsam und gütig, sei aber streng, wenn es um die Sünde geht! Lass dich von ihnen nicht zur Sünde verleiten, lass dich nicht hineinziehen in ihre sündigen Machenschaften, auch wenn sie dann enttäuscht

302. Vgl. Joh 19,26-27: Als Jesus die Mutter sah und bei ihr den Jünger, den er liebte, sagte er zur Mutter: Frau, siehe, dein Sohn! Dann sagte er zu dem Jünger: Siehe, deine Mutter!
303. Vgl. Mt 5,44-45: Ich aber sage euch: Liebt eure Feinde und betet für die, die euch verfolgen, damit ihr Kinder eures Vaters im Himmel werdet.

sind und dir vielleicht sogar ihre Freundschaft aufkündigen oder dich anfeinden!

Sei auch streng gegenüber deinen nächsten Angehörigen, wenn sie dich von deinem Weg mit mir abhalten wollen! Nimm keine falsche Rücksicht, mute ihnen dieses Leid zu, dass du andere Wege gehst, als sie von dir erwarten! Mach dich frei von allen zu engen Familienbanden, damit du mir in Freiheit dienen kannst![304]
Füg also den Menschen kein Leid durch die Sünde zu, aber mute ihnen das Leid zu, das sich aus deinem Weg mit mir ergibt! Amen.

115. Vergiss die Seelen im Fegfeuer nicht!

23. Oktober 2010

Mein geliebtes Kind, vergiss die Seelen im Fegfeuer nicht, sie warten auf deine Hilfe!
Viele Christen glauben nicht an die Existenz eines Reinigungsortes im Jenseits, aber sie irren sich sehr! Die meisten Menschen sind zum Zeitpunkt ihres Todes noch nicht vollständig gereinigt von ihren Sünden, sie bedürfen daher noch einer gründlichen Läuterung ihrer Seelen.[305] Kein unreines Herz könnte die Heiligkeit und die unendliche Liebe seines Schöpfers ertragen, jede Sünde muss bereut und gesühnt werden.

Die Leiden im Fegfeuer sind groß, sie entsprechen der Schwere der Schuld. Die größten Schmerzen hier auf Erden sind gering im Vergleich zu denen im Reinigungsort. Hab also Mitleid mit den Seelen dort und versuche, ihre Leiden zu lindern! Dies ist ein Werk der Nächstenliebe, das mir sehr gefällt.

304. Vgl. Mt 10,35-36: Denn ich bin gekommen, um den Sohn mit seinem Vater zu entzweien und die Tochter mit ihrer Mutter ...; und die Hausgenossen eines Menschen werden seine Feinde sein.
305. Vgl. 1 Kor 3,15: Er selbst aber wird gerettet werden, doch so wie durch Feuer hindurch.

Wie sehr sehne ich mich danach, meine Kinder im Fegfeuer endlich in die Arme schließen zu können, um in Ewigkeit mit ihnen vereint zu sein! Die Sehnsucht der Liebe verzehrt mich, groß ist mein Erbarmen mit allen leidenden Menschen im Fegfeuer.

Du kannst viel für sie tun; schöpfe aus den Schätzen meiner Kirche![306] Am wirksamsten ist das hl. Messopfer für sie; durch die Vergegenwärtigung meines Kreuzestodes strömen viele Gnaden in ihr Herz. Bete viel für sie, v. a. den Rosenkranz, bring Opfer der Liebe für sie, opfere deine Leiden für sie auf und gewinne Ablässe an Allerseelen *(gemeint: in der Allerseelenwoche)*. So kannst du ihre Leiden lindern und ihnen große Freude bereiten. Die Verstorbenen werden dir dankbar sein und eifrig für dich beten bei meinem Vater. Sie können dir ebenfalls viele Gnaden erbitten und dir deshalb zum Heile sein.
So gefällt es mir, wenn in der Gemeinschaft meiner Kirche einer für den anderen einsteht! Amen.

116. Opfere deine Leiden auf zur Bekehrung der Sünder!

26. Oktober 2010

Mein geliebtes Kind, wenn du leiden musst, vereinige dich mit mir am Kreuz! Opfere mir deine Leiden und Schmerzen auf zur Bekehrung der Sünder! Trag dein Kreuz aus Liebe zu mir und viel Segen wird von dir ausgehen! Durch deine Liebe zu mir kann ich viel wirken in den Seelen der Menschen; ich kann sie umwandeln und näher an mich ziehen. Viele kann ich auch vor dem Feuer der Hölle retten. So kannst du mitwirken an der Rettung der Seelen und am Aufbau meines Reiches. Wie groß ist mein Schmerz, wenn ein Sünder der ewigen Verdammnis entgegengeht, und wie groß ist meine Freude, wenn er umkehrt und ich ihn aufnehmen kann in

306. Vgl. 2 Makk 12,45: Darum ließ er die Toten entsühnen, damit sie von der Sünde befreit werden.

meine Herrlichkeit! Der ganze Himmel freut sich über die Umkehr eines Sünders![307]

So verachte deine Leiden nicht! Wenn du sie mir in Liebe aufopferst, kannst du sie in kostbare Perlen umwandeln für mein Reich. Großen Lohn wirst du dafür erhalten; bereits auf Erden werde ich dich eintauchen in meine Gnade und dir unzählige Wohltaten erweisen. Ich werde dich an mein Herz drücken und dich liebkosen, sodass du an deine Schmerzen manchmal gar nicht mehr denkst. Wir werden in Liebe vereint sein, du wirst bereits einen Vorgeschmack des Himmels verkosten. Was könnte ich dir Größeres schenken auf Erden?

Lass also deine Leiden nicht ungenutzt vergehen, sie sind zu kostbar in meinen Augen! Denk auch an deine vielen Brüder und Schwestern, die in Sünde leben und von mir nichts wissen wollen! Hab Mitleid mit mir und auch mit ihnen! Ich möchte sie heimholen in mein Reich, du kannst dazu einen großen Beitrag leisten. Wenn die Menschen wüssten, welche Schrecken sie in der Hölle erwarten,[308] würden sie Tag und Nacht Buße tun und mich um mein Erbarmen anflehen. Wie verblendet sind sie doch! Hilf du mir, sie zur Erkenntnis zu führen! Amen.

---

307. Vgl. Lk 15,7: Ich sage euch: Ebenso wird im Himmel mehr Freude herrschen über einen einzigen Sünder, der umkehrt, als über neunundneunzig Gerechte, die keine Umkehr nötig haben.
308. Vgl. Mt 18,9: Und wenn dir dein Auge Ärgernis gibt, dann reiß es aus! Es ist besser für dich einäugig in das Leben zu kommen, als mit zwei Augen in das Feuer der Hölle geworfen zu werden.

117. Dein Herz ist noch unrein

27. Oktober 2010

Mein geliebtes Kind, dein Herz ist noch unrein, es muss deshalb noch gereinigt werden.[309] Ich benütze alle Schmerzen, Leiden, Widerwärtigkeiten und Probleme in deinem Leben zur Reinigung deiner Seele. Widersetz dich also nicht jedem Leiden, sondern nimm es in Geduld an! Hadere nicht ständig mit mir und mit deinem Schicksal; bedenke, alles hat einen tiefen Sinn! Durch jede schmerzliche Situation in deinem Leben möchte ich dich mir näherbringen.

So nimm Zuflucht bei mir; ich schenke dir Kraft und wieder neuen Mut! Überleg in jeder Lage, was du ändern sollst in deinem Leben und was du lernen sollst! Bitte meinen Hl. Geist um Erkenntnis, er wird sie dir gerne schenken!
Vielleicht ist dein Herz noch hart und unbarmherzig;[310] so wirst du immer wieder auf Menschen treffen, die dich hart und unbarmherzig behandeln. Durch sie soll dir deine eigene Sünde vor Augen gestellt und bewusst gemacht werden. Beklage dich also nicht über die anderen Menschen, sondern bereue deine eigene Schuld! Verzeihe deinen Mitmenschen, denn du bist nicht besser als sie! Ihr alle seid Sünder und seid auf meine große Barmherzigkeit angewiesen! Versuche nicht, aus eigener Kraft besser zu werden, denn es wird dir nicht gelingen! Ich lasse zu, dass du immer wieder in Sünde fällst, damit dir deine eigene Armseligkeit zutiefst bewusst wird. Ohne mich bist du zu nichts fähig, auch zu keinem guten Werk.

Komm also zu mir und lass dich von mir verwandeln, auch wenn es schmerzlich ist! Richte deinen Sinn immer wieder auf mich,

309. Vgl. Ps 51,12: Erschaffe mir, Gott, ein reines Herz und einen festen Geist erneuere in meinem Innern!

310. Vgl. Dtn 15,7: Wenn bei dir ein Armer lebt, ... dann sollst du nicht hartherzig sein und sollst deinem armen Bruder deine Hand nicht verschließen.

pflege innige Gemeinschaft mit mir, bitte mich um Verzeihung deiner Sünden, schenke mir deine Zeit und dein ganzes Leben! So wirst du stets geborgen sein in meiner Liebe und nach und nach immer reiner werden, immer selbstloser, immer liebesfähiger und leidensbereiter. Amen.

118. Nimm die Leiden des Alters an!

28. Oktober 2010

Mein geliebtes Kind, nimm die Leiden des Alters an, denn sie bereiten dich auf das Sterben vor!
Beklage dich nicht, wenn deine Kräfte nachlassen und wenn du unter verschiedenen Krankheiten leidest, denn ich habe meine Pläne damit! Diese Leiden sollen dir helfen, alles Weltliche loszulassen, um ganz frei zu werden für deine Begegnung mit mir im Tod. Häng dein Herz an nichts Irdisches mehr, leg ab allen Ballast der Welt, er wird dir nur ein Hindernis sein auf deinem Weg zu mir! Bedenke, nicht Irdisches wirst du mitnehmen können ins Jenseits![311] Lass alles los, mag es auch noch so schön und gut sein!

Ich möchte dich jetzt mehr verinnerlichen, ich möchte dich immer mehr an mich ziehen. Überlass alles Weltliche mir, ich selbst werde mich darum kümmern! Mach dir nicht mehr so viele Sorgen, sondern vertraue ganz auf mich! Die meisten Menschen klammern sich an das Irdische, nur durch Krankheit und Schwäche können sie sich langsam davon lösen. So wird die Krankheit zur Gnade, so hat das Leiden einen tiefen Sinn.

Widersetz dich also nicht den Widrigkeiten des Alters; versuche nicht, so zu leben wie in der Jugend! Trauere deinen Jugendjahren

311. Vgl. 1 Tim 6,7-8: Denn wir haben nichts in die Welt mitgebracht und wir können auch nichts aus ihr mitnehmen. Wenn wir Nahrung und Kleidung haben, soll uns das genügen.

nicht mehr länger nach, jede Lebenszeit hat ihre bestimmte Aufgabe! Deine Aufgabe im Alter ist es, alles loszulassen und deinen Sinn immer mehr auf mich zu richten und im Glauben zu wachsen und zu reifen. Du kannst jetzt genauso viel tun für den Aufbau meines Reiches wie in der Jugend, aber auf eine andere Art. Bete viel, bete Tag und Nacht![312] Die Welt liegt im Argen und braucht dringend dein Gebet. Opfere mir deine Leiden auf und großer Segen wird ausgehen von dir! Wachse immer mehr in der Liebe, sei gütig zu allen Menschen, gib deine Lebensweisheit in Liebe weiter an die Jugend! So wirst du wohlvorbereitet sein für deine Begegnung mit mir. Amen.

119. Scheue nicht die Leiden infolge deines Glaubens!

29. Oktober 2010

Mein geliebtes Kind, scheue nicht die Leiden, die sich durch deinen Glauben ergeben! Wenn du mir nachfolgst, werden sich dir viele Hindernisse in den Weg stellen. Überwinde sie alle in meiner Macht und meiner Kraft!

Du wirst viele Angriffe Satans zu erdulden haben, widersage ihm in meinem Namen! Der Böse wird ständig versuchen, dich vom richtigen Weg abzubringen und dich zur Sünde zu verführen. Bleib standhaft, kämpfe den guten Kampf des Glaubens![313] Und wenn du gefallen bist, komm wieder zu mir zurück! Ich werde dich stets in Liebe aufnehmen und dir alle Sünden verzeihen.
Satan wird auch die Menschen in deiner Umgebung gegen dich aufbringen, sie werden dich ablehnen und verachten, ja manch-

312. Vgl. Lk 2,37: Nun war sie (die Prophetin Hanna) eine Witwe von vierundachtzig Jahren. Sie hielt sich ständig im Tempel auf und diente Gott Tag und Nacht mit Fasten und Beten.
313. Vgl. 1 Tim 1,18-19: Durch diese Worte gestärkt, kämpfe den guten Kampf, gläubig und mit reinem Gewissen, ...!

mal sogar hassen und verfolgen.[314] Verzeih ihnen immer wieder, denn sie wissen nicht, was sie tun!

Wenn du den Weg mit mir gehst, wirst du auch immer wieder an dir selbst leiden, an deiner Armseligkeit und Unfähigkeit zu allem Guten, an deiner Lauheit und deinem Kleinglauben, an deiner Sündhaftigkeit und deinem Mangel an Heiligkeit. Ich lasse dies zu, damit du an Demut zunimmst und dich nicht stolz über die anderen Menschen erhebst.

Auf deinem Glaubensweg werden dir auch Glaubenszweifel, Unsicherheit bezüglich deiner persönlichen Berufung und Entscheidungsprobleme begegnen.
Wenn du den Weg des Gebetes gehst, scheue nicht vor den vielen Gebetsleiden zurück, die auf dich zukommen, vor Langeweile, Unlust, Zerstreuung und Ablenkung beim Gebet!
Und wenn du schließlich in die Nacht geführt wirst, die die Mystiker beschreiben, so sträube dich nicht dagegen, denn durch diese große Gnade wirst du in der Tiefe deiner Seele gereinigt! Ganz heilig wirst du daraus hervorgehen. Amen.

120. Verachte meine Prüfungen nicht!

4. November 2010

Mein geliebtes Kind, manches Leiden lasse ich zu, um deinen Glauben und deine Liebe zu prüfen.[315] Du musst dich immer wieder neu für mich und meine Liebe entscheiden; viele Drangsale des Lebens geben dir Gelegenheit dazu.

---

314. Vgl. Lk 21,16: Sogar eure Eltern und Geschwister, eure Verwandten und Freunde werden euch ausliefern und manche von euch wird man töten.
315. Vgl. Jak 1,3: Ihr wisst, dass die Prüfung eures Glaubens Geduld bewirkt.

Es ist leicht, mir zu dienen, wenn du dich in der Freude und im Glück befindest. Wie viel versprichst du mir in diesem Zustand; du glaubst, zu allem bereit zu sein! Du willst nur noch für mich leben, aber wie sehr überschätzt du dich! Ich schenke dir am Anfang deines Glaubenslebens diese Freude, um dich näher an mich zu ziehen und um dich wegzulocken von der Welt.

Aber bald werden die Prüfungen einsetzen. Ich prüfe dich auf Herz und Nieren,[316] um zu sehen, ob du mich wirklich liebst und ob du wirklich auf mich vertraust. Wie schwach bist du dann oft und wie schnell wendest du dich wieder von mir ab! Wegen jeder Kleinigkeit haderst du mit mir und du forderst von mir, dass ich dir sofort alle deine Wünsche erfülle. Du wendest dich wieder deinen Götzen zu und erwartest von ihnen dein Glück.

Ich aber warte geduldig auf dich, bis du wieder zu mir zurückkommst, weil ich dich unendlich liebe. Ich prüfe dich, weil ich es gut mit dir meine, weil du dein wahres Glück nur bei mir finden kannst. Ich warte voller Sehnsucht auf ein Zeichen der Liebe zu mir, auf deine Zuwendung und auf deine Treue. Lass mich nicht vergeblich warten! Diene mir in Treue, auch wenn es dich etwas kostet, auch wenn du auf etwas verzichten musst! Ich werde dich reichlich dafür belohnen, es wird dir nichts Wichtiges fehlen in deinem Leben.
So verachte meine Prüfungen nicht, sie gereichen dir alle zum Heil! Wenn sie auch im Moment schmerzlich sind, in meinen Augen sind sie kostbar wie Edelsteine. Amen.

316. Vgl. Ps 26,2: Erprobe mich, Herr, und durchforsche mich, prüfe mich auf Herz und Nieren.

121. Nimm die Leiden der Liebe an!

5. November 2010

Mein geliebtes Kind, nimm die Leiden an, die die Liebe mit sich bringt! Wenn zwei sich lieben, werden sie sich in Sehnsucht nacheinander verzehren. Jede Trennung werden sie als leidvoll empfinden. Jede Freude des Geliebten wird auch ihre eigene Freude sein und jeder Schmerz des anderen wird ihr eigener Schmerz sein. So wird es auch dir ergehen, wenn du mich wirklich liebst.[317] Jede Sünde wirst du zutiefst bereuen, weil sie mir Schmerz verursacht. Du wirst Mitleid haben mit mir, deinem Geliebten, und du wirst stets versuchen, mir Freude zu bereiten und keinen Kummer. Du wirst mitfühlen mit meiner Passion am Kreuz, meine Leiden werden deine eigenen sein.

Versuche nicht, diesen Leiden zu entgehen, denn es sind Leiden der Liebe! Kostbar sind sie in meinen Augen. Durch sie werde ich getröstet und ich kann viel bewirken für mein Reich. Je größer deine Liebe zu mir ist, umso mehr wirst du an dieser Liebe leiden. Je tiefer du mit mir vereint bist, desto mehr wirst du Anteil haben an meinem Leiden. Hab keine Angst davor, sträube dich nicht dagegen, denn du wirst ebenso immer mehr Anteil haben an meiner Freude und an meiner Herrlichkeit! Diese werden alles Leid aufwiegen und manchmal sogar vergessen lassen.

So komm, meine Geliebte! So komm, mein Geliebter! Ich warte auf deine Liebe, ich habe große Sehnsucht nach dir. Lass mich nicht mehr länger warten, denn ich möchte Hochzeit feiern mit dir! Ich möchte dich mit mir vereinigen und dir das Glück meiner Liebe verkosten lassen.[318] Hab keine Angst, lass dich fallen in meine

317. Vgl. Jes 26,9: Meine Seele verlangt nach dir in der Nacht, auch mein Geist in meinem Innern ist voll Sehnsucht nach dir.

318. Vgl. Hld 6,3: Ich gehöre meinem Geliebten und mein Geliebter gehört mir, der unter Lilien weidet.

Liebe! Du wirst es nicht bereuen, auch wenn du manches Leiden auf dich nehmen musst. Ich schenke dir die Fülle des Lebens, den letzten Sinn deines Daseins, die vollkommene Erfüllung deiner Sehnsüchte. So komm, denn dein Geliebter wartet auf dich! Amen.

122. Verachte meine Zucht nicht!

6. November 2010

Mein geliebtes Kind, ich lasse manches Leiden bei dir zu, damit du mehr Mitgefühl bekommst für die leidenden Menschen.
Ein Mensch, der noch nie krank war, wird sich in die Lage eines Kranken schwer hineinversetzen können. Er wird ihm gegenüber gleichgültig sein, er wird sich um ihn nicht kümmern und ihn nicht besuchen. Wer aber selbst viele Krankheiten durchlitten hat, wird voller Mitgefühl sein für die kranken Menschen. Er leidet mit ihnen und sein Mitleid treibt ihn zu Werken der Nächstenliebe an. So hadere also nicht mit mir, wenn du mit mancherlei Krankheiten geschlagen wirst! Sie machen dein Herz weich und barmherzig gegenüber deinen Mitmenschen, die ebenfalls leiden. Du wirst versuchen, ihnen zu helfen, und du wirst für sie beten. Durch deine eigenen Leiden vertreibe ich jegliche Gleichgültigkeit und Unbarmherzigkeit aus deinem Herzen. Ich forme es nach meinem Willen, ich erfülle es mit Liebe und Anteilnahme. So wird es langsam umgestaltet in mein Herz, das angefüllt ist mit übergroßer Liebe und reichem Erbarmen.[319]

Verachte also meine Zucht nicht, denn alles hat einen tiefen Sinn in deinem Leben, auch wenn du diesen im Moment noch nicht erkennst![320] Später wirst du einmal alles verstehen; du wirst meine

319. Vgl. Jak 5,11: Denn der Herr ist voll Erbarmen und Mitleid.
320. Vgl. Hebr 12,11: Jede Züchtigung scheint zwar für den Augenblick nicht Freude zu bringen, sondern

Weisheit loben und preisen. Du wirst mir einmal dankbar sein für manchen Schmerz, den du erleiden durftest, denn du erkennst klar den geistlichen Gewinn, der daraus erstand.
Überlass dich ganz dem Wirken meiner Liebe, ich weiß am besten, was du gerade brauchst! Ob Leid und Schmerz oder Freude und Glück, alles gereicht dir zum Heil in meiner Liebe.[321] Nimm alles in Gelassenheit an, so wirst du stets deinen Frieden bewahren! Amen.

123. Im Leiden bist du ganz eins mit mir

8. November 2010

Mein geliebtes Kind, im Leiden bist du ganz eins mit mir. Du erhältst Anteil an meinem Erlöserleiden und wirkst mit am Aufbau meines Reiches. Habe ich euch nicht gesagt: «Ein Jünger steht nicht über seinem Meister»[322]? So wundere dich nicht, wenn du verfolgt wirst, wenn dich die Leute verachten und ausstoßen aus ihrer Gemeinschaft; denn mir ist es genauso ergangen!
Nimm diese Leiden geduldig an! Je mehr du einwilligst in dein Schicksal, umso tiefer wirst du mit mir vereint sein und umso mehr Frucht wirst du bringen in deinem Leben. Wenn du in Auflehnung und Groll lebst, wirst du dich von meiner Liebe entfernen und die Sünde gewinnt Macht über dich. Satan wird stets versuchen, dich von mir zu trennen; sei also auf der Hut! Widerstehe ihm in meiner Macht, durchschaue sein böses Spiel!

Leid; später aber gewährt sie denen, die durch sie geschult worden sind, Gerechtigkeit als Frucht des Friedens.

321. Vgl. Röm 8,28: Wir wissen aber, dass denen, die Gott lieben, alles zum Guten gereicht, denen, die gemäß seinem Ratschluss berufen sind.

322. Vgl. Mt 10,24: Ein Jünger steht nicht über seinem Meister und ein Sklave nicht über seinem Herrn.

Zweifle nie an meiner Liebe zu dir, denn dies würde mich sehr betrüben! Ich tue alles aus Liebe zu dir, auch wenn du dies nicht immer erkennst. Nichts kann dich von meiner Liebe trennen,[323] kein Leiden, kein Unglück, keine Krankheit, kein Schicksalsschlag, außer du willigst ein in die Sünde.
Aber auch wenn du gefallen bist, werde ich dich immer noch lieben und geduldig auf deine Umkehr warten. Zweifle also nie an meiner Liebe! Das Leiden soll dich noch mehr mit mir vereinigen und deine Liebe zu mir festigen.

Folge mir in jeder Lebenslage nach, halte mir die Treue, was auch über dich kommen mag! Bedenke, ich bin stets bei dir und in dir und ich werde dir helfen in jeder Not! Ich lasse dich nicht im Stich, auch wenn du vielleicht im ersten Augenblick an meiner Hilfe zweifelst. Vertraue ganz auf mich, besonders im Leiden, und du wirst selig sein! Niemand kann dich mir entreißen, denn du bist mein Eigentum. Amen.

124. Ich weise dir durch Leiden den richtigen Weg

9. November 2010

Mein geliebtes Kind, ich lasse manches Leiden zu, um dir den richtigen Weg zu weisen. Wenn du dabei bist, einen verkehrten Weg einzuschlagen, werde ich dir diesen durch viele Hindernisse und Widerwärtigkeiten versperren.[324] Frage dich dann, ob du nicht in die verkehrte Richtung gehst und ob du nicht umkehren solltest! Bete viel zu meinem Hl. Geist um Erkenntnis, damit

323. Vgl. Röm 8,38: Denn ich bin gewiss: Weder Tod noch Leben, weder Engel noch Mächte, weder Gegenwärtiges noch Zukünftiges ... können uns scheiden von der Liebe Gottes, die in Christus Jesus ist, unserem Herrn.

324. Vgl. Num 22,34: Bileam antwortete dem Engel des Herrn: Ich habe gesündigt, weil ich nicht erkannt habe, dass du dich mir in den Weg gestellt hast. Jetzt aber will ich umkehren, wenn mein Weg in deinen Augen böse ist (s. Num 22-24: Der Seher Bileam und das gesegnete Israel).

du den richtigen Weg erkennst und nicht ziellos herumirrst im Labyrinth des Lebens. Er wird dir den Weg weisen, den ich für dich vorgesehen habe.[325]

Aber auch wenn du den richtigen Weg eingeschlagen hast, werden dir viele Hindernisse und Schwierigkeiten begegnen. Satan wird ständig versuchen, dich auf einen Irrweg zu bringen und dich von mir zu entfernen. So bete jeden Tag um die Gabe der Unterscheidung der Geister! Ohne sie wirst du in Verwirrung geraten und auf jede List des Teufels hereinfallen.
Aber hab keine Angst! Wenn du den Weg mit mir gehst, werde ich nicht zulassen, dass du ganz vom richtigen Weg abkommst. Wenn du dich wirklich einmal verirrt haben solltest, werde ich dich bald wieder zurückführen zu mir und dich meine Pläne mit dir erkennen lassen.

So fürchte dich also nicht, bleib in inniger Verbindung mit mir, bleib treu im Gebet und du wirst deinen Weg nicht verfehlen! Ich werde dir Frieden schenken und Weisheit in Fülle. Niemand kann dich vom rechten Weg abbringen, denn du gehörst mir. Nimm stets Zuflucht zu mir, bei mir wirst du geborgen sein! Schau nicht ständig auf deine Probleme, lass dich durch sie nicht entmutigen! Schau vielmehr auf mich und meine Liebe, bei mir wirst du Ruhe finden für deine Seele! Amen.

125. Mach deine Leiden zum Sühneleiden!

10. November 2010

Mein geliebtes Kind, trag deine Leiden zur Sühne für deine eigenen Sünden und diejenigen der anderen Menschen! Die Gerechtigkeit

325. Vgl. Ps 25,4.8: Zeige mir, Herr, deine Wege, lehre mich deine Pfade! Der Herr ist gut und redlich, darum weist er Sünder auf den rechten Weg.

verlangt, dass jede Sünde gesühnt und wiedergutgemacht wird. Keine Sünde ist harmlos in meinem Reich; jede kleinste Sünde ist ein Verstoß gegen meine übergroße Liebe.

So bereue also deine Sünden und tu Buße! Ich werde dir deine Sünden in meinem überreichen Erbarmen vergeben. Zur Wiedergutmachung verstärke deinen Eifer zum Guten, suche die Verbindung mit mir im Gebet, verrichte Werke der Nächstenliebe und bringe Opfer der Liebe! Auch wenn du geduldig alle deine Leiden und Schmerzen erträgst, können deine Sünden gesühnt werden. Trag also tapfer dein Kreuz, denn es gereicht dir zum Heil! So wirst du immer mehr gereinigt und verwandelt in meine Liebe. Dieser Reinigungsprozess wird sich fortsetzen im Fegfeuer; er wird niemandem erspart bleiben, denn nur wer sich in großer Reinheit und Heiligkeit befindet, kann eingehen in meine Herrlichkeit.[326]

Du kannst deine Leiden auch aufopfern als Sühne für die Sünden von anderen Menschen. Tritt stellvertretend ein für sie bei meinem Vater, vereinige dich dabei mit meinem Sühneleiden am Kreuz! Große Gnade wird dadurch herabfließen auf diese Menschen, du nimmst dadurch teil an meinem Erlösungswerk. Großes Gefallen habe ich an so einem Werk der Nächstenliebe, du wirst reichlich dafür belohnt werden.
Auch für die Verstorbenen im Fegfeuer kannst du Sühneleiden übernehmen, sie werden dir sehr dankbar dafür sein. Ihre Pein wird dadurch gemildert und ihre Reinigung beschleunigt. Sie werden ihrerseits Fürbitte einlegen für dich und dir viele Gnaden erbitten.

Mach deine Leiden also zum Sühneleiden, denn großer Segen wird davon ausströmen! Amen.

326. Vgl. Offb 21,27: Aber nichts Unreines wird hineinkommen (in das neue Jerusalem), keiner, der Gräuel verübt und lügt.

126. Ich bestrafe dich aus Liebe

11. November 2010

Mein geliebtes Kind, manchmal muss ich dich strafen damit du dich besserst. Zweifle aber deshalb nicht an meiner Liebe, denn ich tue alles aus Liebe zu dir! Ich habe viel Geduld mit dir, ich warte geduldig auf deine Umkehr und auf deine Zuwendung zu mir.[327] Ich schenke dir viele Gnaden und überhäufe dich mit Wohltaten.

Aber wenn du hartnäckig an der Sünde festhältst und nicht bereit bist, von ihr zu lassen, muss ich härtere Maßnahmen ergreifen. Ich werde dich durch ein Strafgericht aufrütteln und dich aus den gewohnten Bahnen herausreißen. Vielleicht erkennst du dann deine Sünde und kehrst um! Vielleicht bekommst du Abscheu vor deiner Sünde und meidest sie in Zukunft! Hadere deshalb nicht mit mir, sondern erkenne die verborgene Gnade im Gericht! Ich tue alles, um dich zur Umkehr zu bewegen, denn du weißt nicht, wie hässlich die Sünde in meinen Augen ist. Die gegenwärtigen Leiden sind nichts im Vergleich zur Herrlichkeit, die ich für dich vorgesehen habe.

Ihr lebt jetzt in einer besonderen Zeit, einer Zeit der großen Gnade. Satan übernimmt immer mehr die Herrschaft in der Welt, die Sünden der Menschen schreien zum Himmel. Deshalb sende ich meine Strafgerichte über mein Volk und über die ganze Menschheit.[328] In der Not erinnern sich die Menschen vielleicht wieder an mich und suchen Zuflucht bei mir. Ich werde ihre Gebete erhören und ihnen weiterhelfen in jeder Situation. Ich werde mich als ihr

327. Vgl. Weish 12,2: Darum bestrafst du die Sünder nur nach und nach; du mahnst sie und erinnerst sie an ihre Sünden, damit sie sich von der Schlechtigkeit abwenden und an dich glauben, Herr.

328. Vgl. Offb 16,1: Dann hörte ich, wie eine laute Stimme aus dem Tempel den sieben Engeln zurief: Geht und gießt die sieben Schalen mit dem Zorn Gottes über die Erde!

Gott erweisen und mächtig eingreifen in ihr Leben. Ich werde Wunder wirken, sie werden nicht zu übersehen sein, denn groß ist meine Gnade über den Menschen.

So habt keine Angst vor meinem Strafgericht, denn dadurch werde ich die Menschheit ganz verwandeln! Bedenkt, es geschieht alles in meiner übergroßen Liebe zu euch! Amen.

127. Trage dein Leid im Verborgenen!

12. November 2010

Mein geliebtes Kind, sprich nicht ständig über deine Leiden,[329] sondern ertrage sie im Verborgenen! Wenn du ein Leid zu tragen hast, vertrau es nur einigen wenigen Menschen an, die dir weiterhelfen können in deiner Not. Du kannst dich bei ihnen aussprechen und wieder neuen Mut fassen durch ihren Zuspruch.
Aber rede nicht ständig über dein Leid, teile es nicht allen Menschen um dich herum mit, belaste deine Umgebung nicht allzu sehr damit! Auch sie haben ihr Leid zu tragen, nicht nur du. Jammere nicht ständig, beklage dich nicht jeden Tag über dein Schicksal, sondern trag dein Leid in Geduld! Mach nicht immer nur die anderen Menschen verantwortlich für deine Not, vielleicht bist du zum Teil selbst daran schuld!

Komm vielmehr zu mir, wenn es dir schlecht geht, ich werde dir stets Trost und Hilfe verschaffen![330] Ich allein weiß, was du gerade brauchst und welche Hilfe für dich am besten ist. Ich habe immer ein offenes Ohr für dich, ich kümmere mich mehr um dich als jeder Mensch. Bei mir findest du die Geborgenheit, nach der du

329. Vgl. Spr 17,27: Wer sich zurückhält beim Reden hat tiefe Einsicht, ...
330. Vgl. Ps 142,2-3: Mit lauter Stimme schrei ich zum Herrn, laut flehe ich zum Herrn um Gnade. Ich schütte vor ihm meine Klage aus, tue vor ihm kund meine Drangsal.

dich sehnst. Such also nicht nur bei den Menschen Hilfe, sondern v. a. auch bei mir! Ich werde dich nicht enttäuschen, ich umgebe dich mit meiner Liebe und schenke dir neue Hoffnung und Kraft. Erwarte nicht zu viel von den Menschen, sie sind schwach und sündhaft wie du! Sie wissen oft gar nicht, wie sie dir helfen sollen; ihre Erkenntnis ist begrenzt.

So trage dein Leid im Verborgenen und vereine es mit meinen Leiden am Kreuz! Ohne Leiden wirst du mir nicht nachfolgen können, ohne Schmerzen kannst du nicht mein Jünger sein! Ich schenke dir aber auch viel Freude und Glück; alles hat seine Zeit. Ganz vereint mit mir wirst du sogar Freude mitten im Leid verspüren! Amen.

128. Hab keine Angst vor dem Sterben!

13. November 2010

Mein geliebtes Kind, hab keine Angst vor dem Sterben, denn ich bin bei dir! Bereite dich gut vor auf das Sterben, denn die Begegnung mit mir im Tod wird der Höhepunkt deines Lebens sein! Dies ist das Ziel deines Lebens, auf dieses Ziel hin hast du gelebt. Du wirst alles Irdische und Vergängliche hinter dir lassen und eingehen in meine Herrlichkeit.

Hab keine Angst vor dem Tod, hab keine Angst vor dem Gericht, denn meine Barmherzigkeit ist groß![331] Bete viel um einen guten Tod und ich werde dir deine Bitte erfüllen! Du wirst in Frieden von der Welt scheiden und nicht ohne Sterbesakramente bleiben.
Die Krankheiten vor dem Tod sollen dich ganz von der Welt loslösen, dich soll nichts mehr festhalten in der Welt. Klammere dich an nichts mehr, lass alles los und gib dich mir ganz hin!

331. Vgl. Ps 103,8: Der Herr ist barmherzig und gnädig, langmütig und reich an Huld.

Ich habe dir eine Wohnung bereitet bei meinem Vater, eine Herrlichkeit, die du dir nicht vorstellen kannst.[332] Hab also keine Angst, sondern vertraue mir ganz, auch wenn du dich armselig und sündhaft fühlst! Öffne dich meiner Liebe und Barmherzigkeit und ein Gnadenstrom des Lebens wird einströmen in dein Herz zum Zeitpunkt deines Todes! Wenn dein Herz noch unrein ist, muss es noch gereinigt werden, bis es hell erstrahlt in meiner Liebe.
Meine Engel werden dich abholen von der Erde und auch deine nächsten Verwandten. Sie werden dich mit großer Freude empfangen. Dein Schutzengel hat eine besondere Aufgabe bei deinem Hinscheiden, er bewahrt dich vor allen Angriffen Satans und nimmt dir die Angst. Er gibt dir gute Gedanken ein und bewirkt in dir eine große Reue über deine Sünden. Behütet und bewacht wirst du hinübergehen in mein Reich, um in Ewigkeit das Glück und die Freude zu genießen im Angesicht der Heiligsten Dreifaltigkeit. Amen.

129. Viele Menschen steuern der Hölle zu

16. November 2010

Mein geliebtes Kind, viele Christen glauben heute nicht mehr an die Existenz der Hölle, aber sie irren sich sehr. Satan und seine Helfershelfer sind ständig unterwegs und verführen die Menschen zur Bosheit und zum Glaubensabfall. Sie schüren Streit und Zwietracht zwischen den Menschen und verführen ganze Völker zu Feindschaft und Krieg. Satan gewinnt immer mehr Macht in der Welt, viele Menschen stehen unter seiner Herrschaft und dienen ihm. Sie sind Sklaven der Sünde und können sich nicht daraus befreien.

332. Vgl. Joh 14,3: Wenn ich gegangen bin und einen Platz für euch vorbereitet habe, komme ich wieder und werde euch zu mir holen, damit auch ihr dort seid, wo ich bin.

Wenn diese Menschen nicht umkehren und den Weg des Guten gehen, werden sie ihr ewiges Heil verfehlen. Wer sich vollkommen meiner Liebe verschließt, muss eine Ewigkeit lang die Qualen der Hölle erleiden.[333] Jeder Mensch entscheidet sich frei für oder gegen mich, aber wie viele hassen mich und entscheiden sich gegen mich! Hab Mitleid mit diesen Menschen, denn auch für sie bin ich gestorben und auch sie liebe ich und auch sie möchte ich für ewig bei mir haben! Wie schmerzt es mich, wenn sie für ewig verloren gehen!

Bete viel für die Bekehrung der Sünder, damit ich sie aus den Fängen Satans befreien kann! Hab großes Mitleid mit ihnen, denn kein Leid auf Erden gleicht den entsetzlichen Qualen der Hölle![334] Viele meiner Heiligen habe ich auf Erden geistlich in den Zustand der Hölle versetzt. Ganz verändert sind sie daraus hervorgegangen und haben sich von da an ganz für das Heil der Seelen verzehrt.
Bete, bete, bete, mein Kind, und leg Zeugnis von mir ab, denn die Welt liegt im Argen und viele Menschen steuern der Hölle zu! Aber hab keine Angst, ich werde als Sieger hervorgehen in dem geistlichen Kampf; Satan wird entmachtet werden[335] und ich werde meine Kinder heimholen zu mir! Amen.

333. Vgl. Mt 25,41: Dann wird er (Jesus beim Jüngsten Gericht) zu denen auf der Linken sagen: Geht weg von mir, ihr Verfluchten, in das ewige Feuer, das für den Teufel und seine Engel bestimmt ist!

334. Vgl. Lk 16,24: Da rief er (der Reiche): Vater Abraham, hab Erbarmen mit mir ..., denn ich leide große Qual in diesem Feuer (der Hölle).

335. Vgl. Offb 20,2-3: Er (ein Engel) überwältigte den Drachen, die alte Schlange – das ist der Teufel oder der Satan –, und er fesselte ihn für tausend Jahre. Er warf ihn in den Abgrund, verschloss diesen und drückte ein Siegel darauf, ...

130. Verzeih allen Menschen!

17. November 2010

Mein geliebtes Kind, verzeih allen Menschen, die dir Leid zugefügt haben,[336] denn ich habe auch allen Menschen verziehen! Trag ihnen nichts mehr nach, denn oft wussten sie nicht, was sie taten! Sie handelten nicht immer aus Bosheit, sondern oft aus Unwissenheit und Schwäche.

Übergib mir deine seelischen Wunden, ich werde sie heilen in meiner übergroßen Liebe! Begib dich oft in meine Gegenwart, such Zuflucht bei mir im Gebet! Ich bin dein bester Seelenarzt, ich werde dich stets stärken und trösten und dir wieder Hoffnung geben für die Zukunft. Meine unendliche Liebe wird alles heilen in dir, wenn du dich mir ganz auslieferst. Lass alles geschehen an dir, vertrau mir ganz!
Und wenn du den Menschen nicht verzeihen kannst, dann bitte mich um die Gnade des Verzeihens! Ich werde dein Herz umwandeln und es dem meinen ähnlich machen. Gib also die Hoffnung nicht auf, komm immer wieder zu mir, wenn du in Not bist!

Bete viel für die Menschen, die dich verletzt haben, so wirst du ihnen zum Heil werden! Ich werde auch sie verwandeln und näher an mich ziehen. Zur rechten Zeit werde ich euch die Gnade der Versöhnung schenken. Bedenke, ich kann alles zum Guten wenden, alles hat einen tiefen Sinn in deinem Leben! Du sollst lernen, auch deine Feinde zu lieben, nicht nur deine Freunde.[337] Ich gebe dir dazu immer wieder die Gelegenheit. Nur in meiner Liebe wirst du dazu fähig sein, deine eigene Kraft wird dazu nicht ausreichen.

---

336. Vgl. Eph 4,32: Vergebt einander, wie auch Gott euch in Christus vergeben hat.
337. Vgl. Lk 6,35: Doch ihr sollt eure Feinde lieben und Gutes tun ...

Komm also immer wieder zu mir, ich werde dich anfüllen mit meiner Liebe! Nichts wird dir mehr unmöglich sein in meiner Liebe. Vertrau auf die Kraft der Liebe, auf sie allein kommt es an in deinem Leben! Du sollst stets wachsen in der Liebe, ich werde dir die Gnade dazu geben. Amen.

131. Das Leid führt dich in die Tiefe

18. November 2010

Mein geliebtes Kind, versuche nicht, jedem Leid zu entfliehen, denn das Leid führt dich in die Tiefe! Lebe nicht ständig auf der Flucht vor dem Leiden![338] Versuche nicht, allen kleinen Unannehmlichkeiten des Alltags aus dem Weg zu gehen, denn alles hat einen tiefen Sinn! Nimm alles an, was auf dich zukommt, sträube dich nicht dagegen! Du kannst alle Situationen durchstehen mit meiner Hilfe, hab keine Angst davor! Gereinigt und geläutert wirst du daraus hervorgehen.

Ich führe dich durch das Leiden weg von den Oberflächlichkeiten des Lebens hinein in die Tiefe der Liebe. Jedes überstandene Leid macht dich reifer, jedes angenommene Kreuz macht dich mir ähnlicher. Du wirst immer mehr erkennen, was in meinen Augen wichtig ist in deinem Leben und was nicht. Du wirst deine eigene Armseligkeit und Sündhaftigkeit erkennen und die anderen Menschen nicht mehr so leichtfertig verurteilen. Deine Selbsterkenntnis wird dich vor mancher Sünde des Hochmuts bewahren.

So stelle dich den Herausforderungen des Lebens, mit meiner Hilfe gereichen sie dir alle zum Heil! Hab keine Angst, ich werde dich

338. Vgl. Mk 8,34: Wenn einer hinter mir hergehen will, verleugne er sich selbst, nehme sein Kreuz auf sich und folge mir nach.

nicht überfordern, ich gebe dir für jede Situation die nötige Kraft![339] Bleib tief mit mir verbunden im Gebet und nichts wird dir schaden können! Schau nicht immer nur auf deine Schwierigkeiten, sondern erhebe deinen Blick zu mir! Bei mir findest du Trost und Stärke, bei mir wirst du alles unter einem anderen Blickwinkel betrachten.
Du hast noch viel zu lernen, bis du ganz reif bist für mein Reich. Jeder Lernprozess ist aber auch mit Mühsal und Leiden verbunden. Scheue diese nicht, schreite mutig voran, denn großer Lohn wartet auf dich! Amen.

132. Beneide in deinem Leid nicht die Menschen im Glück!

19. November 2010

Mein geliebtes Kind, wenn du leiden musst, schau nicht neidisch auf die Menschen, denen es besser geht in deinen Augen![340] Vergleich dich nicht mit ihnen, denn du kennst ihr Herz nicht! Die Not ihres Herzens ist dir meist verborgen, du siehst oft nur ihr äußeres Leben. Jeder Mensch hat sein Leid zu tragen, auch wenn es nach außen hin nicht immer sichtbar ist.
Widersage also in meinem Namen allen Gedanken des Neides und der Missgunst, sie vergiften nur dein Herz! Bemitleide dich nicht immer selbst; glaube nicht, dass ich dich benachteilige und dass ich dich weniger liebe! Lass dir dies von niemandem einreden, denn es ist eine Lüge!

Gönne jedem sein Glück, denn du weißt nicht, ob ihn nicht schon morgen ein Unglück trifft! Wer kennt meine Gedanken und wer kennt meine Pläne mit jedem Menschen? Niemand kann sie er-

339. Vgl. Eph 6,10: Werdet stark durch die Kraft und Macht des Herrn!
340. Vgl. Weish 6,23: Wer sich vor Neid verzehrt, soll mich nicht auf meinem Weg begleiten; denn er hat mit der Weisheit nichts gemein.

gründen; meine Gedanken sind nicht eure Gedanken.[341] Vertraue darauf, dass ich es mit jedem Menschen gut meine und ihn so behandle, wie es am besten für ihn ist!

Vergleich dich nicht mit anderen Menschen, schau nur auf mich und pflege eine innige Beziehung zu mir! Dann wird dir jedes Leiden zum Heil gereichen, dann wirst du meine Zucht nicht verachten. Du wirst mir sogar einmal dankbar sein dafür und mich loben und preisen. Du wirst erkennen, dass manches Leid eine große Gnade von mir ist, die ich nur meinen auserwählten Kindern schenke. Wie anders denke ich doch über euer Leben als ihr Menschen! Was in euren Augen wie ein großes Unglück aussieht, ist in meinen Augen oft ein großes Glück!
So urteile nicht mehr über das Schicksal anderer Menschen und sei mit deinem eigenen Leben zufrieden! Amen.

133. Ertrage alle Ungerechtigkeiten aus Liebe zu mir!

20. November 2010

Mein geliebtes Kind, du wirst dich manchmal fragen, warum so viele Unschuldige leiden müssen. Unschuldige Kinder werden misshandelt und Ungeborene abgetrieben, unschuldig Verurteilte werden inhaftiert und gefoltert, unbequeme Kritiker werden eingesperrt oder getötet. Es sind dies schwere Sünden und Ungerechtigkeiten, die man möglichst verhindern soll.

Aber bin ich nicht auch unschuldig verurteilt worden, bin ich nicht auch unschuldig am Kreuz gestorben? So werden alle, die mir ernsthaft nachfolgen, unschuldig leiden müssen, denn ein Jünger steht nicht über seinem Meister. Sie haben dadurch Anteil

341. Vgl. Jes 55,8: Meine Gedanken sind nicht eure Gedanken und eure Wege sind nicht meine Wege – Spruch des Herrn.

an meinem Erlöserleiden[342] und wirken mit am Aufbau meines Reiches. Es ist dies ein großes göttliches Geheimnis. Wer kann es begreifen? Wer ganz mit mir im Leiden vereint ist, der bringt große Frucht im Reich Gottes. Aber das Leiden muss angenommen werden und die Sünden der Peiniger müssen verziehen werden. Ich habe auch meinen Feinden verziehen.

Mein Kind, beklage dich also nicht über die vielen Ungerechtigkeiten im Alltag, beteuere nicht ständig deine Unschuld! Ertrage alles aus Liebe zu mir, vereinige dich mit meinem Leiden![343] So wird großer Segen ausgehen von dir über alle Menschen, die dir unrecht tun.
Verzeih ihnen und bete für sie, das ist das einzig angemessene Verhalten für dich als Christ! Deine Leiden wirken als Sühne für ihre Sünden, ich kann sie verwenden für ihre Bekehrung. Willst du nicht mitwirken am Aufbau meines Reiches? Du brauchst keine großen Werke zu vollbringen, aber lass dich auf diese Weise von mir gebrauchen! Such dir nicht selbst aus, wie du mir dienen willst, sondern füge dich ganz ein in meine Pläne! So sei gesegnet, mein Kind! Amen.

134. Wenn du leiden musst, wende dich an die Heiligen!

22. November 2010

Mein geliebtes Kind, wenn du leiden musst, wende dich an die Heiligen und nimm sie dir zum Vorbild![344] Sie leben jetzt bei mir in der Glückseligkeit des Himmels, aber auf Erden mussten sie alle viel

342. Vgl. 1 Petr 4,13: Stattdessen freut euch, dass ihr Anteil an den Leiden Christi habt; denn so könnt ihr auch bei der Offenbarung seiner Herrlichkeit voll Freude jubeln.
343. Vgl. Phil 3,10: Christus will ich erkennen und die Macht seiner Auferstehung und die Gemeinschaft mit seinen Leiden, indem ich seinem Tod gleich gestaltet werde.
344. Vgl. Jak 5,10: Brüder und Schwestern, im Leiden und in der Geduld nehmt euch die Propheten zum Vorbild, die im Namen des Herrn gesprochen haben!

leiden. Sie wurden verachtet, verspottet, verfolgt, gequält und gefoltert und viele von ihnen wurden um meinetwillen sogar getötet. Sie scheuten keine Mühsal und schreckten vor keinem Hindernis zurück, denn sie waren ganz erfüllt von meinem Hl. Geist.
Ihre Liebe zu mir war groß, sie ertrugen alles geduldig für mich und kämpften leidenschaftlich für die Ausbreitung meines Reiches. Sie lebten nur noch für mich und meinen Vater und waren zu allem fähig in der Kraft meines Hl. Geistes. Kein menschliches Leid war ihnen fremd, keine menschliche Mühe blieb ihnen erspart. Manche meiner Heiligen ersehnten sogar das Martyrium um meinetwillen, so groß war ihre Liebe zu mir.

Wenn du also in Not bist, wende dich an meine Heiligen denn ihre Fürbittkraft ist groß! Sie kennen deine Probleme, sie haben gelitten und gekämpft wie du. Sie werden Verständnis haben für dich und sich für dich einsetzen. Sie haben ihre Patronate, in diesen Bereichen ist ihre Fürbitte besonders wirksam.

Befass dich viel mit dem Leben der Heiligen, sie haben dir viel zu sagen! Sie sind ein Vorbild für alle, sie haben meine Liebe in der Welt vorbildlich sichtbar gemacht. Aber sie waren auch Sünder und ohne mich waren sie zu nichts fähig. Sie werden deine Probleme verstehen.
Sag also nicht: «Ich brauche keine Heiligen!», du verachtest sonst ein tiefes Geheimnis meiner Kirche! Alle sollen in Liebe miteinander verbunden sein und sich eifrig füreinander einsetzen. Amen.

135. Verehre meine fünf Wunden am Kreuz!

23. November 2010

Mein geliebtes Kind, verehre meine fünf Wunden am Kreuz, viele Gnaden gehen davon aus! Betrachte die Wunden meiner Hände und Füße und die Seitenwunde, mach dir die übergroßen

Schmerzen bewusst, die ich erleiden musste! Ströme von Blut sind daraus hervorgequollen, wie schmerzhaft waren die Einstiche der Nägel! All das habe ich aus Liebe zu euch auf mich genommen, um euch von euren Sünden zu erlösen![345] Und wie viele von euch bringen mir nur Gleichgültigkeit, Unglauben und Verachtung entgegen!

Schenk wenigstens du mir Anteilnahme und Liebe! Wie reich werde ich dich dafür belohnen, wie viele Gnaden werde ich dir dafür schenken! Komm, versenke dich in mein Leiden, versuche, meine körperlichen Schmerzen am Kreuz nachzuempfinden! Lobe und preise mich dafür und sei mir von Herzen dankbar! Du wirst verändert aus dieser Betrachtung hervorgehen, ich werde dich mit Liebe und Mitgefühl überströmen. Du wirst mehr Distanz zur Welt gewinnen und dem Himmel näherkommen. Ich werde dein Herz nach und nach verwandeln und es dem meinen angleichen. Diese Andacht wird als Sühne für deine Sünden eingetragen; wenn du dich mit meinen Leiden am Kreuz vereinigst, vergesse ich sofort alle deine Sünden. Ich verzeihe dir und nehme dich an mein Herz.

Durch die Verehrung meiner fünf Wunden am Kreuz geht auch ein großer Segen auf meine ganze Kirche aus. Sie wird gefestigt und gereinigt, die Liebe und der Friede werden in ihr wachsen. Die lauen Christen werden eifriger und die Sünder erhalten die Gnade der Bekehrung.
Pflege also häufig diese Andacht, ihr Wert für das Heil der Seelen ist groß! Amen.

345. Vgl. Eph 1,7: In ihm (Jesus Christus) haben wir die Erlösung durch sein Blut, die Vergebung der Sünden nach dem Reichtum seiner Gnade.

136. Ich schenke dir zu jedem Leiden die nötige Kraft

24. November 2010

Mein geliebtes Kind, hab keine Angst, dass das Leiden deine Kraft übersteigt, denn ich werde dir zu jedem Leiden auch die nötige Kraft schenken![346] Mach dir keine Gedanken darüber, was noch alles auf dich zukommen könnte; male dir keine Schreckensbilder für die Zukunft aus! Satan möchte dich dadurch in Angst versetzen und dein Vertrauen zu mir untergraben. Das meiste davon wird nicht eintreffen, lass dich nicht verwirren!

Wenn dich wirklich einmal ein Schicksalsschlag trifft, wirst du auch die Gnade erhalten, ihn zu verkraften und durchzustehen. Wende dich sofort an mich, ich werde dir den Geist des Trostes und des Friedens senden! Lass dich nicht beunruhigen, lass dich von den Menschen in deiner Umgebung nicht negativ beeinflussen! Sie kennen die Pläne meines Vaters nicht und beurteilen vieles zu negativ. Wenn du in Not bist, schau nur noch auf mich! Ich allein sei deine Kraft und Stärke, ich allein sei dein Trost und deine Zuversicht![347] Du bist geborgen in meinem Herzen, du bist geschützt in meiner Liebe. Die Menschen werden staunen über deine Kraft, sie werden mein Wirken in dir erkennen.

So hab keine Angst vor dem Leiden, das noch auf dich zukommen könnte;[348] sie ist ganz unbegründet! Ich werde dich nicht überfordern; ich kümmere mich um dich und helfe dir weiter in jeder Not. Verzweifle nicht, die Verzweiflung kommt vom bösen Feind! Von mir kommen Hoffnung und Zuversicht, Trost und Frieden. Vertraue darauf, dass dir jede Situation zum Heil gereicht, auch wenn du dies noch nicht sofort erkennst! Alles in deinem Leben

346. Vgl. 1 Tim 1,12: Ich danke dem, der mir Kraft gegeben hat: Christus Jesus, unserem Herrn.
347. Vgl. Ps 71,5: Denn du bist meine Hoffnung, Herr und Gott, meine Zuversicht von Jugend auf.
348. Vgl. Offb 2,10: Fürchte dich nicht vor dem, was du noch erleiden musst!

hat einen tiefen Sinn; sträube dich also nicht gegen jedes Leid! Du wirst mir noch einmal dankbar sein dafür. Amen.

137. Nütze die Hilfsbereitschaft der Menschen nicht aus!

25. November 2010

Mein geliebtes Kind, deine Leiden fordern die Liebe deiner Mitmenschen heraus. Sie bekommen Gelegenheit, Mitleid mit dir zu haben und gute Werke an dir zu tun. Sie können dir beistehen in Rat und Tat und meine Liebe dadurch sichtbar machen. Mute ihnen deine Leiden zu, sie werden dir meist gern helfen! Dadurch entsteht eine enge Gemeinschaft zwischen euch, eine Gemeinschaft der Liebe und des Erbarmens.

Bete für die Menschen, die dir Hilfe leisten, bete für sie um Kraft, Liebe und Verständnis! Bete v. a. auch um Schutz für sie, denn Satan wird versuchen, eure Gemeinschaft zu zerstören!
Lass dir von den Menschen helfen, sei nicht zu stolz und sage nicht: «Ich brauche niemanden»! Nimm ihre Hilfe an und sei ihnen dankbar dafür! Ich selbst bin es, der dir durch sie helfen möchte. Bring ihnen deine Liebe entgegen und zeig ihnen deine Dankbarkeit!

Aber nütze die Hilfsbereitschaft deiner Mitmenschen nicht aus, nimm ihre Hilfe nicht unnötig in Anspruch! Überfordere sie nicht, binde sie nicht an dich, sei nicht aufdringlich ihnen gegenüber! Versuche nicht, Macht über sie auszuüben und sie zu dirigieren! Mach ihnen nicht ständig Vorwürfe, stell keine überzogenen Forderungen an sie! Sei nicht lieblos, launisch und rechthaberisch ihnen gegenüber! All das wird die Liebe zwischen euch zerstören. Wundere dich dann nicht, wenn dir niemand mehr helfen möchte! Du selbst trägst die Schuld an dieser Situation.

Benütze deine Hilfsbedürftigkeit nicht dazu, die Liebe deiner nächsten Mitmenschen zu erzwingen, denn jede Liebe ist ein Geschenk![349] Nimm ihnen nicht ihre Freiheit, denn jeder Zwang vergiftet eure Beziehung!
Lass dir also von den Menschen helfen, aber nütze sie nicht aus! Amen.

138. Du hast Anteil an den Leiden meiner Kirche

26. November 2010

Mein geliebtes Kind, du hast Anteil an den Leiden meiner Kirche; leide mit ihr in den Wirren dieser Zeit! Verlass sie nicht, kehr ihr nicht den Rücken, sondern bleib ihr in jeder Situation treu! Wenn du etwas an ihr auszusetzen hast, dann frag dich, ob du genug für sie gebetet hast!

Meine Kirche steckt jetzt in einer tiefen Krise, denn sie hat sich weit von mir entfernt. Ich möchte sie wieder ganz zu mir zurückholen und sie in neuem Glanz erstrahlen lassen. Ich erneuere jetzt meine Kirche, ich reinige sie von ihren Götzen,[350] ich dulde nichts Unreines mehr in ihr. Ich werde sie vollkommen umwandeln, bis ich allein wieder ihr Herr und Meister bin. Meine Kirche ist zu verweltlicht, es herrschen in ihr zu viele weltliche Interessen vor. Meine Kinder fragen zu wenig nach meinen Vorstellungen, sie wollen meist nur ihre eigenen Vorstellungen verwirklichen. Und Satan verführt viele zu schwerer Sünde, sodass das Angesicht meiner Kirche bis zur Unkenntlichkeit entstellt wird. Ich werde dies in Zukunft nicht mehr dulden. Ich schaffe mir eine heilige, ganz reine Kirche, die meine Herrlichkeit widerspiegelt.

349. Vgl. 2 Kor 9,7: Jeder gebe, wie er es sich in seinem Herzen vorgenommen hat, nicht verdrossen und nicht unter Zwang; ...
350. Vgl. Jona 2,9: Die nichtige Götzen verehren, verlassen den, der ihnen Gutes tut.

Mein geliebtes Kind, ich habe dich dazu berufen, mitzuwirken an diesem Werk. Liebe meine Kirche und bete für sie, bete Tag und Nacht um Erneuerung für sie! Flehe den Hl. Geist auf sie herab und auch auf dich! Kehr selbst um und heilige dich immer mehr! Je näher du mir selbst bist, umso mehr kannst du wirken für mein Reich. Auch wenn du an meiner Kirche leidest, entferne dich nicht aus ihr, denn ich bin ihr Haupt![351] Leide mit ihr die Geburtswehen einer neuen Kirche! Ich brauche dich dringend für die Erneuerung meines Volkes, stelle dich mutig dieser Aufgabe! Mein Hl. Geist wird dich dabei führen. Amen.

139. Jedes Leiden ist vergänglich

27. November 2010

Mein geliebtes Kind, jedes Leiden ist vergänglich, meine Herrlichkeit jedoch ist unvergänglich. Wenn dich ein Leid trifft, harre aus, denn es wird bald wieder ein Ende haben! Gib die Hoffnung auf Besserung nicht auf,[352] sie wird dich durchtragen durch jedes Leid! Komm zu mir, wenn du zu leiden hast, ich schenke dir den Geist der Hoffnung und Zuversicht! Durch meine Liebe verwandle ich deine Schmerzen in Segen und deine Trauer in Heil.

So sei also nicht verzagt, sondern erhebe deinen Blick zu mir! Bei mir findest du unvergängliche Freude und unbeschreibliches Glück, zum Teil bereits hier auf Erden. Deine gegenwärtigen Leiden werden nur kurze Zeit andauern, es wird bald wieder eine Wende eintreten in deinem Leben. Bis dahin hab Geduld, harre aus und füge dich in dein Schicksal! Hadere nicht mit mir, bleib treu im Gebet und folge mir nach! Nimm alles an, was auf dich zukommt, denn es gereicht dir alles zum Heil!

351. Vgl. Kol 1,18: Er (Jesus Christus) ist das Haupt, der Leib aber ist die Kirche.
352. Vgl. Röm 12,12: Freut euch in der Hoffnung, seid geduldig in der Bedrängnis, beharrlich im Gebet!

Und wenn deine Leiden etwas länger andauern, dann prüfe ich deine Ausdauer und Geduld, deine Treue und Beständigkeit, deine Ergebung in den Willen Gottes. Ich reinige dich von deinem Egoismus und Eigenwillen, von deinem Stolz und vielen anderen Sünden. Durch das Leiden wird dein Herz weich und ich kann es umschmelzen nach meinem Belieben, bis es nur noch für mich schlägt. Ich nehme jede Härte und Hartherzigkeit von dir, überlass dich also ganz meinem Wirken!

Jedes irdische Leid hat ein Ende, meine Liebe aber dauert eine Ewigkeit lang. Die Leiden der gegenwärtigen Zeit sind nichts im Vergleich zur Herrlichkeit, die an euch offenbar werden soll.[353]
Ruft euch das stets ins Gedächtnis und bleibt standhaft! Amen.

140. Gedenke am Donnerstag meiner Ölbergleiden!

29. November 2010

Mein geliebtes Kind, gedenke am Donnerstag besonders meiner Todesangst am Ölberg! Eine unbeschreibliche Angst hat mich damals ergriffen; ich habe die Abgründe der menschlichen Angst durchlitten. Ich fand keinen Trost in diesem schrecklichen Leiden, weder von den Menschen noch von meinem Vater im Himmel. Ich bat meine Jünger, bei mir zu bleiben und mit mir zu wachen, aber in ihrer Schwachheit überfiel sie der Schlaf. Meinen Vater flehte ich an, diesen Kelch doch an mir vorübergehen zu lassen, aber dies entsprach nicht seinem Willen. So fügte ich mich ganz dem Willen meines Vaters und gab mich ihm hin. In meiner übergroßen Liebe zu euch Menschen sagte ich Ja zu diesem schrecklichen Erlösungswerk.[354]

353. Vgl. Röm 8,18: Ich bin nämlich überzeugt, dass die Leiden der gegenwärtigen Zeit nichts bedeuten im Vergleich zu der Herrlichkeit, die an uns offenbar werden soll.

354. Vgl. Mt 26,36-46: Das Gebet in Getsemani.

Denk stets daran, dass ich auch für dich gelitten habe, und sei mir dankbar dafür! Mach es nicht wie meine Jünger damals, verschlafe nicht die kostbare heilige Zeit! Bleib bei mir und wache mit mir, vereinige dich mit meiner Todesangst am Ölberg![355] Betrachte dieses Leiden und leg deine eigenen Ängste, Depressionen und Gefühle der Verlassenheit mit hinein! So hast du Anteil an meinem Erlöserleiden und bringst reiche Frucht. Sag wie ich ganz Ja zum Willen meines Vaters, der auch dein Vater ist! Lerne wie ich den Gehorsam durch deine Leiden![356] Wenn du ganz mit mir verbunden bleibst, werde ich dir diese Gnade schenken!

Nütze also die Zeit und gedenke möglichst jeden Donnerstag meiner Ölbergleiden! Halte die Heilige Stunde, ehre mich durch dein Gebet! Wenn es dir möglich ist, komm zu mir vor den Tabernakel oder bete vor dem ausgesetzten Allerheiligsten! Du ahnst nicht, wie viel Segen davon ausgeht; die ganze Umgebung wird gesegnet durch dein Gebet. So begib dich ganz in meine Gegenwart! Amen.

141. Große Leiden stehen der Menschheit bevor

30. November 2010

Mein geliebtes Kind, große Leiden stehen der Menschheit bevor. Die letzten Zeiten sind angebrochen; es wird jetzt alles in Erfüllung gehen, was in der Hl. Schrift angekündigt worden ist. Ich werde bald wiederkommen in Herrlichkeit mit allen meinen Engeln und Heiligen.[357] Freut euch, meine Kinder, denn eure Erlösung ist nahe!

355. Vgl. Mt 26,37-38: Da ergriff ihn (Jesus) Traurigkeit und Angst und er sagte zu ihnen: Meine Seele ist zu Tode betrübt. Bleibt hier und wacht mit mir!
356. Vgl. Hebr 5,8: Obwohl er der Sohn war, hat er durch das, was er gelitten hat, den Gehorsam gelernt.
357. Vgl. Mt 25,31: Wenn der Menschensohn in seiner Herrlichkeit kommt und alle Engel mit ihm, dann wird er sich auf den Thron seiner Herrlichkeit setzen.

Aber vorher werde ich die Menschheit reinigen von aller Sünde. Satan wird bald ganz die Herrschaft übernehmen über die Welt; auch mein heiliges Volk, die Kirche, ist vor ihm nicht sicher. Kriege, Revolutionen und Aufstände werden sich überall ausbreiten auf der Erde, es werden überall Chaos und Gewalttätigkeit herrschen. Meine Kinder, die Christen, werden verfolgt werden und in den Untergrund gehen müssen; sie werden viel zu leiden haben um meinetwillen. Unzählige Naturkatastrophen werden die Erde überziehen und große Gebiete verwüsten. Politische Systeme und Ordnungen werden zusammenbrechen, viele Wirtschaftssysteme werden nicht mehr funktionieren. Es wird eine Zeit kommen, wie es noch nie eine gegeben hat auf der Erde, eine Zeit des Schreckens und der Zerstörung, die Zeit der Apokalypse.[358] Ihr steht bereits am Anfang dieser Zeit, erkennt die Zeichen der Zeit!

Aber habt keine Angst vor der Zukunft, meine Kinder, denn ich bin immer bei euch! Ich werde euch durchtragen durch jedes Leid und ich werde euch vor vielen Gefahren bewahren. Ihr steht unter meinem besonderen Schutz, vertraut euch mir ganz an![359] Ihr werdet euch auf nichts Irdisches mehr verlassen können. Setzt also euer Vertrauen nur noch auf mich! Ich werde große Wunder wirken auf der Erde, meine Zeichen werden überall sichtbar sein. Ich werde als Sieger hervorgehen im Kampf gegen die Mächte der Hölle und mein Reich errichten auf der Erde. So freut euch, meine Kinder! Amen.

---

358. Vgl. Mt 24,21: Denn es wird dann eine große Drangsal sein, wie es sie nie gegeben hat, vom Anfang der Welt bis heute, und wie es auch keine mehr geben wird.

359. Vgl. Ps 32,7: Du bist mein Schutz, du bewahrst mich vor Not und rettest mich und hüllst mich in Jubel.

142. Bleib treu im Gebet trotz vieler Gebetsleiden!

1. Dezember 2010

Mein geliebtes Kind, bleib treu im Gebet trotz vieler Gebetsleiden! Auch das tägliche Gebet ist oft mit vielen Leiden verbunden; lass dich aber dadurch nicht vom Gebet abhalten, sondern harre aus in Geduld![360]

Anfangs verwöhne ich dich mit vielen Gebetsgnaden, um dich wegzulocken von der Welt und dich näher an mich zu ziehen. Das Gebet fällt dir leicht und du empfindest Freude und großes Glück dabei. Die Gebetszeit vergeht wie im Flug und du beteuerst mir immer wieder deine große Liebe zu mir. Du fühlst dich ganz erfüllt von meinem Hl. Geist und du machst mir große Versprechungen.

Nach einiger Zeit entziehe ich dir jedoch diese Gnaden wieder, um deine Liebe zu mir zu prüfen und zu festigen. Beklage dich dann nicht, sondern nimm alles an aus meiner Hand! Du wirst jetzt meist nur Trockenheit, Unlust und Langeweile empfinden; das Gebet wird mühselig und eine Last.[361] Viele Zerstreuungen und Ablenkungen werden deinen Geist vereinnahmen und viele negative Gefühle werden auftauchen.

Wenn es so weit ist, bleib mir treu! Versuche nicht, zu fliehen und die Gebetszeiten zu verkürzen oder ganz ausfallen zu lassen! Dies würde dir großen Schaden bringen und dich zurückfallen lassen im geistlichen Leben. Ich möchte jetzt deine Liebe zu mir reinigen von allem Egoismus und aller Selbstüberschätzung. Bisher hast du nur gebetet, um Freude und Glück zu erfahren; du sollst aber

360. Vgl. Kol 4,2: Lasst nicht nach im Beten; seid dabei wachsam und dankbar!
361. Vgl. 2 Kor 4,17: Denn die kleine Last unserer gegenwärtigen Not schafft uns in maßlosem Übermaß ein ewiges Gewicht an Herrlichkeit.

beten aus Liebe zu mir, auch wenn es dich etwas kostet. Großen Wert hat dieses Gebet vor mir, große Frucht geht daraus hervor.

Und wenn du ganz in Liebe mit mir vereint bist, werde ich dir wieder Glück und Freude schenken, aber auf eine viel tiefere Weise als vorher.
So nimm alle Gebetsleiden an, denn ich werde dich dadurch ganz verwandeln! Amen.

143. Wie viel Leid bringt die Sünde mit sich!

2. Dezember 2010

Mein geliebtes Kind, meide die Sünde und es bleibt dir viel Leid erspart! Wie viel Leid bringt die Sünde mit sich, wie sehr verletzt die Sünde mich, deine Mitmenschen und dich selbst! Wie viel Hass, Feindschaft und Krieg entstehen durch die Sünden der Menschen!

Halte dich also fern von der Sünde, nichts soll dir wichtiger sein! Achte auf dich selbst, auf deine Worte und deine Taten und denke stets an mein Gebot der Liebe![362] Meine Botschaft soll dir stets im Gedächtnis sein, lies deshalb immer wieder in der Hl. Schrift! Bleib in enger Verbindung mit mir durch das Gebet, so wirst du nicht so leicht in Sünde fallen![363] Ich beschütze dich und bewahre dich vor allem Bösen. Sei aber trotzdem auf der Hut! Satan wird ständig versuchen, dich zur Sünde zu verführen. Erkenne seine List und widersetz dich ihm in meinem Namen! Wenn du in meiner Vollmacht auftrittst, wird er sofort vor dir fliehen.

362. Vgl. Ps 18,24: Ich war vor ihm ohne Makel, ich nahm mich in Acht vor meiner Sünde.
363. Vgl. 1 Joh 3,6: Jeder, der in ihm (Jesus) bleibt, sündigt nicht.

Die Sünde ist das größte Unglück für den Menschen, aber die meisten erkennen dies nicht. Durch die Sünde fallen sie heraus aus meiner Gnade und leben so in der Finsternis. Ihr Geist ist umnachtet und ihre Seele ist im Tiefsten unglücklich. Sie suchen verzweifelt ihr Glück im Irdischen, finden es aber nirgendwo. Nur bei mir wird ihre Sehnsucht gestillt, nur bei mir finden sie den Frieden für ihre Seele.
Hab Mitleid mit diesen Menschen und bete für sie um Bekehrung! Ich möchte sie in mein Licht führen und ihren Leiden der Finsternis ein Ende setzen. Ich werde dein Gebet der Liebe reichlich belohnen.

Mein geliebtes Kind, meide also die Sünde, meide jede Gelegenheit zur Sünde, meide schlechte Gesellschaft, denn groß sind die Leiden der Sünde! Amen.

144. Ihr werdet bald eintreten in meine Passion

3. Dezember 2010

Meine geliebten Kinder, ihr werdet jetzt bald alle eintreten in meine Passion, bereitet euch darauf vor! Stellt euch darauf ein, dass ihr verfolgt und verspottet, verleumdet und verhaftet, gequält und verachtet werdet! Es wird bald keine Religionsfreiheit für die Christen mehr geben, sie werden weltweit verfolgt werden.[364] Sie werden zum Sündenbock gemacht für viele Missstände, der Hass der Ungläubigen wird sich an ihnen entladen.

Bleibt mir treu in dieser Zeit, verlasst mich nicht, meine Kinder! Jetzt muss sich euer Glaube bewähren; jetzt wird sich zeigen, wer mich wirklich liebt.[365] Verleugnet mich nicht um eures Vorteils willen,

364. Vgl. Lk 21,12-18: Aber bevor das alles geschieht, wird man Hand an euch legen und euch verfolgen. ... Und ihr werdet um meines Namens willen von allen gehasst werden. ...
365. Vgl. 1 Petr 1,7: Dadurch (durch Prüfungen) soll sich eure Standfestigkeit im Glauben, die kostbarer

fallt nicht vom Glauben ab! Bindet euch vielmehr noch fester an mich, setzt euer ganzes Vertrauen auf mich! Nur so werdet ihr diese Zeit unbeschadet überleben. Lasst alles Irdische los, klammert euch an nichts Weltliches mehr, sonst werdet ihr den Kreuzweg mit mir nicht gehen können! Ihr sollt mir ganz in Freiheit dienen.

Übergebt mir euer Leben ganz, lasst euch ganz führen von meinem Hl. Geist! Dann kann ich euch vorbereiten auf die kommende Zeit; ich reinige euer Herz von allem Weltsinn und aller Ängstlichkeit, ich schenke euch Mut, Kraft und Entschlossenheit. Überlasst euch ganz meinem Wirken, ihr werdet mir noch dankbar sein dafür! Betet in jeder Situation zu meinem Hl. Geist, fragt ihn in jeder Lage um Rat! Lernt, seine Stimme zu unterscheiden von der Stimme des Bösen und von den Stimmen der Welt! Nur so werdet ihr in Zukunft immer die richtigen Entscheidungen treffen.

Verlasst euch nicht mehr auf Menschen, auch eure Freunde werden euch verraten unter dem Einfluss des Bösen! Macht euch ganz unabhängig von den Menschen und den Dingen der Welt! Hört nur noch auf mich und meinen Hl. Geist, so werdet ihr gut gewappnet sein für die zukünftige Zeit! Amen.

145. Bringe Opfer aus Liebe zu mir!

4. Dezember 2010

Mein geliebtes Kind, sei bereit, Opfer zu bringen aus Liebe zu mir![366] Verzichte auf deine eigenen Lebensentwürfe und lebe die Berufung, die ich für dich vorgesehen habe! Tritt in meine Fuß-

ist als Gold, das im Feuer geprüft wurde und doch vergänglich ist, herausstellen – zu Lob, Herrlichkeit und Ehre bei der Offenbarung Jesu Christi.

366. Vgl. 1 Petr 2,5: Lasst euch als lebendige Steine zu einem geistigen Haus aufbauen, zu einer heiligen Priesterschaft, um durch Jesus Christus geistige Opfer darzubringen, die Gott gefallen!

stapfen, folge mir nach! Hab keine Angst, du wirst nicht zu kurz kommen im Leben! Für jeden Verzicht auf irdische Güter werde ich dich mit himmlischen Gütern überhäufen.
Lebe nur noch für mich, ich werde dir großen Frieden dafür schenken! Opfere dich mir ganz auf, gib dich mir ganz hin! Je größer deine Liebe zu mir ist, umso mehr wirst du bereit sein zum Opfer. Eine Liebe ohne Opfer und Verzicht gibt es nicht, auch nicht im irdischen Bereich. Der Liebende wird alles tun, um dem Geliebten zu gefallen; er wird dabei auf viele eigene Wünsche und Pläne verzichten. Das Opfer wird ihm nicht schwerfallen, wenn er die Freude des Geliebten sieht.

Wie viele meiner Kinder haben sich mir als Priester und Ordensleute geweiht, aber wie schwach ist ihre Liebe oft! Wie wenig sind sie bereit zu Opfer und Verzicht, wie oft führen sie ein ganz weltliches Leben nach ihrem Gutdünken!
Mach es nicht wie sie, sondern folge mir nach in Liebe! Und wenn du zu wenig Liebe hast, bitte mich um mehr Liebe! Ich werde dir diese Bitte gern erfüllen und dich ausstatten mit allen Gnaden, die du brauchst.

Geh keine Kompromisse mehr ein mit der Welt, die Welt wird dich nicht verstehen! Du kannst nicht beiden dienen, mir und der Welt. «Wer die Welt liebt, hat die Liebe zum Vater nicht»,[367] heißt es schon in der Hl. Schrift. So verzichte auf viele Freuden der Welt, ich schenke dir dafür die Freuden des Himmels! Zügle deine Habgier und dein Streben nach Macht und Anerkennung, zähme deine Leidenschaften aus Liebe zu mir! Du wirst vor vielen Sünden bewahrt bleiben und bereits auf Erden eintreten in mein Reich. Amen.

367. Vgl. 1 Joh 2,15: Liebt nicht die Welt und was in der Welt ist! Wer die Welt liebt, in dem ist die Liebe des Vaters nicht.

146. Ich werde deine Verletzungen heilen

7. Dezember 2010

Mein geliebtes Kind, übergib mir alle deine Verletzungen aus der Vergangenheit, ich werde sie in meiner übergroßen Liebe heilen! Viele Menschen tragen große Lasten aus ihrem früheren Leben mit sich, besonders aus ihrer Kindheit. Sie sind zu vielem unfähig und fühlen sich unglücklich. Ich möchte sie in der Tiefe ihrer Seele heilen und sie von ihren Belastungen befreien.[368]

Wenn du dich also recht belastet fühlst, dann komm zu mir! Mein Hl. Geist wird dir den Weg der Heilung und Befreiung zeigen; er wird dir die richtigen Menschen zuführen, die dir weiterhelfen können. Gib die Hoffnung nicht auf, wenn die Heilung nicht sofort erfolgt, sondern hab Geduld! Hör nicht auf, zu beten und zu flehen![369] So wird der Heilungsprozess immer mehr voranschreiten. Der Geist des Trostes wird über dich kommen und dich einhüllen in meine Liebe.

Nimm häufig meine Heilmittel, die Sakramente, in Anspruch, sie bringen dich in enge Gemeinschaft mit mir! Empfange oft die hl. Kommunion, sie wird dich stärken und beschützen vor dem Bösen und allen Gefahren des Lebens. Mein Leib wird Licht bringen in dein Herz und es in der Tiefe heilen. Das Sakrament der Versöhnung ist das Heilmittel gegen die Sünde und ihre Folgen. Geh deshalb oft zur Beichte und ein tiefer Friede wird dich umfangen! Empfange auch immer wieder das Sakrament der Krankensalbung! Es wird dich nicht nur von körperlichen, sondern auch von seelischen Krankheiten heilen.

368. Vgl. Ps 147,3: Er heilt, die gebrochenen Herzens sind, er verbindet ihre Wunden.
369. Vgl. Eph 6,18: Hört nicht auf zu beten und zu flehen! Betet jederzeit im Geist; seid wachsam, harrt aus ...

Mein Heilmittel ist die Liebe, durch meine Liebe wird alles gut, durch meine Liebe wird alles heil. Für meine Liebe ist nichts unmöglich, setz also ein grenzenloses Vertrauen in mich und meine Liebe! Setz dich möglichst oft den Strahlen meiner Liebe aus und alles wird heil! Amen.

147. Manches Leiden ist eine Gnade

8. Dezember 2010

Mein geliebtes Kind, manches Leiden, das du zu ertragen hast, ist eine Gnade von mir. Diese Leiden benütze ich, um dich näher an mich zu ziehen. Klage und jammere also nicht, du wirst mir noch dankbar sein dafür! Wenn du sie in Geduld erträgst, wirken sie sühnend für deine eigenen Sünden und für die Sünden anderer Menschen.[370]

Manche Menschen, die bereit sind, sich mir ganz hinzugeben, berufe ich in meine besondere Nachfolge. Ich statte sie aus mit besonderen Gnaden; ich zeichne sie aus mit meinen Wundmalen oder schenke ihnen die Wunden meiner Dornenkrönung. Manche verspüren auch die Schmerzen meiner Geißelung oder erleiden die Qualen meiner Ölbergnacht. Ich nehme sie mit hinein in meine Leidensschule und gebe ihnen in hohem Maße Anteil an meinem Erlöserleiden.[371]
Diese Sühneseelen sind wie kostbare Edelsteine in meinem Reich; sie scheuen kein Leiden und sind ganz eins mit mir. Großes kann ich durch sie bewirken, große Macht haben sie über mein Herz. Durch sie bekehren sich viele Sünder, durch sie werden Kriege und Katastrophen verhindert, durch sie strömen die verschiedensten Gnaden

370. Vgl. Eph 3,13: Deshalb bitte ich, nicht wegen der Leiden zu verzagen, die ich für euch ertrage, denn sie sind euer Ruhm.

371. Vgl. 1 Petr 4,13: Stattdessen freut euch, dass ihr Anteil an den Leiden Christi habt; denn so könnt ihr auch bei der Offenbarung seiner Herrlichkeit voll Freude jubeln.

auf die Menschheit. Ihre große Liebe zu mir und zu ihren Mitmenschen bewirkt Wunder auf der Erde und Freude im Himmel.

Mein Kind, nimm dir die Sühneseelen zum Vorbild; sei bereit, wenigstens zeitweise kleinere Leiden zu ertragen aus Liebe zu mir! Ich werde dich reich dafür belohnen. Betrachte diese Leiden als Gnade; danke mir dafür, lobe und preise mich dafür! Alles in deinem Leben hat einen tiefen Sinn, irgendwann einmal wirst du alles verstehen.
So gleich dich nicht dieser Welt an und geh nicht sofort jedem Leiden aus dem Weg! Sei mutig und ertrage in Liebe alle Widerwärtigkeiten des Lebens! Amen.

148. Bereite dich gut vor auf die kommende Zeit.

9. Dezember 2010

Mein geliebtes Kind, bereite dich gut vor auf die kommende Zeit, denn nichts wird mehr so sein, wie es vorher war! Halte nichts mehr fest, lass alles los, auch deine Gewohnheiten, deine Vorstellungen und deine Pläne für die Zukunft! Es wird alles anders werden als du meinst, denn ich gestalte die Welt jetzt völlig um. Ich werde bald wiederkommen in Herrlichkeit; ich schaffe einen neuen Himmel und eine neue Erde.[372]

Stell dich innerlich darauf ein, nimm das Weltliche nicht mehr so wichtig; häng dein Herz nicht daran, denn alles Weltliche ist vergänglich! Richte deinen Sinn ganz auf mich und auf den Aufbau meines Reiches! Ich brauche dich dringend für den Aufbau meiner neuen Kirche, alles andere soll für dich zweitrangig sein. Setz dein Vertrauen nur noch auf mich und lass dich ganz führen

372. Vgl. 2 Petr 3,13: Wir erwarten gemäß seiner Verheißung einen neuen Himmel und eine neue Erde, in denen die Gerechtigkeit wohnt.

von meinem Hl. Geist! Dies ist die beste Vorbereitung auf die Wirren der kommenden Zeit.

Bete viel, bete Tag und Nacht, werde ganz eins mit mir im Gebet! Bete in allen Anliegen, die ich dir zeigen werde; bete für die gefallene Menschheit, die im Sumpf der Sünde versinkt!

Ihr lebt jetzt in den letzten Zeiten, große Leiden stehen euch bevor. Bereitet euch vor im Gebet, bereitet euch vor durch Einfachheit und Genügsamkeit, bereitet euch vor durch Demut und Friedfertigkeit! Versucht nicht, irdische Dinge zu horten, denn sie werden euch nichts helfen am Tag der Not! Vertraut allein auf meine Hilfe, ich werde meine Kinder nicht im Stich lassen![373] Habt keine Angst, denn ich bin immer bei euch! Betet viel um den Geist des Mutes und der Furchtlosigkeit und um den Geist der Standhaftigkeit und der Leidenskraft! Betet darum, dass ihr mich nicht verlasst und den Glauben nicht verliert! Widersetzt euch in meinem Namen allen Anfechtungen des Bösen; kämpft gegen den Geist der Angst, der Verzagtheit und der Verzweiflung! Vereinigt euch ganz mit mir und nichts wird euch erschüttern können! Amen.

149. Hüte dich vor der Schadenfreude!

13. Dezember 2010

Mein geliebtes Kind, hüte dich vor der Schadenfreude, denn sie entspringt einem lieblosen Herzen! Freue dich nicht über die Not deiner Mitmenschen, sondern hab Mitleid mit ihnen! Sag nicht: «Ihm geschieht recht!», oder: «Er ist selbst schuld!», oder: «Das gönne ich ihm!» Spiel dich nicht zum Richter auf über andere

373. Vgl. Mi 7,7: Ich aber schaue aus nach dem Herrn, ich warte voll Vertrauen auf den Gott meiner Rettung. Mein Gott wird mich erhören.

Menschen, denn du kennst ihr Herz nicht! Ich allein bin der Richter, ich allein kann jeden Menschen richtig beurteilen. Ich werde jedem vergelten nach seinen Taten,[374] mach dir deswegen keine Gedanken! Dir steht es nicht zu, andere zu verurteilen.

Deine Aufgabe ist die Liebe zu jedem Menschen, der leidet. Mach keine Unterschiede zwischen den Menschen, sondern sei bereit, jedem zu helfen, der dich braucht! Verhärte dein Herz nicht, sei barmherzig und mitfühlend![375] Lass keine Schadenfreude eindringen in dein Herz, sie wird es vergiften durch die Sünde! Glaub nicht den Einflüsterungen Satans, sondern hör auf meinen Hl. Geist! Verzeih allen Menschen, die sich nicht richtig verhalten haben und zu denen du deshalb hartherzig bist! Bete für sie, damit sie sich bessern, flehe den Segen Gottes auf sie herab! Bete darum, dass das Leiden ihnen zum Heil gereicht! Bete für sie um Bekehrung, so kann ich ihnen große Gnaden schenken! Liebe sie mit meinem Herzen, tu ihnen Gutes in meinem Sinn! Dies ist dir nur möglich, wenn du in inniger Verbindung mit mir bist.

Kümmere dich also in erster Linie um eine gute Beziehung zu mir, dann werde ich alles ordnen in deinem Leben! Ich verwandle dein Herz und mache es dem meinen ähnlich. Ich mache dich fähig zur echten, selbstlosen Liebe und vertreibe immer mehr deine sündhaften Neigungen. Überlass dich mir ganz, komm in jeder Lage zu mir! Ich werde dir den rechten Weg weisen. Amen.

374. Vgl. Röm 2,6: Er wird jedem vergelten, wie es seine Taten verdienen.
375. Vgl. Lk 6,36: Seid barmherzig, wie auch euer Vater barmherzig ist!

150. Wenn du leiden musst, dann hab Geduld!

14. Dezember 2010

Mein geliebtes Kind, wenn du leiden musst, dann hab Geduld![376] Komm zu mir in deiner Not und vertrau dich mir an, ich werde dich trösten und wieder aufrichten! Aber ich werde dir nicht sofort jedes Leiden wegnehmen. Was du also brauchst, ist Ausdauer. Ich benütze deine Leiden für meine Pläne, später wirst du vielleicht alles verstehen. Ich prüfe deine Geduld und dein Vertrauen zu mir, ich prüfe dein Ausharren im Gebet und ich stelle deine Liebe zu mir auf die Probe. Ich zügle deinen Übermut und zähme deine Leidenschaften, ich reinige dein Herz von vielen Sünden.[377]

Hab also Geduld, wenn ich dein Gebet nicht sofort erhöre! Gib nicht zu schnell auf, verbleib weiterhin treu im Gebet, trag deine Bitten voll Hoffnung und Zuversicht vor mich hin! Zweifle nicht an meiner Liebe zu dir, zweifle nicht daran, dass ich dir Gehör schenke! Ich werde alle deine Gebete erhören, aber nicht immer in der Weise, wie du es dir vorstellst. Ich weiß, was am besten für dich ist. Dein Leben liegt in meiner Hand, ich werde dich beschützen und bewahren und dich hindurchtragen durch jedes Unheil.

Harre aus in Geduld, im Leiden bist du mir ganz nah! Wenn du den Wert deines Leidens erkennen würdest, wärst du mir dankbar dafür. Die Zeiten deines geduldigen Leidens sind die fruchtbarsten in deinem Leben; glaube und vertraue darauf, dass es so ist! Versuche also nicht ständig, dein Joch abzuschütteln! Wünsche dir auch kein anderes Leiden, es würde nicht zu dir passen! Vertraue auf meine Weisheit, die alles so ordnet, wie es am besten für alle ist!

---

376. Vgl. Kol 1,11: Er gebe euch in der Macht seiner Herrlichkeit viel Kraft, damit ihr in allem Geduld und Ausdauer habt.
377. Vgl. Dan 11,35: So sollen sie geprüft, geläutert und gereinigt werden bis zur Zeit des Endes; ...

Die Geduld ist eine große Tugend, übe dich ständig darin! Jede Ungeduld versetzt dein Herz in Unfrieden; hüte dich deshalb davor! Amen.

151. Hab keine Angst vor dem Martyrium!

16. Dezember 2010

Mein geliebtes Kind, ich werde in der kommenden Zeit vielen Menschen die Gnade des Martyriums schenken. Zur Zeit der Christenverfolgung werden viele meiner Kinder ihr Leben für mich hingeben oder um meinetwillen gequält werden. Ich werde diese Menschen mit großer Kraft und großem Mut ausstatten, sodass alle mein Wirken in ihnen erkennen. Mein Hl. Geist wird sie mit göttlicher Liebe und überirdischer Freude erfüllen; so werden sie sogar freudig in den Tod gehen.
Ohne meine außerordentlichen Gnaden würden sie in ihrer Schwachheit kläglich versagen, sie würden während der Verfolgung ängstlich um ihr Leben bangen und mich bei jeder Gelegenheit verraten. Ohne mich wären sie zu keiner heroischen Tat fähig.

Ich selbst wähle sie aus und berufe sie, durch ihren Märtyrertod Zeugnis für mich abzulegen. Große Frucht werden sie dadurch bringen für mein Reich; durch ihre übergroße Liebe zu mir kann ich viele Gnaden über die Menschheit ausschütten. Sie selbst werde ich überreich belohnen, ich statte sie mit einer besonderen Glückseligkeit aus.

Mein geliebtes Kind, hab also keine Angst vor dem Martyrium![378] Wenn mein Ruf dazu an dich ergeht, sei bereit! Halte dein Leben nicht ängstlich fest; bedenke, es gehört mir! Sei mutig und standhaft, verleugne und verrate mich nicht!

378. Vgl. Mt 10,28: Fürchtet euch nicht vor denen, die den Leib töten, die Seele aber nicht töten können, ...

Bete viel zu meinem Hl. Geist und du wirst alle Gnaden erhalten, die du brauchst! Bete v. a. um den Geist der Furchtlosigkeit, er wird dich über alle Hürden der Angst hinwegtragen! Ich lasse dich nicht im Stich, ich bin immer bei dir und stärke dich. Ich belehre dich und gebe dir die richtigen Worte ein, die du vor den Menschen sagen sollst.[379] Mein Hl. Geist wird dich erleuchten und dich durch alle Drangsale hindurchführen. Und am Ende deines Weges warte ich auf dich und setze dir die Märtyrerkrone auf. Amen.

152. Nimm deine Behinderung an!

17. Dezember 2010

Mein geliebtes Kind, wenn du auf irgendeine Weise behindert bist, nimm es an! Ich habe meine Pläne damit, ich kann großes Heil daraus erwachsen lassen. Glaube nicht, dass ich dich weniger liebe und dich deshalb benachteiligt habe![380] Die Kranken sind vielmehr meine Lieblingskinder, ich habe sie besonders in mein Herz geschlossen. Erwidere meine Liebe, gib dich mir ganz hin! Glaube nicht, dass du nichts für mich tun kannst wegen deiner Behinderung! Ich werde dir Mittel und Wege zeigen, fruchtbar zu werden für mein Reich. Ich habe für jeden Menschen eine Berufung, für die er besonders geeignet ist, auch für dich. Versuche, diese herauszufinden und sie zu leben! Bete darum, bete um Erkenntnis und ich werde sie dir schenken!

Schau nicht neidisch auf die Gesunden, die Tüchtigen, die große Werke vollbringen in ihrem Leben! Sei nicht traurig darüber, dass du dazu nicht fähig bist! Denk daran, ich schaue nicht auf die

379. Vgl. Lk 21,14-15: Nehmt euch also zu Herzen, nicht schon im Voraus für eure Verteidigung zu sorgen; denn ich werde euch die Worte und die Weisheit eingeben, sodass alle eure Gegner nicht dagegen ankommen und nichts dagegen sagen können.

380. Vgl. Jer 31,3: Mit ewiger Liebe habe ich dich geliebt, darum habe ich dir die Treue bewahrt.

Größe der Werke, sondern auf die Liebe im Herzen der Menschen! Bemüh dich also v. a. um die Liebe! Halte dein Herz rein von der Sünde,[381] such immer wieder die Begegnung mit mir im Gebet! Bete viel und opfere deine Leiden auf für die Bekehrung der Sünder! So wird großer Segen von dir ausgehen. Du wirst so mehr Gutes tun für die Menschheit als die Gesunden, die große irdische Werke vollbringen.

Hadere also nicht mehr mit deinem Schicksal; geh den Weg mit mir und mach das Beste daraus! Ich werde dir in allen Nöten beistehen, ich lasse dich geborgen sein in meiner Liebe. Ich führe dich den Weg der Heiligkeit, ich ziehe dich ganz an mich. Ich brauche jetzt viele Sühneseelen, jetzt in der Endzeit, in der Zeit des Kampfes zwischen Himmel und Hölle, damit ich bald den Sieg davontragen werde. Stellst du dich mir dazu zur Verfügung?

153. Faste öfter aus Liebe zu mir!

18. Dezember 2010

Mein geliebtes Kind, faste öfter aus Liebe zu mir! Bring jeden Freitag ein Fastenopfer zu meiner Ehre[382] und gedenke meines Kreuzesopfers, durch das ich euch Erlösung gebracht habe! Danke mir dafür, dass ich auch dich erlöst habe von deinen Sünden! Schränke dich im Essen und Trinken ein, verzichte auf deine Lieblingsspeisen und meide alle Genussmittel! Wenn es dir möglich ist, faste streng bei Wasser und Brot; achte aber auf deine Lebensumstände und auf deinen Gesundheitszustand! Durch das Fasten gewinnst du mehr Abstand von der Welt und wirst offener für meinen Anruf.

381. Vgl. Mt 5,8: Selig, die rein sind im Herzen; denn sie werden Gott schauen.

382. Vgl. Mt 9,15: Es werden aber Tage kommen, da wird ihnen der Bräutigam weggenommen sein; dann werden sie fasten.

Nütze besonders die Fastenzeit, um dir Fastenopfer aufzuerlegen, denn die Zeit vor Ostern ist eine Gnadenzeit! Übe Verzicht bei Speis und Trank, meide Vergnügungen aller Art, gewöhne dir alle schlechten Gewohnheiten ab, zügle deine Habgier und überwinde deinen Egoismus! Ergänze dein Fasten durch Werke der Liebe und durch eine intensive Hinwendung zu mir im Gebet! So wirst du ganz erneuert hervorgehen aus dieser Gnadenzeit und mit reinem Herzen das Osterfest feiern.
Faste ebenso in der Adventszeit, denn auch diese ist eine Zeit der Gnade, in der du dich auf mein Kommen an Weihnachten vorbereiten sollst! Aber was haben die Menschen heute aus dieser heiligen Zeit gemacht!

Im Fasten und Beten liegt eine große geistliche Kraft, große Macht gewinnst du dadurch über mein Herz. Besonders wenn ihr in Gemeinschaft fastet und betet, könnt ihr alles durchsetzen bei mir. Ihr könnt Wunder wirken, Kranke heilen, Kriege und Katastrophen verhindern und Bekehrungen erwirken.[383]
Aber habt acht, Satan wird euch ständig angreifen und versuchen, alles zu zerstören! Widersetzt euch ihm in meiner Macht und er wird fliehen müssen! Amen.

154. Nimm alle Leiden deiner Berufung auf dich!

20. Dezember 2010

Mein geliebtes Kind, nimm alle Leiden auf dich, die deine Berufung mit sich bringt! Scheu nicht davor zurück, glaub nicht, dass du sie nicht ertragen kannst, denn ich bin mit dir und erfülle dich mit meiner Gnade!

---

383. Vgl. Jona 3,5.10: Und die Leute von Ninive glaubten Gott (Jona hatte die Zerstörung ihrer Stadt angekündigt). Sie riefen ein Fasten aus und alle, Groß und Klein, zogen Bußgewänder an. ... Da reute Gott das Unheil, das er ihnen angedroht hatte, und er tat es nicht.

Wenn ich dich zum Priester oder Ordensstand berufen habe, dann sag freudig Ja dazu! Deinen Verzicht auf Ehe und Familie und den Reichtum der Welt werde ich reichlich belohnen. Bereits auf dieser Erde wirst du das Hundertfache dafür erhalten.[384] Ich führe dir viele Menschen zu, mit denen du wie in einer großen Familie leben kannst. Auch an irdischen Gütern wird dir nichts fehlen. Ich versorge dich mit allem, was du brauchst, und ich überhäufe dich mit meinen Gnaden.

Und wenn ich dich zu einer christlichen Ehe und Familie berufen habe, nimm alle Mühe und Not auf dich, die das Familienleben mit sich bringt! Ich gebe dir die Kraft dazu und die nötige Weisheit in jeder Situation. Jede Familie hat auch eine bestimmte Berufung zum Aufbau meines Reiches. Betet viel zu meinem Hl. Geist, damit ihr euren speziellen Auftrag erkennt! Stellt euch mir dazu ganz zur Verfügung, nehmt das Irdische nicht zu wichtig! Habt keine Angst, ich werde euch nicht überfordern! Ich brauche nur euer liebendes Herz.

Vielleicht habe ich dich auch dazu ausersehen, mir in einem bestimmten Beruf zu dienen! Trag meine Liebe hinein in die Berufs- und Arbeitswelt, leg Zeugnis ab von mir in einer meist ungläubigen Umgebung! Bete für deine Arbeitskollegen um Bekehrung und steh ihnen bei in jeder Not! Nimm alle Schwierigkeiten auf dich, jede Anfeindung und Verachtung, denn ich bin mit dir und ich stärke und tröste dich![385] Amen.

384. Vgl. Mk 10,29-30: Jeder, der um meinetwillen und um des Evangeliums willen Haus oder Brüder, Schwestern, Mutter, Vater, Kinder oder Äcker verlassen hat, wird das Hundertfache dafür empfangen. Jetzt in dieser Zeit wird er Häuser und Brüder, ... erhalten, ...

385. Vgl. Ps 22,20: Du aber, Herr, halte dich nicht fern! Du, meine Stärke, eile mir zu Hilfe!

155. Bring mir ständig das Opfer des Lobes dar!

21. Dezember 2010

Mein geliebtes Kind, bring mir ständig das Opfer des Lobes dar, denn ich bin dein Gott, dem alle Ehre gebührt! Preise meinen Vater,[386] preise mich und meinen Hl. Geist! Im Lobpreis liegt eine große Kraft; durch deinen Lobpreis erkennst du mich als deinen Gott an. Sing Lieder zu meiner Ehre, spiele und tanze vor deinem Gott! Lobe und preise mich, wenn es dir gut geht, wenn du dich freust und wenn dein Herz jubelt!

Bring mir aber auch das Opfer des Lobes dar, wenn es dir schlecht geht, wenn du verzagt bist und wenn dich die Traurigkeit übermannt![387] Durch den Lobpreis wendest du deinen Blick ab von dir selbst und von deinen Problemen und richtest ihn ganz auf mich. So kann ich dich wieder aufrichten und mit Freude erfüllen.

Mach also dein Lobgebet nicht abhängig von deinen Stimmungen, sondern bring es mir ständig dar! Entscheide dich jeden Tag dafür, setz immer wieder einen Willensakt! Wenn du missmutig bist, wenn du mit mir haderst und wenn du mir Vorwürfe machen willst, dann lobe und preise mich! Lobe mich für meine Weisheit, lobe mich für meine Gottheit und für meine Menschheit! Lobe mich auch dafür, dass ich diese Situation jetzt in deinem Leben zugelassen habe, denn ich habe meine Pläne des Heils damit! Später wirst du alles einmal einsehen, danke mir aber jetzt schon dafür! Besonderes Wohlgefallen habe ich am Lobpreis, wenn er mir in Gemeinschaft dargebracht wird, denn ich wohne im Lobpreis meines Volkes.

386. Vgl. Hebr 13,15: Durch ihn also lasst uns Gott allezeit das Opfer des Lobes darbringen, nämlich die Frucht der Lippen, die seinen Namen bekennen.
387. Vgl. Ijob 1,21: Der Herr hat gegeben, der Herr hat genommen; gelobt sei der Name des Herrn (Ijobs Gebet nach dem Verlust seines Reichtums und seiner Kinder).

Singt und spielt freudige Loblieder, klatscht und freut euch, denn ich bin mitten unter euch![388] Ich berühre euch mit meiner Gegenwart, ich erfülle euer Herz mit meiner Gnade. Ich vereine euch zu einer innigen Gemeinschaft und vertreibe alles Böse aus eurer Mitte. Satan kann den Lobpreis nicht ertragen, so wird er von euch fliehen. Amen.

156. Nimm dich an, so wie du bist!

22. Dezember 2010

Mein geliebtes Kind, wenn du an dir selbst leidest, nimm dich an, so wie du bist, denn ich nehme dich auch an in deiner ganzen Schwäche und Sündhaftigkeit! Wenn du den Weg mit mir gehst, wirst du immer mehr deine Sünden erkennen und darunter leiden, dass du sie nicht vermeiden kannst. Du sollst wissen, dass du hier auf Erden nie ganz ohne Sünde sein wirst. Bemühe dich trotzdem, die Sünde zu meiden, aber verzage nicht, wenn du immer wieder fällst!
Komm zu mir, ich werde dir jedes Vergehen vergeben und dein Herz wieder rein machen![389] Ich werde dich nach und nach immer mehr reinigen von deinen Sünden, aber nicht sofort; du würdest sonst stolz werden und deine Mitmenschen verachten, die viel sündigen.

Nimm dich selbst an, so wie ich dich geschaffen habe, dein Äußeres, dein Geschlecht, deine Begabungen und Talente, deine Stärken, deine Nationalität, aber auch deine Schwächen, deine Unfähigkeit, deine Mängel und deine Grenzen! Steh zu dir selbst!

388. Vgl. Eph 5,19: Lasst in eurer Mitte Psalmen, Hymnen und geistliche Lieder erklingen, singt und jubelt aus vollem Herzen dem Herrn!
389. Vgl. Sir 2,11: Denn gnädig und barmherzig ist der Herr, er vergibt Sünden und rettet zur Zeit der Bedrängnis.

Versuche nicht, einen anderen Menschen zu imitieren, du wirst nur kläglich scheitern!

Wenn du dich selbst nicht annehmen kannst, setz dich den Strahlen meiner Liebe aus! Lass dich von mir lieben, begib dich möglichst oft in meine Gegenwart und ich werde dein Herz heilen.[390] Ich schenke dir Selbstvertrauen, Kraft und Mut; ich ersetze die Liebe, die dir die Menschen vorenthalten haben.
Glaube und vertraue darauf, dass ich dich bedingungslos annehme, so wie du bist! Ich liebe dich mit unendlicher Liebe; du musst dir diese Liebe nicht verdienen oder erkaufen! Ich setze mein Vertrauen in dich, ich habe Großes mit dir vor. Überlass dich ganz meinem Wirken und glaube meinem Wort! So werde ich Wunderbares aus deinem Leben machen. Amen.

157. Ich werde bald wiederkommen in Herrlichkeit

23. Dezember 2010

Mein geliebtes Kind, ich werde bald wiederkommen in Herrlichkeit und Gericht halten über die Völker der Erde.[391] Ich werde als König erscheinen und mich auf den Thron meiner Herrlichkeit setzen; ich werde meine Herrschaft antreten auf ewig.

Dann werden die Taten jedes einzelnen Menschen offenbar werden, keiner kann etwas vor mir verbergen. Mein Urteil ist gerecht,[392] ich werde jedem vergelten nach seinen Taten. Es wird aber oft anders ausfallen als das Urteil der Menschen, denn ich schaue nicht auf

390. Vgl. Jes 61,1: Denn der Herr hat mich gesalbt; er hat mich gesandt, um den Armen frohe Botschaft zu bringen, um die zu heilen, die gebrochenen Herzens sind, ...
391. Vgl. Mt 25,31-46: Das Gleichnis vom Gericht des Menschensohnes über die Völker.
392. Vgl. Offb 16,7: Ja, Herr, Gott und Herrscher über die ganze Schöpfung. Wahr und gerecht sind deine Gerichtsurteile.

das äußere Werk, sondern auf das Herz des Menschen, auf die Liebe, mit der er jedes Werk vollbracht hat. Bemühe dich deshalb v. a. um die Liebe in deinem Leben, alles andere wird zweitrangig sein beim Gericht! Die Liebe ist der Sinn deines Lebens, ohne Liebe hast du dein Leben verfehlt.

Ich werde die Guten von den Bösen trennen, die Gerechten von den Ungerechten. Die Übeltäter werden die gerechte Strafe erhalten; sie kommen an einen Ort der Finsternis, wo sie für ewig Höllenqualen erleiden.
Meine Kinder der Liebe, die Kinder des Lichts, werden eingehen in meine Herrlichkeit, in mein Reich des Friedens und der Liebe. Ihre Glückseligkeit wird groß sein, es wird keine Tränen mehr geben und kein Leid, keine Traurigkeit und keine Angst.[393] Groß wird ihr Lohn sein für alle Mühsal und alle Leiden, die sie für mich auf sich genommen haben! Ich werde ihnen alles reichlich vergelten.

Mein Kind, halte dich bereit, sei wachsam, denn die Zeit des Endgerichts ist nahe! Verlier keine Zeit mehr mit Nebensächlichkeiten, konzentriere dich auf das Wesentliche in deinem Leben! Denk daran: Nur die Liebe zählt, die Liebe zu mir und zu deinem Nächsten! Amen.

393. Vgl. Offb 21,4: Er wird alle Tränen von ihren Augen abwischen: Der Tod wird nicht mehr sein, keine Trauer, keine Klage, keine Mühsal.

Inhaltsverzeichnis

Vorwort des geistlichen Begleiters 7

Vorwort von Walburga 9

Einige Anmerkungen 11

TEIL 1 – Botschaften von Jesus Christus 13

1. Mein Auftrag: Einladung zur Nachfolge Jesu 13
2. In meiner Liebe wirst du Großes vollbringen 14
3. Komm zu mir mit all deinen Sünden! 15
4. Übergib mir dein Leben ganz! 16
5. Erwarte alles von mir! 18
6. Lebe ganz bewusst in der Gegenwart! 19
7. Mach mich ganz zum Mittelpunkt deines Lebens! 20
8. Übergib mir alle deine Beziehungen! 21
9. Lass ab von deinen Götzen! 23
10. Verlass alles und folge mir nach! 24
11. Verehre noch mehr meinen Hl. Geist! 26
12. Schließ dich einer geistlichen Gemeinschaft an! 27
13. Widersetz dich allen Angriffen des Bösen! 28
14. Hab Mut, leg ab alle Angst und Furcht! 30
15. Lass ab von deinem Stolz! 31
16. Missbrauche deine Macht nicht! 32
17. Benütze die Menschen nicht für deine Zwecke! 34
18. Bleib stets bei der Wahrheit! 35
19. Bezähme deine Neugier! 36

20. Tu alles zu meiner Ehre! 38
21. Nütze deine Zeit! 39
22. Werde wieder wie ein kleines Kind! 40
23. Verurteile die Menschen nicht! 41
24. Such dir einen guten geistlichen Begleiter! 43
25. Lies viel in der Hl. Schrift! 44
26. Verehre innig meine hl. Eucharistie! 46
27. Halte dich treu an die Lehre der katholischen Kirche! 47
28. Sei offen für die Ökumene! 48
29. Lebe zusammen mit meinem himmlischen Hofstaat! 50
30. Verehre in besonderer Weise meinen Vater! 51
31. Betrachte oft meine Passion! 52
32. Verehre mich als deinen König! 54
33. Ich werde alles Tote in dir zum Leben erwecken 55
34. Ich bin der Herr, dein Arzt 56
35. Meine Schafe hören auf meine Stimme 57
36. Pflege eine innige Freundschaft mit mir! 59
37. Betrachte mich als den Bräutigam deiner Seele! 60
38. Ich bin das Wasser des Lebens 61
39. Dich habe ich zum Weg der Liebe berufen! 63
40. Ich bin euer Retter und Erlöser 64
41. Erkenne die Zeichen der Zeit! 65
42. Werde ganz arm! 67
43. Bleib gelassen in allen Widrigkeiten des Lebens! 68
44. Strebe stets nach der Weisheit! 69
45. Lass dich ganz mit meinem Frieden erfüllen! 70
46. Du sollst ganz in der Freude leben! 72
47. Sei geduldig! 73
48. Ich führe dich in die Freiheit der Kinder Gottes 74
49. Lass dir von niemandem deine Hoffnung rauben! 75
50. Werde stark im Glauben! 76
51. Ich habe dich zur Heiligkeit berufen 78
52. Sei mir ganz gehorsam! 79
53. Lass dich von mir lieben! 80

54. Ich habe dich zur Reinheit berufen ... 81
55. Begegne mir mit großer Ehrfurcht! ... 82
56. Halte dich an die Zehn Gebote! ... 84
57. Bleib mir treu in der Zeit des Glaubensabfalls! ... 85
58. Du sollst Frucht bringen für mein Reich! ... 86
59. Verkündige meine Frohe Botschaft! ... 88
60. Sei hilfsbereit gegenüber deinen Mitmenschen! ... 89
61. Nimm an niemandem Rache! ... 90
62. Sei mir dankbar für alles! ... 91
63. Öffne dich mir ganz! ... 93
64. Ich möchte dich in die Tiefe führen ... 94
65. Begib dich oft in die Stille! ... 95
66. Segne und sei ein Segen! ... 96
67. Ich schenke euch ein neues Pfingsten ... 98
68. Übergib mir alle deine Sorgen! ... 99
69. Pass dich nicht dieser Welt an! ... 100

TEIL 2 – Bilder mit Botschaften Jesu Christi zu Bibelstellen ... 103
70. Lasst euch neu entflammen durch meinen Hl. Geist! ... 103
71. Liebt einander, so wie ich euch geliebt habe! ... 105
72. Habt keine Angst! ... 107
73. Ihr sollt ganz sorglos leben! ... 108
74. Sucht stets Zuflucht bei mir! ... 110
75. Lasst euch von mir reinigen! ... 112
76. Kommt zu mir mit der Last eures Lebens! ... 114
77. Was ihr sät, werdet ihr auch ernten ... 116
78. Ich möchte eine neue Kirche aufbauen durch euch ... 117
79. Hütet euch vor der Verführung! ... 119
80. Kommt her und folgt mir nach! ... 121
81. Ich möchte durch euch viele Wunder wirken ... 123
82. Vertraut ganz auf mich! ... 125
83. Euer Licht soll hell strahlen ... 127
84. Öffnet mir euer Herz! ... 129
85. Haltet eure Zunge im Zaum! ... 131

86. Sät mein Wort aus, aber in Liebe! 133
87. Ihr lebt in einer Zeit des Gerichts über die Kirche 135
88. Bittet um Arbeiter für meine Ernte! 137
89. Euch steht das Zeitalter des Hl. Geistes bevor 139
90. Haltet mein Haus heilig! 141
91. Hütet euch vor Habgier und Neid! 143
92. Ich werde die Finsternis in Licht verwandeln 144
93. Wo mein Licht hinfällt, da scheiden sich die Geister 146
94. Bereitet mir den Weg! 148
95. Habt ein mitfühlendes Herz für euren Nächsten! 150
96. Übt euch im Kleinsein vor mir! 152
97. Erfleht meinen Geist herab vom Himmel! 154
98. Betet Tag und Nacht! 156
99. Wählt den schmalen Weg und das enge Tor! 158
100. Bleibt mir treu in der Zeit der Christenverfolgung! 160
101. Entscheidet euch radikal für mich! 162
102. Ich betrachte euch alle als meine große Familie 164
103. Ich muss euch rügen, meine Priester! 165
104. Trachtet nicht mehr nach dem Beifall der Menschen! 168
105. Ich wandle euer sündiges Herz um durch das Leiden 170
106. Kämpft nur mit geistlichen Mitteln! 172
107. Ich habe für jeden einen besonderen Auftrag 174
108. Ich kümmere mich um euch wie ein Hirt 176
109. Meine lauen Kinder, kehrt um! 178

TEIL 3 – Botschaften Jesu Christi über das Leiden 181
110. Habt keine Angst vor dem Leiden! 181
111. Nimm dich der leidenden Menschen an! 182
112. Betrachte oft mein Leiden am Kreuz! 183
113. Nimm dir meine Mutter zum Vorbild, wenn du leidest! 185
114. Füg den Menschen kein Leid zu! 186
115. Vergiss die Seelen im Fegfeuer nicht! 187
116. Opfere deine Leiden auf zur Bekehrung der Sünder! 188
117. Dein Herz ist noch unrein 190

118. Nimm die Leiden des Alters an! 191
119. Scheue nicht die Leiden infolge deines Glaubens! 192
120. Verachte meine Prüfungen nicht! 193
121. Nimm die Leiden der Liebe an! 195
122. Verachte meine Zucht nicht! 196
123. Im Leiden bist du ganz eins mit mir 197
124. Ich weise dir durch Leiden den richtigen Weg 198
125. Mach deine Leiden zum Sühneleiden! 199
126. Ich bestrafe dich aus Liebe 201
127. Trage dein Leid im Verborgenen! 202
128. Hab keine Angst vor dem Sterben! 203
129. Viele Menschen steuern der Hölle zu 204
130. Verzeih allen Menschen! 206
131. Das Leid führt dich in die Tiefe 207
132. Beneide in deinem Leid nicht die Menschen im Glück! 208
133. Ertrage alle Ungerechtigkeiten aus Liebe zu mir! 209
134. Wenn du leiden musst, wende dich an die Heiligen! 210
135. Verehre meine fünf Wunden am Kreuz! 211
136. Ich schenke dir zu jedem Leiden die nötige Kraft 213
137. Nütze die Hilfsbereitschaft der Menschen nicht aus! 214
138. Du hast Anteil an den Leiden meiner Kirche 215
139. Jedes Leiden ist vergänglich 216
140. Gedenke am Donnerstag meiner Ölbergleiden! 217
141. Große Leiden stehen der Menschheit bevor 218
142. Bleib treu im Gebet trotz vieler Gebetsleiden! 220
143. Wie viel Leid bringt die Sünde mit sich! 221
144. Ihr werdet bald eintreten in meine Passion 222
145. Bringe Opfer aus Liebe zu mir! 223
146. Ich werde deine Verletzungen heilen 225
147. Manches Leiden ist eine Gnade 226
148. Bereite dich gut vor auf die kommende Zeit! 227
149. Hüte dich vor der Schadenfreude! 228
150. Wenn du leiden musst, dann hab Geduld! 230
151. Hab keine Angst vor dem Martyrium! 231

152. Nimm deine Behinderung an! ... 232
153. Faste öfter aus Liebe zu mir! ... 233
154. Nimm alle Leiden deiner Berufung auf dich! ... 234
155. Bring mir ständig das Opfer des Lobes dar! ... 236
156. Nimm dich an, so wie du bist! ... 237
157. Ich werde bald wiederkommen in Herrlichkeit ... 238